本书列入
2017年国家社会科学基金重大委托项目
"十三五"国家重点图书出版规划项目

中华传统文化百部经典

战国策（节选）

何 晋 解读

国家图书馆出版社

图书在版编目（CIP）数据

战国策：节选／何晋解读． — 北京：国家图书馆出版社，2019.12（2025.8重印）
（中华传统文化百部经典／袁行霈主编）
ISBN 978-7-5013-6904-1

Ⅰ．①战… Ⅱ．①何… Ⅲ．①中国历史－战国时代－史籍 Ⅳ．① K231.04

中国版本图书馆 CIP 数据核字（2019）第 277483 号

国家图书馆出版社官方微信

书　　名	战国策（节选）
著　　者	何　晋 解读
责任编辑	王　雷　廖生训
重印编辑	王亚宏
特约编辑	孙　彦
封面设计	敬人设计工作室

出版发行	国家图书馆出版社（北京市西城区文津街 7 号　100034）
	010-66114536　63802249　nlcpress@nlc.cn（邮购）
网　　址	http://www.nlcpress.com
印　　装	北京科信印刷有限公司
版次印次	2019 年 12 月第 1 版　2025 年 8 月第 2 次印刷

开　　本	710×1000　1/16
印　　张	21.25
字　　数	272 千字
书　　号	ISBN 978-7-5013-6904-1
定　　价	64.00 元（精装）

版权所有　侵权必究

本书如有印装质量问题，请与读者服务部（010-66126156）联系调换。

中华传统文化百部经典

顾 问

饶宗颐	冯其庸	叶嘉莹	章开沅	张岂之
刘家和	乌丙安	程毅中	陈先达	汝 信
李学勤	钱 逊	王 蒙	楼宇烈	陈鼓应
董光璧	王 宁	李致忠	杜维明	

编委会

主任委员

袁行霈

副主任委员

韩永进　饶　权

编　委

瞿林东	许逸民	陈祖武	郭齐勇	田 青
陈 来	洪修平	王能宪	万俊人	廖可斌
张志清	梁 涛	李四龙		

本册审订
熊宪光　　王华宝

中华传统文化百部经典
编纂办公室
张　洁　　梁葆莉　　张毕晓　　马　超　　华鑫文

编纂缘起

文化是民族的血脉，是人民的精神家园。党的十八大以来，围绕传承发展中华优秀传统文化，习近平总书记发表了一系列重要讲话，深刻揭示出中华优秀传统文化的地位和作用，梳理概括了中华优秀传统文化的历史源流、思想精神和鲜明特质，集中阐明了我们党对待传统文化的立场态度，这是中华民族继往开来、实现伟大复兴的重要文化方略。2017年初，中共中央办公厅、国务院办公厅印发《关于实施中华优秀传统文化传承发展工程的意见》，从国家战略层面对中华优秀传统文化传承发展工作作出部署。

我国古代留下浩如烟海的典籍，其中的精华是培育民族精神和时代精神的文化基础。激活经典，熔古铸今,是增强文化自觉和文化自信的重要途径。多年来,学术界潜心研究,钩沉发覆、辨伪存真、提炼精华,做了许多有益工作。编纂《中华传统文化百部经典》(简称《百部经典》),就是在汲取已有成果基础上,力求编出一套兼具思想性、学术性和大众性的读本,使之成为广泛认同、传之久远的范本。《百部经典》所选图书上起先秦,下至辛亥革命,包括哲学、文学、历史、艺术、科技等领域的重要典籍。萃取其精华,加以解读,旨在搭建传统典籍与大众之间的桥梁,激活中华优秀传统文化,用优秀传统文化滋养当代中国人的精神世界,提振当代中国人的文化自信。

这套书采取导读、原典、注释、点评相结合的编纂体例,寻求优秀传统文化与社会主义核心价值观之间的深度契合点;以当代眼光审视和解读古代典籍,启发读者从中汲取古人的智慧和历史的经验,借以育人、资政,更好地为今人所取、为今人所用；力求深入浅出、明白晓畅地介绍古代经典，让优秀传统文化贴近现实生活，融入课堂教育，走进人们心中，最大限度地发挥以文化人的作用。

《百部经典》的编纂是一项重大文化工程。在中宣部等部门的指导和大力支持下，国家图书馆做了大量组织工作，得到学术界的积极响应和参与。由专家组成的编纂委员会，职责是作出总体规划，选定书目，制订体例，掌握进度；并延请德高望重的大家耆宿担当顾问，聘请对各书有深入研究的学者承担注释和解读，邀请相关领域的知名专家负责审订。先后约有500位专家参与工作。在此，向他们表示由衷的谢意。

书中疏漏不当之处，诚请读者批评指正。

2017 年 9 月 21 日

凡　例

一、《中华传统文化百部经典》的选书范围，上起先秦，下迄辛亥革命。选择在哲学、文学、历史、艺术、科技等各个领域具有重大思想价值、社会价值、历史价值和学术价值的一百部经典著作。

二、对于入选典籍，视具体情况确定节选或全录，并慎重选择底本。

三、对每部典籍，均设"导读""注释""点评"三个栏目加以诠释。导读居一书之首，主要介绍作者生平、成书过程、主要内容、历史地位、时代价值等，行文力求准确平实。注释部分解释字词、注明难字读音、串讲句子大意，务求简明扼要。点评包括篇末评和旁批两种形式。篇末评撮述原典要旨，标以"点评"，旁批萃取思想精华，印于书页一侧，力求要言不烦，雅俗共赏。

四、原文中的古今字、假借字一般不做改动，唯对异体字根据现行标准做适当转换。

五、每书附入相关善本书影，以期展现典籍的历史形态。

戰國策卷第一

東周

高誘注

秦興師臨周王後語求九鼎周君患之以告顏率顏率名也當如字或顏率曰大王勿憂臣請東借救云力出切後語注於齊顏率至齊謂齊王王後語曰夫秦之為無道也欲興兵臨周而求九鼎周之君臣內自盡作增集一計與秦不若歸之大國夫存危國美名也得九鼎盡寶也願大王圖之齊王大悅發師五萬人使陳臣思將以救周而秦兵罷齊將求九鼎周君又患之顏率曰大王勿憂臣請東解之顏率至齊謂齊王曰周賴大國之義得君臣父子相保也願獻九鼎不識大

战国策三十三卷 （汉）高诱注 （宋）姚宏校正 宋绍兴刻本
国家图书馆藏

秦王謂軻起取武陽所持圖軻既取圖奉之秦王
發圖圖窮而匕首見因左手把秦王之袖而右手
持匕首揕之未至身秦王驚自引而起袖絕拔劍
劍長操其室朝（補曰摷把持也與操同管子多
不出室操之然後知室堅故云王負劍堅
劍長操其室時惶急劍堅
故不可立拔荊軻逐秦王秦王環柱而走群臣驚
愕卒起不意盡失其度而秦法群
臣侍殿上者不得持尺寸之兵諸郎中執兵皆陳
於殿下非有詔不得上方急時不及召下兵以故
荊軻逐秦王而卒惶急無以擊軻而乃以手共搏
之搏擊是時侍醫夏無且以其所奉藥囊提荊軻
也

提摘也史提文帝摑姪同此
反亦提文帝摑吳太子詔同此
補曰即于反提姪
擊荊軻軻廢乃引其匕首提
惶急不知所為左右乃曰王負劍遂拔以
擊荊軻斷其左股荊軻廢乃引其匕首提
秦王不中中柱秦王復擊軻軻被八創軻自
知事不就倚柱而笑箕踞以罵曰事所以不
成者乃欲以生劫之必得約契
以報太子也左既前斬荊軻秦王目眩良
久已而論功賞群臣及當坐者各有差而賜
夏無且黃金二百鎰曰無且愛我乃以藥囊提荊
軻也於是秦大怒燕益發兵詣趙詔王翦軍以伐

目 录

导读 .... (1)
  一、成书过程 .... (1)
  二、版本及流传 .... (9)
  三、内容及性质 .... (16)
  四、历史价值及现代意义 .... (23)
  五、本书依据版本和选目、体例说明 .... (27)

东周 .... (29)
  秦兴师临周而求九鼎 .... (29)
  东周欲为稻 .... (33)

西周 .... (35)
  苏厉谓周君 .... (35)
  秦欲攻周 .... (37)

秦 ...... （39）

　　苏秦始将连横 ...... （39）

　　司马错与张仪争论于秦惠王前 ...... （48）

　　张仪之残樗里疾 ...... （52）

　　齐助楚攻秦 ...... （54）

　　楚绝齐齐举兵伐楚 ...... （59）

　　医扁鹊见秦武王 ...... （62）

　　甘茂亡秦且之齐 ...... （63）

　　秦宣太后爱魏丑夫 ...... （66）

　　范雎至 ...... （67）

　　天下之士合从相聚于赵 ...... （79）

　　蔡泽见逐于赵 ...... （81）

　　楚王使景鲤如秦 ...... （93）

　　秦王欲见顿弱 ...... （94）

齐 ...... （99）

　　靖郭君将城薛 ...... （99）

　　靖郭君善齐貌辨 ...... （101）

　　邹忌修八尺有余 ...... （105）

　　秦假道韩魏以攻齐 ...... （107）

　　张仪事秦惠王 ...... （110）

　　昭阳为楚伐魏 ...... （113）

　　楚王死 ...... （115）

齐王夫人死 ....（122）

孟尝君舍人有与君之夫人相爱者 ....（123）

孟尝君有舍人而弗悦 ....（126）

齐王使使者问赵威后 ....（127）

齐宣王见颜斶 ....（130）

管燕得罪齐王 ....（137）

齐负郭之民有狐咺者 ....（138）

齐闵王之遇杀 ....（141）

楚 ....（145）

荆宣王问群臣 ....（145）

江乙说于安陵君 ....（146）

苏秦为赵合从说楚威王 ....（149）

张仪为秦破从连横 ....（154）

楚怀王拘张仪 ....（161）

楚襄王为太子之时 ....（163）

苏子谓楚王 ....（168）

张仪之楚 ....（170）

魏王遗楚王美人 ....（173）

有献不死之药于荆王者 ....（174）

客说春申君 ....（176）

天下合从 ....（180）

楚考烈王无子 ....（182）

赵 ....（189）

 知伯帅赵韩魏而伐范中行氏 ....（189）

 晋毕阳之孙豫让 ....（196）

 魏文侯借道于赵攻中山 ....（201）

 张仪为秦连横说赵王 ....（202）

 赵燕后胡服 ....（207）

 魏使人因平原君请从于赵 ....（209）

 秦攻赵于长平 ....（210）

 秦围赵之邯郸 ....（217）

 客见赵王 ....（226）

 秦攻魏取宁邑 ....（229）

 赵太后新用事 ....（232）

 秦使王翦攻赵 ....（236）

魏 ....（239）

 韩赵相难 ....（239）

 乐羊为魏将而攻中山 ....（240）

 文侯与虞人期猎 ....（241）

 苏子为赵合从说魏王 ....（242）

 张仪为秦连横说魏王 ....（246）

 张仪欲以魏合于秦韩 ....（251）

 魏惠王死 ....（252）

 五国伐秦 ....（255）

田需贵于魏王 ……………………………………………（261）

庞葱与太子质于邯郸 ………………………………（262）

秦败魏于华魏王且入朝于秦 ………………………（263）

秦将伐魏 ……………………………………………（268）

魏王欲攻邯郸 ………………………………………（271）

魏王与龙阳君共船而钓 ……………………………（273）

秦王使人谓安陵君 …………………………………（275）

韩 …………………………………………………（279）

魏之围邯郸 …………………………………………（279）

五国约而攻秦 ………………………………………（280）

或谓公仲曰听者听国 ………………………………（282）

齐明谓公叔 …………………………………………（285）

公叔将杀几瑟 ………………………………………（286）

韩傀相韩 ……………………………………………（287）

秦大国 ………………………………………………（294）

张丑之合齐楚讲于魏 ………………………………（295）

段干越人谓新城君 …………………………………（296）

燕 …………………………………………………（299）

人有恶苏秦于燕王者 ………………………………（299）

苏代为燕说齐 ………………………………………（303）

赵且伐燕 ……………………………………………（305）

张丑为质于燕 ……………………………………………（306）

宋卫 ……………………………………………………（309）

　　齐攻宋宋使臧子索救于荆 ……………………………（309）

　　宋康王之时有雀生鹯 …………………………………（310）

　　智伯欲伐卫 ……………………………………………（312）

　　卫人迎新妇 ……………………………………………（313）

中山 ……………………………………………………（315）

　　司马憙三相中山 ………………………………………（315）

　　主父欲伐中山 …………………………………………（316）

主要参考文献 …………………………………………（319）

导　读

一、成书过程

今天所见通行的《战国策》一书，为西汉成帝河平年间（前28—前25）刘向编定而成。刘向是汉朝宗室，为汉高祖刘邦弟弟楚元王刘交的四世孙，是中国历史上著名的经学家、目录学家。他原名更生，在成帝时任光禄大夫，改名为"向"，受命校理当时西汉王朝所藏图书。根据《汉书·艺文志》记载，刘向校书主要负责的是"经传、诸子、诗赋"，此外还有步兵校尉任宏校"兵书"，太史令尹咸校"数术"，侍医李柱国校"方技"。这是中国历史上第一次对国家所藏典籍进行全面系统的校理。《战国策》便是刘向这次校书，对相关资料进行整理编定的成果之一。经刘向编定后，《战国策》一直流传至今，由于它在史学和文学上的价值，使其成为中华传统文化中的经典之一。

西汉这次校书，每一部书校理完成之后，刘向都条理篇目，归纳大意，奏录给皇帝。《战国策》编定成书后，刘向也给皇帝上奏了一篇关于《战国策》的书录，交代了他当时编定完成并为之命名的《战国策》在书名、内容、编次、体例等方面的基本情况。根据这一篇《战国策书录》，结合今所见《战国策》文本，我们对以下方面逐一探讨。

(一)《战国策》的成书及书名

秦始皇兼并六国，统一天下，以吏为师，禁毁《诗》《书》与百家语(《诗》《书》指儒家经典，百家语是诸子的著作)；不仅如此，诸侯各国的史书，除了秦国的，也都在禁毁之列。西汉建立，逐渐废除不准民间藏书的"挟书令"，并征集民间藏书，广开献书之路。汉武帝时，搜求的图书已经"积如丘山"。到刘向校书之时，西汉中央王朝无疑已收集到了十分丰富的各类图书。刘向发现这些书中，不少都是记载战国时游说之士为各国国君出谋划策的内容，所以将它们按各诸侯国整理编定之后，就把该书最终定名为《战国策》。

那么刘向整理编定并最终定名为《战国策》之前，他看到的记载战国时游说之士为各国国君出谋划策的那些书，是些什么书呢？它们有书名吗？

刘向当时看到的汉王朝宫廷中秘所藏的这些书中，有名号的有六部，它们分别叫作《国策》《国事》《事语》《短长》《长书》《修书》。从名称上可以大略分为两类。一类是《国策》《国事》《事语》，一类是《短长》《长书》《修书》(修，也是长的意思)。战国时游士的策谋言语所涉，大都为列国的军、政大事，这些策言能唆使国家攻城略地，也可以使列国间化干戈为玉帛，极大地影响着当时列国的政治。这些游士的策谋言辞，唯其重要，或者说这些游士策言的编撰者为了夸大它们的重要，所以把记载游士策言的这些书取名为《国策》，有关列国军政之策谋也；正因为这些策谋大都和列国军、政大事相关，所以叫作《国事》；这些军、政大事大都通过游士的策谋言语表现出来，所以叫作《事语》。秦汉时普遍把"短长"作为游士纵横术的代称,这便是《短长》《长书》《修书》这些书名的来由。《汉书·张汤传》"短长"应劭注说:"短长术兴于六国时,长短其语,隐谬用相激怒也。"张晏注解说:"苏秦、张仪之谋,趣彼为短,归此为长,《战国策》名长短术也。"所谓"长短其语",用今天的话,就是说你长你就长,不长也长,说你短你就短,不短也短。所以"短长"可以看作与"纵横"同义,纵横术又可叫长短术,记载游士纵横言语的这些书,于是就被称为《短长》《长书》《修书》了。

除了上面有书名的六部,还有八篇是按各诸侯国编排记载游士策谋的,有学者推测可能周、秦、齐、楚、赵、魏、韩、燕每国一篇,共八篇。这部分数量虽不多,而且没有书名,但其内容较有条理,不像其他六种那样比较杂乱,所以最后刘向将它们作为重新编定时的底本。

根据上述这两类材料整理且按各诸侯国编录而成的这部书,刘向因为它有关"战国时游士辅所用之国,为之策谋",所以最后定其书名为《战国策》。刘向对《战国策》这一书名的来由说得很清楚,因为它所记内容大多是战国时游士辅国的策谋,所以叫作《战国策》。书名中的"策"字,刘向用的是它"策谋"的含义。先秦有两部重要的国别体文献,一是记载春秋史事的《国语》,一是记载战国纵横游说的《战国策》。《国语》因为所记主要是"语"而叫《国语》,则《国策》可以因为所记主要是"策"而叫《国策》。晋代孔衍认为《战国策》所收未为尽善,又根据《史记》中所记战国时事,对《战国策》进行补充和删减,最后聚为一书,叫作《春秋后国语》,又叫《春秋后语》。《春秋后语》南宋以后已不传,但从今天的辑佚本和敦煌石室的残卷中可知,《春秋后语》在体例上是模仿《国语》和《战国策》分国记事的。刘向对《战国策》的定名,一方面是根据此书所记内容大多为战国游士之策谋,另一方面旧有《国策》《国事》《事语》的名号也提示我们,《战国策》的书名并非刘向凭空而来,他是根据其内容,并结合旧有书名,而最终定名为《战国策》的。

(二)《战国策》的前身是什么

《战国策》的最终编定者是刘向,那么在刘向编定之前的那些材料,即《国策》《国事》《事语》《短长》《长书》《修书》,以及按各诸侯国编排记载游士策谋的八篇,都是些什么样的书?遗憾的是,编定《战国策》所依据的这些著作,今天已经看不到它们的原貌了。但令人惊喜的是,1973年12月,在湖南长沙马王堆第三号汉墓,出土了一批具有重要历史价值的古代帛书抄本,其中有一些帛书所记和《战国策》相似,内容和《战国策》有不少重合之处,整理者将它们整理后题为《战国纵横家书》,其抄写字体在篆、隶之间,避"邦"字讳,其抄成年代约在汉高祖后期或惠帝时(前194年前后),其成书的年代当更早于此。

整理后的《战国纵横家书》共二十七章,其实是由三部分组成,这三部分材料如果都是选抄的话(那时候选抄一部著作中的部分篇章以流传是常见的事),那可能来源于三本不同的书(这里用"三本"而不用"三种"一词,是因为它们虽是三本不同的书,却都是属于同一种书,即记录策士游说辞令的书)。第一到第十四章是第一部分,大都是关于苏秦的书信和谈话,在内容上彼此互相关联,在体例上也相同,在用字方面相当统一;第十五到第十九章是第二部分,这部分每章结尾都有字数的统计,并且在最后一章(第十九章)的结尾,除了有本章的统计字数"三百"外,还记有这五章总的统计字数"大凡二千八百七十";第二十到第二十七章是第三部分,既没有章末统计字数的体例,在内容上彼此也无甚关联,其中虽也有一些苏秦的游说辞令,但所用文字和第一部分不太一样。

帛书本这三部分,第一部分和第二、三部分差别较大,这不仅因为第一部分在形式上特别,大部分是书信(十四章中有九章为书信,其中第十四章,帛书整理者认为这是苏秦在梁国使人谓齐闵王,如果把此章也作为书信,那么十四章中就有十章为书信);第一部分在内容上也较为特别，几乎都是与苏秦相关（十四章中有十三章和苏秦有关）；更重要的是，第一部分中的篇章基本不见于今本《战国策》（十四章中，只有两章略同于《战国策》），不仅如此，其所记内容还与《史记》和《战国策》所记多相冲突。而第二、三部分中的大部分篇章却基本能在今本《战国策》中找到，其中第二部分五章中有四章，第三部分八章中有四章，内容大都与《战国策》中的篇章相同。据此我们可以有两点推测：（1）第一部分材料，无疑是司马迁写《史记》和刘向编定《战国策》时没有见到的材料；（2）第二、三部分材料，大概就是刘向所看到并据以编定《战国策》的材料，或者说和它们是同样性质、有着同样来源的材料。

帛书下葬的年代是汉文帝前元十二年（前168），在此半个多世纪之后司马迁才开始撰写《史记》，而在一百四十多年之后刘向才开始整理中秘藏书而成《战国策》。司马迁在撰写《史记》中有关战国史的部分时，由于材料的匮缺，曾大量采用编录战国策士辞令的诸多材料，这诸多材料还保留在汉王朝国家图书馆里的，后来又经刘向整理编录而成了《战国策》，所以《战国策》里不少篇章又可在《史记》中找到。帛书虽早在司马迁之前就已埋在了地下，但司马迁撰写《史记》时所看到的材料中，应该已包含有帛书第二、三部分的内容，不然帛书第二、三部分的大部分篇章又见于《史记》的现象便无从解释。而帛书第二、三部分的篇章，凡是见于《史记》被司马迁所采用的，几乎没有例外地也见于《战国策》（只有帛书第二十二章，《史记》采有而《战国策》没有）；《史记》没有能采用的，《战国策》基本上也没有采用（帛书有六章《史记》没能采用，其中就有四章《战国策》也没能采用），司马迁撰写《史记》时不可能和刘向商量，然而似乎司马迁所能看到的材料刘向后来也看到了，这只能说明一个问题：司马迁写《史记》时所看到的"战国策"和刘向编录《战国策》时所见到的材料，二者基本是同一批材料。

通过对帛书和《史记》《战国策》中相关篇章的比较分析，我们可以对《战国策》的前身作如下推测：它们是一批编录游士辞令的零散的材料，所记重在言辞，编次既不一定（其中仅有一种是按各诸侯国编排），记事也没有时间和先后次序，这些材料的来源可能不尽相同，存在有一事两传的情况。它们的原始面目，可以从帛书、《史记》和今本《战国策》中的一些篇章得到一窥。司马迁在撰写战国史采用汇集游士说辞策谋的这些材料时，除了有些篇章很明显是他取舍分析材料时有所删省或增补，以及一些材料别有所本外，基本上是袭用了和今本《战国策》有相同来源的那些材料；刘向编录《战国策》时，对这些材料除了"分别不以序者以相补，除复重"，在章节、文字上，亦并没有作多大的变动。

（三）《战国策》的作者是些什么人

《国策》《国事》《事语》《短长》《长书》《修书》，以及按各诸侯国编排记载游士策谋的那八篇，它们的作者是谁？要探讨先秦秦汉古书的作者，其实是很费劲的一件事，因为那时候的作者、写作、成书，都和今天很不一样。笼统而言，那时候的著作大都不成于一人，也不成于一时，即使是一部著作本身，往往也比较松散，篇章多少也不太固定。中国早期文献在形成过程中，其篇章在流传和被汇录的过程中也常被增删和改编，编者既有可能增入后学模拟、伪托之作，也可增入自己的作品，而成为作者之一。想要清楚考定《战国策》所依据的那些中书材料的作者和编者，也是很困难的。不过，我们可以把刘向编定《战国策》所依据的那些中书的编著者作为一个群体来进行讨论。

从刘向编定《战国策》的"序录"看，他所依据的中书材料分为国别者和非国别者两类，可见编著者已非一人。不按国别编排的材料，包含《国策》《国事》《事语》《短长》《长书》《修书》六种，是刘向编录《战国策》时所依据的主干材料，也是今本《战国策》内容的主体。这六种，当是内容不太一样的零散的多种材料，从内容上的抵牾与重复来看，它们的编著者当亦非一人，这和长沙马王堆汉墓出土帛书《战国纵横家书》

中材料明显有三个不同来源及不同编撰的情况类似。过去曾有学者认为《战国策》的编著者是汉代的蒯通，现在这一说法已不再被大家认可。《战国策》的编著者既非一人，也非编著于一时。

那么，在刘向编录之前，《战国策》中这些材料的众多编著者是些什么人？据现有的材料看，这些编著者主要是教授和学习揣摩游说辞令和技巧的人。这其中大部分为游说之士，基本属于所谓的"纵横家"。纵横家是战国诸子学派之一，长于外交、策谋与游说。中国社会发展变化至战国中后期，世卿世禄制衰亡，一些贵族士人变为平民；教育与学术思想不再为贵族垄断，一些平民通过自己的学习和才智也进入仕途。在分裂混战的战国时期，各国国君为求生存与强大，急求人才，重视外交，这使得普通人凭借外交、策谋与游说的才智，也有了出人头地的机会。游说在战国中后期一时蔚然成风，有大量的人从事这一活动，他们被称为游士、策士等，对各国政治、外交产生了重大影响，《孟子》说他们"一怒而诸侯惧，安居而天下熄"，令人敬畏。不仅纵横家长于游说，事实上，其他诸子各家为了得到国君的任用，也都必须掌握游说的技巧，如商鞅、公孙龙、墨子、惠施、孟子等，无不精于口舌游说之术。

然而，要以辞令游说取悦于国君受到重用，并非易事。商鞅西至秦国，游说秦孝公四次才成功。《韩非子·说难》专门讨论了游说之难，并指出游说时应遵守的要旨及忌讳，可见对君主进行揣摩和游说之难。可以说，揣摩游说的技巧，是一个游士所必备的基本技巧。要掌握这些技巧，就有必要编录一些优秀游说辞令用来学习揣摩。战国最有名的纵横家苏秦，最初在秦国游说失败回家后，也是苦读策谋之书，不断练习和揣摩，才最终成功。苏秦成名之后，一些有关他的游说言辞，也就理所当然被编录成供学习揣摩的材料。马王堆出土的《战国纵横家书》中的第一部分，即应是这一类材料。这些材料所记以苏秦言辞为主，既没有时间，在事件上也缺乏完整性，它们不大可能是被作为史实记录，也非各国史官所记，最有可能的只能是游说之士编录用来学习和揣摩的。这些材料在汉初还被游说之士主父偃、边通用来学习。

游士在学习和揣摩的过程中，可能还参与学习材料的改编、增补，并进行案例的模拟实践，《战国策·齐三·楚王死》章可算是一个明显的例证。此章探讨楚王死后，该如何乘机在楚太子还在齐国作人质这件事上捞取利益，苏秦为齐国薛公的策谋是：扣留楚太子，用来换地，得到楚国下东国。这件事情的记载本应到此为止。但在这一章紧接着却为这件事揣摩拟设了另外十种不同的游说可能，这十种可能，每一种可能都附有相应的说辞和策谋，讨论问题的范围已不仅仅限于"楚王死后，怎样利用在齐国作人质的楚太子为薛公谋利"这件事，还通过楚太子这件事，模拟了可以对苏秦个人利益产生直接影响的策谋，明显是作为学习者的参考材料而被增录在后。可见此章所记苏秦为楚太子事献策，仅仅可视作一个背景材料，供学习揣摩的游士来设策应对，游士们则根据这一则材料来练习，拟设出了对同一件事的多种不同的应对策谋。至于楚太子一事的历史真相，在这里并不是太重要。不过，为增加游说的说服力，前代之事的一些记载，有时也会被作为材料编录并运用于游说。毕竟游说若只动之以情晓之以理，而没有具体的事例史实来加以佐证，会显得空洞无据。征引前代之事来佐证说明自己的观点，本是战国诸子说或著文时之通例，作为纵横家的游士也注意到这一点，所以一些前代的兴亡得失之事也成了他们游说时必不可少的引用材料。

根据《史记·苏秦列传》和其他一些文献记载，苏秦曾向鬼谷子学习纵横术，可以推测战国时，确有一些教授游说策谋的人。这些游士们的老师也有可能编录一些有关游说策谋的资料作为教材，用来教授学生以资揣摩，因而成为《战国策》部分内容的编著者。

此外，马王堆三号汉墓出土的帛书抄本《战国纵横家书》，是把三种有不同来源的材料合抄而成。三号汉墓墓主人为轪侯利苍的一个儿子，从出土物的特点分析，他生前喜谋好兵，很可能是当时长沙侯国分管军事的武职官员。显然，记载有关游士策谋的书籍是他生前喜好阅览的，这里将三种不同的但都记载游士策谋的书选编抄录在一起，对他来说可能是出于兴趣和爱好，也可能作为他统兵作战时运筹的参考。所以我们推测，《战国策》的编著者，还可能包括一些对之有兴趣和爱好的人。

二、版本及流传

（一）刘向编定本、高诱注本的流传及残缺

刘向整理定名的《战国策》，为三十三篇，亦著录于反映汉代国家藏书的《汉书·艺文志》中。到唐代，《隋书·经籍志》中著录有"《战国策》三十二卷"，当即来源于《汉志》著录的三十三篇这个版本系统。《战国策》由《汉志》著录的"三十三篇"变为《隋志》著录的"三十二卷"，章学诚认为这里"篇""卷"同义，只是称谓不同；至于篇卷数量上的差异，可能是《隋志》著录的《战国策》，在被抄录时在篇章卷数上作了一些合并，正如范祥雍《战国策传本源流考》所说："在雕版术发明之前，书籍全凭缮写流传，而抄书又随各人的需要不同，分卷详略时有参差，并不画一，乃常见之事。"也就是说，此时《战国策》在流传中尚未残缺，而且在唐代人提及《战国策》的文字中，也并没有残缺的记载。

《隋志》同时还著录有高诱撰注"《战国策》二十一卷"，高诱为东汉人，曾注《淮南子》《吕氏春秋》。古书篇、卷之数除了有因为刻写省并而引起的变化，还有因为后来注文的增入而使得原书在每卷的字数上有了变化而重新分卷的，例如《汉书》百篇本一百卷，应劭注本作一百一十五卷，而颜师古注本作一百二十卷，《隋志》著录高诱撰注"《战国策》二十一卷"，也应该是将原刘向本三十三篇重新分卷的结果。由此可见，到《隋志》著录之时，《战国策》已有两个版本系统，一是无注

刘向本，一是高诱注本，二者在卷数的分合上已有差异。不过在新旧《唐书》的著录中，高诱注本由二十一卷变为了三十二卷，在卷数上与《隋志》著录无注刘向本卷数契合，可能是抄刻者有意把原二十一卷又分成了三十二卷以便与之相符。

但似乎《战国策》并不为大多数人喜欢诵读，最迟在北宋，在政府的藏书和著录中，已见不到它的全本了。北宋景祐年间（1034—1038）编修的《崇文总目》记载："（《战国策》）今篇卷亡缺：第二至十，三十一至三阙。又有后汉高诱注本二十卷，今缺第一、第五、第十一至二十，止存八卷。"可见在当时政府藏书中，三十三卷无注的刘向本《战国策》已亡缺十二卷，二十卷的高诱注本《战国策》也亡缺十二卷只存八卷，二者的亡缺都很严重。《崇文总目》说《战国策》三十三卷、高诱注本二十卷，又与《隋志》记载《战国策》三十二卷、高诱注本二十一卷在卷数上有一卷的略微差别，有学者认为是《隋志》记载错误，但更有可能的还是篇卷分合所致。但无论如何，都无碍《战国策》在北宋景祐年间政府藏书已残缺严重的结论。

（二）北宋曾巩的挽救与恢复

幸运的是，北宋的曾巩在嘉祐（1056—1063）时编校史馆书籍，在当时士大夫家中访得《战国策》的全本，使得此书又重新完整流传。曾巩重校《战国策》序："臣访之士大夫家，始尽得其书，正其误谬，而疑其不可考者，然后《战国策》三十三篇复完。"然而曾巩语焉不详，"《战国策》三十三篇复完"的具体情况我们不得而知，《四库全书总目》作了这样一个推测："盖巩校书之时，官本所少之十二篇，诱书适有其十，惟阙第五、第三十一。诱书所阙，则官书悉有之，亦惟阙第五、第三十一。意必以诱书足官书，而又于他家书内撦二卷补之，此官书、诱书合为一本之由。然巩不言校诱注，则所取惟正文也。"这个推测恐怕有问题。无注刘向本（即《四库全书总目》所称"官本"）是三十三卷本（依《崇文总目》说），高诱注本是二十卷本（依《崇文总目》说），二者卷数迥异，每卷之内文字多寡与分合也必不相同，刘向本自是刘向本，高诱注本自是高诱注本，岂能根据《崇文总目》所言，以高诱注本所有的前十卷正好补足刘向本的前十卷（二者均缺第五卷），而高诱注本所缺的第十一至第二十卷，正好即刘向本的第十一至第三十卷？若依其所言，则曾巩"访之士大夫家，始尽得其书"的功劳，变成了只不过求得两卷（按《四库全书总目》所言是第五、第三十一卷）书而已。细考曾巩序文，我们找不到曾巩重校刘向本《战国策》时曾以高诱注本参补的任何资料，此时通行的《战国策》仍是无注刘向本和高诱注本两个独立的版本系统，曾巩所重校、自称"复完"了的是无注刘向本《战国策》，所以曾巩重校《战国策》序一开始即言明："刘向所定《战国策》三十三篇，《崇文总目》称十一篇者阙。臣访之士大夫家，始尽得其书，正其误谬，而疑其不可考者，然后《战国策》三十三篇复完。"只在序末附带提到："此书有高诱注者二十一篇，或曰三十二篇。《崇文总目》存者八篇，今存者十篇云。"曾序明显表明了他所重校的只是无注刘向本《战国策》，而且重校时他所依据的"访之士大夫家"而尽得的书，亦是士大夫家中所藏的无注刘向本，而没有高诱注本在内，因为曾巩明言当时的高诱注本"今仅存十篇"，已亡缺过半了。

虽然曾巩"《战国策》三十三篇复完"的详情不可得知，但我们认为应该是可信的，也就是说，经过曾巩的挽救整理，刘向本《战国策》的内容最终基本没有亡缺。今天所看到的《战国策》虽确有极个别文字有所亡佚，但亡佚文字的相对数量很少，基本无损于《战国策》的原貌。这应该归功于曾巩的整理。

（三）姚宏校本

经北宋曾巩重新整理的《战国策》，在12世纪中叶南宋时期出现了两个几乎同时独立完成的不同的版本：姚宏校注本《战国策》（1146）

和鲍彪注本《战国策》(1147)。

《宋史·艺文志》著录"高诱注《战国策》三十三卷",即南宋姚宏校注本。《四库全书总目》著录孔昭焕家藏毛晋汲古阁影宋钞本《战国策注》三十三卷云:"旧本题汉高诱注。今考其书,实宋姚宏校本也。……有诱注者仅二卷至四卷、六卷至十卷,与《崇文总目》八篇数合;又最末三十二、三十三两卷,合前八卷,与曾巩序十篇数合。而其余二十三卷则但有考异而无注,其有注者多冠以续字。……迨姚宏重校之时,乃并所存诱注入之,故其自序称'不题校人,并题续注者,皆余所益',知为先载诱注,故以续为别。且凡有诱注复加校正者,并于夹行之中又为夹行,与无注之卷不同,知校正之时,注已与正文并列矣。卷端曾巩、李格非、王觉、孙朴诸序跋,皆前列标题,各题其字,而宏序独空一行,列于末,前无标题,序中所言体例,又一一与书合,其为宏校本无疑。其卷卷题高诱名者,殆传写所增以赝古书耳。"

据《总目》所言,把残存的高诱注本中的高诱注并入刘向本《战国策》,可能即从姚宏开始。虽然高诱注至此残缺只剩下十篇,但姚宏校注时可能尽量多地把高注搜集加以保存,所以在今存姚宏校注本中的高注,实际上超出了十篇之数。姚宏校注之时,通行于世的,即是曾巩所重校的刘向本《战国策》,姚宏校本即属于曾巩校本这个系统。姚宏题《战国策》说,他曾两次得到孙朴(元忠)本:"余顷于会稽得孙元忠所校于其族子懿,殊为疏略。后再扣之,复出一本,有元忠跋,并标出钱、刘诸公手校字。"而孙朴即以曾巩重校本为基础:"臣自元祐元年十二月入馆,即取曾巩三次所校定本,及苏颂、钱藻等不足本,又借刘敞手校书肆印卖本参考,比巩所校,补去是正,凡三百五十四字。八年,再用诸本及集贤院新本校,又得一百九十六字,共五百五十签,遂为定本,可以修写黄本入秘阁。集贤本最脱漏,然亦间得一两字。"可见,孙朴本即取曾巩本,并参以苏颂、钱藻、刘敞及集贤院等本而成;而姚宏又取孙朴本，会以诸本定之。也就是说，姚宏本基本是从刘向本的系统而来，与刘向本《战国策》可能并无多大差异，最大限度保留了古本的面貌。

姚宏校注的特点，主要是把宋代若干个不同版本字句的异同记于注中，注重文字的校勘，不轻易改字，在注中保留了多个版本的歧异；其次很重要的是保留了残存的高诱注，所谓"存古之功足多"；再次是有姚宏自己的续注，虽然比较简略。这些是姚宏本的特点和长处。但是，由于姚本对于字义或典故等方面很少解释，所以在当时的社会上并不太流传，至元代吴师道时，已基本不见一般书目著录，罕见藏有此书者；到明代焦竑《国史经籍志》，也没有姚宏注《战国策》的著录。

（四）鲍彪注本

《宋史·艺文志》还著录有"鲍彪注《国策》十卷"。鲍彪是与姚宏差不多同时代的人，一生倾力为《战国策》作注，曾四易其稿。鲍彪注《战国策》的特点，主要是重在全书的疏通诠解，其次是将《战国策》并为十卷，并且在《战国策》的篇章顺序和文字上也做了变动。到了元代有吴师道为鲍彪注《战国策》作补正，一直到明清，鲍彪注吴师道补正本是社会上广泛流传的本子。但是经鲍彪改易后的《战国策》，较之姚宏校注本《战国策》，与刘向本《战国策》已相去甚远，"非复向、巩之旧"，已非原书的本来面目，即便是为之做补正的吴师道，也对鲍彪注本的这种做法大加批评。

鲍彪注《战国策》，对篇章次序所作的变动，有在整卷排列先后顺序上的变动，如将原来居于卷首的《东周策》列为卷二，而将原来卷二的《西周策》列在卷首；有把篇章从一国移到另一国的，如将《秦策》中的"楼䤈约秦魏"章移到了《魏策》，将"文信侯出走"章移到了《赵策》；有将同一篇分属于二国的，如"宜阳之役"章原在《韩策》，鲍本则一在《韩策》，一在《秦策》；还有将二章合为一章的，如将《韩一》"韩公仲相"章和"王曰向也子曰天下无道"章合为一章；此外也有把一章分为二章或三章的,如《东周策》"昭献在阳翟"章,鲍本分为"昭献在阳翟"章和"秦假道于周以伐韩"章,《韩二》"冷向谓韩咎"章则分为"冷向谓韩咎"章、"楚令景鲤入韩"章、"韩咎立为君而未定"章三章,这种依据文义把原来的一章分为多章,在鲍本的篇次变动中最为常见。

鲍彪对《战国策》篇章的变动,吴师道批评为"率意窜改",所以在其补正中多所驳正。但若加考察,其实鲍本对《战国策》篇章次序所作的分合变动,许多时候并非"率意窜改"。他所作的变动,主要还是依据于篇章的内容、年代等。例如他把原来一章分为二章的许多例子,在今天看来仍是有道理的。《战国策》篇次的分合、国属原本定自刘向,当初面对一大堆零乱无序的策辞纵横之说,并非这方面研究专家的刘向,在篇次、国属的编定上会出现一些瑕疵是可以想见的。此外,也可发现《战国策》在鲍注之前,在一些篇章上就已有所分合,也就是说,鲍本少数篇章的分合可能还是有版本依据的,鲍本在篇章上的变动并非全属一己之见。例如,《东周策》姚本"石行秦谓大梁造"章,鲍本分为"石行秦谓大梁造"章、"谓薛公"章、"齐听祝弗"章三章,"谓薛公曰"句"谓"字下姚注:"刘本题起'谓'字。""齐听祝弗"的"齐"字下姚注:"刘本题起'齐'字。"则在鲍彪和姚宏之前的刘敞本已将"石行秦谓大梁造"章分为了三章,鲍彪可能即沿用了刘本的分法。又《魏一》姚本"楚许魏六城"章末句"魏王弗听也"下姚注:"刘,连上。曾,题。"在刘本,"楚许魏六城"章与下一章"张仪告公仲"章为一章,在曾本,"张仪告公仲"起题则另为一章。姚本接受了曾本的分法,鲍本则同于刘本把二章合为一章。也许正因为如此,对于鲍本改易篇次,《四库全书总目提要》才有"彪核其事迹年月而移之,尚与妄改古书者有间"的评论。

至于鲍彪注本身,引书多达四十多种,尤其较多引用《史记》以为据,总体看并不像吴师道批评的那样不堪;不过鲍本擅加改字、补字的地方很多，而且在字的改动上也经常并不在注中加以说明，往往只有在和姚本等他本的对勘中才能发现，确实也算是缺点，例如《东周策》"周最谓石礼"章，姚本为"石礼"，鲍本改为"吕礼"，鲍本这样改，是因为《史记》的《穰侯列传》等都作"吕礼"。鲍注《战国策》，时常喜欢在章尾发表一下自己的评议，从学术的角度而言，这些"翊宣教化"的评议意义其实不太大，对此，吴师道往往又驳斥一番，亦未必公允。

（五）清代以后的流传

从南宋到明清，鲍本广为流传。但鲍本随意改窜篇章顺序和文字，已非原书面貌，清代学者研读《战国策》，自然对鲍本不满意。乾隆时雅雨堂翻刻了南宋姚宏本，打破了几百年来鲍注本一统天下的局面，不过这个本子经过刻印者的修改，有的地方还是以鲍本为依据；到了嘉庆八年（1803）时，黄丕烈摹刻南宋姚宏本，与宋本点画不差，从此之后，姚宏本在社会上受到重视并流传，绝大部分研读《战国策》的学者就以姚宏本为底本了。现在较为通行的，例如上海古籍出版社1978年标点整理的《战国策》（1985年第二版），即以黄丕烈刊刻的姚本为底本，只是除了保留全部姚本的注文外，在注中还汇集了鲍彪、吴师道的注文以及黄丕烈《战国策札记》中的相关内容，此外在分章上"参照姚、鲍，根据文义，对少数篇章重新作了分合，并附校记。一共三十三卷四百九十七章，比姚本的四百八十六章多了十一章，比鲍本的四百九十四章多了三章"（上海古籍出版社《战国策》"标点说明"）。1985年江苏古籍出版社出版诸祖耿《战国策集注汇考》，也是以姚本为底本。现代学者对《战国策》的新注，如1990年中华书局出版的何建章《战国策注释》，亦以姚本为底本，总计也是三十三卷四百九十七章（仅在卷二十二《魏一》和卷二十九《燕一》各有一篇分合不同）。其他如缪文远《战国策新校注》、郭人民《战国策校注系年》以及张清常、王延栋《战国策笺注》等，均以姚本为底本。本书选文，即以上海古籍出版社整理出版的姚本《战国策》为底本。

三、内容及性质

（一）《战国策》的内容

经过刘向整理编定的《战国策》共三十三卷，按各诸侯国编排，分东周、西周、秦、齐、楚、赵、魏、韩、燕、宋、卫、中山十二国记事。十二国中，国有大有小，编在各国的篇章也有多有少，大致上说，秦、齐、楚、赵、魏、韩等大国的篇章及内容较多，都在五十章以上；两周、燕、宋、卫、中山等小国的篇章较少一些，约在三十章左右或更少。

刘向《战国策书录》说："其事继春秋以后，讫楚、汉之起，二百四十五年间之事。"可见，此书记事起止，是从春秋以后，一直到楚、汉兴起，其间共约二百四五十年。这也约略可在《战国策》的记事篇章中得到印证，以叙述而不是策士征引的记事，在时间上最早的是《赵三》"卫灵公近雍疽弥子瑕"章，该章叙述复涂侦谏说卫灵公事。据《春秋》和《史记》，卫灵公卒于周敬王二十七年，也就是鲁哀公二年，即公元前493年，此时尚未进入战国时期。《宋策》"公输般为楚设机将以攻宋"章，其中出现的公输般，虽然有人认为与春秋时的公输般为二人，但其中的墨子生活在春秋末和战国早期是没有疑问的。可见，策士的大规模兴起虽然在战国中后期，《战国策》中的记事绝大部分也在战国时期，但也还是可以有极个别篇章，可能是战国之前的并非战国策士的言辞，这些言辞因其机智的取材和应答，而受到学习者和揣摩者的重视，和战国策士的言辞一同编录入这些材料，以资参考。

今本《战国策》中，最晚的叙事见于《燕三》"燕太子丹质于秦"章，此章述燕太子丹使荆轲入秦刺秦王，但在章末一直叙述到秦灭燕而兼天下，还延及"其后荆轲客高渐离以击筑见秦皇帝"为燕报仇，这当在秦始皇统一天下之后了。由此可见，今本《战国策》中记事最晚的止于秦始皇死前。可是，刘向《书录》对《战国策》记事的下限说得很清楚，是"讫楚、汉之起"，而今本《战国策》内容，并无涉及楚汉之事。但《史记·淮阴侯列传》载有楚汉之时蒯通说韩信自立的文字，唐代司马贞《史记索隐》说"《汉书》及《战国策》皆有此文"，若《索隐》所言不误，则唐时司马贞所见《战国策》，记事的确还有楚汉之事，不过楚汉之事在《战国策》记事内容中所占的比例应该是很小的，以至于在今本中完全见不到了。那么《战国策》中已佚的记载秦以后楚汉之事的那些篇章，刘向编录《战国策》时是把它们归属在哪一国中的？从今本《战国策》中已找不到这个答案了。郑良树在《战国策研究》中通过对《春秋后语》的研究，认为它们应归属于《秦策》，这个结论应该是可信的。《春秋后语》是晋代孔衍主要根据《战国策》改造而成，分为秦、齐、楚、赵、魏、韩、燕七国记事，今天所见其中记载楚汉之际事情的，正在《秦语》之中。据此可以推定，刘向编定本《战国策》中记载楚汉之际的事，应该归属在秦国。

《战国策》一书的内容，刘向在《战国策书录》中已指出是战国时游士为辅佐之国所出的策谋。策谋的确是《战国策》一书的主要内容。战国时期国家的政治生活中，策谋如此重要不可或缺，与当时的历史发展和社会现状密切相关。战国时已缺少像春秋时期作为诸侯之长那样的"五霸"，来维持一个时期内相对稳定的局势，列国均陷入几乎连续不断的混战中，战争愈演愈烈，即便是国力较强的大国，如有"武力二十余万"的魏国（见《魏一·苏子为赵合从说魏王》）、"带甲二十万"的齐国（见《齐一·苏秦为赵合从说齐宣王》），也不免地削兵败；那些国力较弱的诸侯国，国君更是无不生活在失地灭国的危机和忧患之中。所以各国都纷纷寻找生存和强盛的对策，不少国家施行的变法运动，可以看作是各国想要富国强兵的重要举措。其中作为"战国七雄"之一的秦国，经过商鞅变法，国力越来越强盛，建立了一支战斗力极强的军队。虽然武力在战国是大行其道的"硬通货"，但当秦国面对多国甚至六国一起来对抗秦国的合纵策谋时，即便强大如秦国也不能只依靠武力，也还要诉求于连横的外交和策略。正是强大的国力和军队，再加上连横的成功，使得秦最终吞并了六国，统一天下。《战国策》中编录有不少关于合纵、连横内容的篇章，虽然其中一些可能为拟作，并不可靠，但也可一窥合纵、连横策略在当时的影响。

并不是所有国家都能进行变法，都能变得强大，对那些不太有希望的弱国、小国来说，眼前就要考虑的问题往往是如何不被强国吞并而苟且生存下去，在不可能拥有强大军队作为依靠的情况下，外交及策谋就成了最重要的手段。这在《战国策》首章"秦兴师临周而求九鼎"中，便有突出体现。该章记述了战国时已沦为蕞尔小国的西周国，在强秦大军兵临城下索求九鼎的紧急情况下，策士颜率仅凭策谋和辞令，便令秦国退兵，还断绝齐国获取九鼎的贪念，最终为西周君保全了作为天子之宝的九鼎。

《战国策》中还有一些篇章，所记内容是为解决个人迫在眉睫的危难而用的策谋，甚至有为一己之私而陷害他人的诡计，所记虽然仅仅关涉个人，有时却惊心动魄，颇可令人警诫。例如《楚四·魏王遗楚王美人》章：

> 魏王遗楚王美人，楚王说之。夫人郑袖知王之说新人也，甚爱新人，衣服玩好，择其所喜而为之；宫室卧具，择其所善而为之，爱之甚于王。王曰："妇人所以事夫者，色也；而妒者，其情也。今郑袖知寡人之说新人也，其爱之甚于寡人，此孝子之所以事亲、忠臣之所以事君也。"
>
> 郑袖知王以己为不妒也，因谓新人曰："王爱子美矣。虽然，恶子之鼻。子为见王，则必掩子鼻。"新人见王，因掩其鼻。王谓郑袖曰："夫

新人见寡人,则掩其鼻,何也?"郑袖曰:"妾知也。"王曰:"虽恶必言之。"郑袖曰:"其似恶闻君王之臭也。"王曰:"悍哉!"令劓之,无使逆命。

可见《战国策》所载策谋,上有获取天下之宏猷,中有保国守家之策谋,下有倾轧陷害之诡计,有大有小,可攻可守,包罗甚广。不过,《战国策》一书的内容虽然主要是策谋,但是也还包含了一些不以策谋为主题的篇章,例如《赵一·晋毕阳之孙豫让》章,记载了豫让欲为其主智伯报仇,隐姓埋名、毁容伪装,多次行刺赵襄子的故事。此章内容基本无关策谋,被司马迁采入《史记·刺客列传》。

(二)《战国策》的性质

《战国策》经刘向编定成书之后,在《汉志》的著录中,被归入"六艺略"的"《春秋》"类中,这个类别除了著录与《春秋》相关的书,也著录史书。《隋志》将图书类别分为经、史、子、集四部,《战国策》被归入"史部"的"杂史"类,新、旧《唐志》也沿袭如此。可见直到此时,《战国策》是被看作史部著作的。

不过,到了南宋,一些学者对《战国策》的性质开始有了不同的看法,认为《战国策》是子书而非史书,晁公武《郡斋读书志》把《战国策》从史部划出,归入"子部"的"纵横家"类,他认为:"(《战国策》)历代以其记诸国事,载于史类,予谓其纪事,不皆实录,难尽信,盖出学纵横者所著,当附于纵横家。"晁氏改属子部的做法,提出了一种对《战国策》的新认识,它表明学者开始对《战国策》的记事及其性质重新加以思考。宋理宗宝庆间,高似孙所撰《子略》,进一步阐述了《战国策》应列入子部的看法:"班固称太史公取《战国策》、《楚汉春秋》、陆贾《新语》作《史记》,三书者一经太史公采择,后之人遂以为天下奇书。予惑焉,每读此书,见其丛脞少伦,同异错出,事或著于秦齐,又复见于楚赵；言辞谋议，如出一人之口，虽刘向据定，卒不可正其淆驳，会其统归。……然则，太史公独何有取于此？夫载战国楚汉之事，舍三书他无可考者，太史公所以加之采择者在乎？"高氏不仅指出了《战国策》的篇章"丛脞少伦""同异错出"的现象，还分析了此书过去被误为史著的原因。此后马端临《文献通考》及《宋志》，也都将《战国策》划归子部。

但把《战国策》改入子部的认识也并未从此统一，南宋郑樵、陈振孙，元代吴师道等仍然坚持划归史部。可见对《战国策》性质的认识以及视之为子书还是史书，在学界是有分歧的。此后《战国策》在官、私书志目录的著录上，一直或史或子。

要讨论一部书的性质，当看它的内容及其编撰目的。《战国策》的内容，如前所述，主要是记战国游士的策谋辞令，至于这些策谋是否被采用以及事件最后的实际结局如何，反倒在书中少有记载。其中作为游士学习、揣摩的一些篇章，可能因为拟作也远离史实。至于《战国策》的编撰目的，本为游士策谋的荟萃集锦与学习参考，与史著的编撰目的亦相去甚远。西周晚期以来，各国均有史官记录国史，不少诸侯国的国史都称为《春秋》，《墨子》说有"周之《春秋》""燕之《春秋》""宋之《春秋》""齐之《春秋》"，也有的国家另有其名，《孟子·离娄下》说："晋之《乘》，楚之《梼杌》，鲁之《春秋》，一也。"这些史著的编著是有意识的而且目的鲜明，即资治与惩戒，《国语·楚语上》记载，针对楚庄王太子的教育，申叔时就说："教之《春秋》，而为之从善而抑恶焉，以戒劝其心。"无论内容还是体例，中国古代的史书此时都已有自己成熟的标准。以此求诸《战国策》，我们会发现它与史著的距离是较大的，绳之以史著的一般标准，其纰漏是明显的，拙著《战国策研究》曾有总结，概括为以下五点：

一是在时间上的漏误。《战国策》所记之事多缺年月日期，不仅如此，书中所记人、事在时间的先后上也有较大的舛误。例如有关最著名的纵横家苏秦、张仪的事在《战国策》中有大量的记载,看起来二人生活在同一时代,实际上苏秦的活动年代应在张仪之后,书中所载二人的年代先后的错误,根据1973年在湖南长沙马王堆汉墓出土的有关苏秦的帛书材料已可得到纠正。

二是在人物上也有不少漏误。《战国策》中记载策辞的许多篇章,游说者都不记姓名,此外有一些篇章还常常把人名记错,存在张冠李戴的情况,例如《战国策》中《齐二·秦攻赵长平》章记苏秦说齐王,然而苏秦在长平之战(前260)前二十多年即已去世,此时说齐王者断非苏秦,故《史记》记说齐王者为另一人。

三是在史实上的错乱和不实。《战国策》所记多为策士游说之辞,本不以实录为目的,策士在辞令中称引史实,往往为自己的策谋和理论服务,不免多有错乱,这倒和其他诸子之书非常类似,对此余嘉锡先生《古书通例》中有如下很好的总结:"诸子短书,百家杂说,皆以立意为宗,不以叙事为主;意主于达,故譬喻以致其思;事为之宾,故附会以圆其说。本出荒唐,难与庄论。"此外因为学习和揣摩的目的,《战国策》中还收录有不少虚拟和增饰的篇章,记事不实,例如《中山·中山与燕赵为王》章、《齐三·楚王死》章、《楚二·楚襄王为太子之时》章等等。

四是篇章重复的情况明显。有内容几乎完全重复的,例如《魏一·苏秦拘于魏》章与《燕一·初苏秦弟厉因燕质子而求见齐王》章等;也有彼此篇章详略虽有小异,但所记之事基本相同的,如《楚三·陈轸告楚之魏》章与《魏一·张仪恶陈轸于魏王》章等;还有一些篇章虽在事件或人名、地名的叙述上稍有出入,但明显能发现它们是由同一个主题故事(中心故事)演绎而来,例如《齐三·齐王夫人死》章与《楚四·楚王后死》章等。篇章上的这些重复与类同,反映了《战国策》在编次上的杂乱与未系统化。虽然刘向编录《战国策》曾"去复重",但他的工作似乎还有些粗略,也就是说刘向的编录整理,基本上是把几批内容相类的材料分国别辑在了一起，所成之书并未掺入刘向的主观意识，不是他的"一家言"，所成之《战国策》就只是一部资料汇编的书，所以《四库全书总目》也说《战国策》是"裒合诸记"的"杂编之书"。

　　五是内容之特别。《战国策》所记虽内容驳杂，有君臣应对、宫闱争斗、外交聘问、个人小传等等，但其中最多的还是策谋辩言。当然记言之书并不独特，例如《国语》也分国记言。《战国策》一书的特别，在于所记之言，几乎都有着某些相同的焦点指向，即围绕各国一些中心人物之间的主要矛盾与争斗而产生和展开，可以说正是这些矛盾纷争，给说士的实践与拟说提供了非常好的背景和话题。例如，在东周、西周，一系列篇章都围绕着周最而产生；在齐，许多篇章则围绕着孟尝君和他的门下之士而展开；在魏国，有公孙衍与田需互相倾轧；在韩国，则存在韩相公叔与太子几瑟之间的矛盾。此外，几位大游士彼此之间的斗争而产生的阴谋策言，更占据了大量篇章，这较明显地反映在张仪与公孙衍、陈轸、甘茂、樗里疾等人的相互关系上。当然，在所有游士彼此的争斗中，张仪与苏秦之间"横"与"纵"的较量，在《战国策》的记载中无疑是最突出和最典型的。十分有趣的是，在今本《战国策》中记载张仪、苏秦长篇大论"横"与"纵"的典范篇章，大都前后紧紧相连一起成对地出现，似乎一方总是作为另一方的对立面而一起出现：苏秦的合纵之说后面总跟着张仪的连横之说与之对应。事实是，苏秦生活的年代要晚于张仪，所以苏、张二人针锋相对的这些长篇说辞，有学者认为其实乃后人拟作。如果我们明了《战国策》一书的性质，以及这些篇章被辑录或拟作的目的和旨趣，这种说法无疑是有道理的。

　　六是思想倾向上更近子学。《战国策》各章透露出的思想倾向其实并非一律，可谓驳杂，一些篇章体现出明显儒家思想的倾向，如《齐策》中"齐王使使者问赵威后"章以民为先君为后，与孟子民为贵君为轻的思想相同；《齐策》中"齐宣王见颜斶"章，颜斶的言论则明显受道家思想的影响；又如《中山策》中"主父欲伐中山"章，崇尚耕战，鄙视游士，体现的则是商鞅等法家的思想。但通观《战国策》全书，其主要内容还是如刘向所说，是"战国时游士辅所用之国为之策谋"，更多体现的是纵横家的一些思想倾向和价值观念。这些思想、观念相较于其他一些诸子学派，可能并非那么明显和成体系，但仍然可以大略归纳言之，主要是看重游说辞令，崇尚奇策异智，既贵士，也重节，既公开追求名利富贵和进取，也热情歌颂行侠仗义与隐逸。

综上所述，从《战国策》编撰目的、篇章编排、内容特征、思想倾向等方面看，将其视为史书是值得商榷的；将《战国策》归属到"子部"的"纵横家"中可能更合适，也更符合此书的性质。今天，把它作为一部研究战国历史以及纵横家的史料汇编看待也未尝不可。

四、历史价值及现代意义

（一）历史价值

《战国策》的历史价值主要体现在两个方面。

一是该书是战国诸子百家中重要的"纵横家"这一学派相关材料的集中汇编，是了解和研究战国乃至秦汉的纵横家的重要原始材料，在学术史和思想史上弥足珍贵。《汉书·艺文志·诸子略》中说：

> 从横家者流，盖出于行人之官。孔子曰："诵《诗》三百，使于四方，不能专对，虽多亦奚以为？"又曰："使乎，使乎！"言其当权事制宜，受命而不受辞。

认为这一学派出自古代的外交使臣，对于代表国家的使臣，其言辞是否得当，是否不辱使命，孔子很是重视，因此对那些做得好的使臣，孔子大加夸赞。成功的纵横家，应当能够权变，根据具体的情况采取合宜的措施，受命而不受辞，即只接受任务，自己可以决定用什么样的言辞去和对方沟通。但临场之时究竟该说什么、怎么说，孔子并没有详说，这其中的技巧和策略其实非常重要。而《战国策》正为后人提供了这一学派大量鲜活的案例，虽然其中一些部分是虚拟的，但对研究纵横家这一派的宗旨与特征具有重要的价值。

第二，《战国策》虽然不是严格的史书，但对于历史研究来说，却具有非常重要的史料价值。原因很简单，司马迁在《史记·六国年表序》中就说得很明白：

秦既得意，烧天下《诗》《书》，诸侯史记尤甚，为其有所刺讥也。《诗》《书》所以复见者，多藏人家，而史记独藏周室，以故灭。惜哉！惜哉！

秦统一天下后，烧毁《诗》《书》，特别是史书，只保留了秦国自己的史书，其他诸侯国的史书都被烧掉。因此，早在司马迁著《史记》编写战国历史时，就已经感慨有关战国的史料极度匮乏。在这种情况下，《战国策》中编录的那些材料，对于战国史的编写就具有了举足轻重的特别价值。这首先是因为，除了秦国的一点史料之外，《战国策》中的那些材料成了司马迁不得不采用的史料，迫不得已，因为舍此无他。其次，还因为《战国策》的许多篇章本身也具有较大的史料价值，其所记内容的丰富与驳杂，给我们提供了一个广泛了解当时社会方方面面的广阔背景，许多游士的策言谋略也并非无源之水，或附带或无意间也记录了不少重要史实,或从不同层面多多少少给我们提供了有用的信息。例如,战国时期较为重要的齐破燕一事,在文献的记载上颇有歧异,《史记》中《田敬仲完世家》载为齐桓公时,《燕召公世家》载为齐湣王时,而《孟子》和《战国策》中的《燕策》都记载为齐宣王时,后人多疑,今据金文材料,可知《战国策》所记乃为史实。后来历代研究战国历史的,仍然必读《战国策》;直到今天,虽然已有不少有关战国的考古发掘,以及地下简册文字资料被发现,但《战国策》仍是研究战国历史的重要参考。

(二)现代意义

历史从来就不和现代刻意对立,二者也从未真正分开。作为战国诸子中最重要一个派别的资料遗存,作为中国文化源头性的经典之一,《战国策》无论在社会、历史还是文学上,都为现代的借鉴与反思提供了充足的意义。

不同时代的社会,往往伴随不同的风尚。将社会风俗视为"天下之大事"的顾炎武,认为战国时期和春秋时相比,天下风俗已大不相同,许多春秋时的重要规矩如尊礼、重信、尊周、世官世禄,在战国时都已崩塌。不过崩塌也带来了解放,人性在这个时代得到了前所未有的释放和展现,人性中那些不变的"恶"与"善",欺罔、嫉妒、背叛、倾轧、诚信、公义、勇敢、忠诚,在《战国策》一书中无不有生动鲜活之例,在千百载之后读来仍让人拍案。

例如《赵策》记载秦军包围赵国都城邯郸,魏国害怕秦灭赵后再灭魏,故派军救赵,但又畏惧秦国而不敢前进,于是出主意想要让赵国尊秦为帝臣服于秦,欲以此来解围,实际上因为魏国的犹豫不前,此举可能令赵、魏两国都陷入实质性的危险之中。在此紧急之时,不屑仕宦的齐人鲁仲连来见赵国的平原君,力斥主张向秦臣服的辛垣衍,说明这样做的危害,坚定了赵、魏联合抗秦的决心,最终使秦国知难而退,保全了赵国。事后平原君要封赏鲁仲连，鲁仲连再三不受，平原君又要以千金致谢鲁仲连，鲁仲连笑道，真正受人尊敬的士就在于替人排忧解难，如果收钱，那是生意人，"辞平原君而去，终身不复见"。这在人人逐利向钱看的战国，无疑就像仰慕鲁仲连的李白诗句所赞"明月出海底，一朝开光曜"。

战国诸子对人性的洞悉，使得他们在自己的理论学说上特别重视因势利导，或因其善，或因其恶。对于纵横家来说尤其如此，因为外交游说更需要对人性心理进行揣摩，掌握要害，达到目的。最有名者如《赵策》记触龙说赵太后以其爱子长安君为质一事。秦攻赵，赵求救于齐，齐国一定要长安君到齐国作人质才出兵，而赵太后不肯。在这种情况下，赵国的左师触龙，揣摩太后心理，以人人皆有的舐犊之情为切入点，动之以情，晓之以理，一番谈话便令赵太后赶紧自愿"为长安君约车百乘质于齐"，齐国于是出兵救赵。在今天看来，触龙的言行是我们可以学习的典型高情商的案例。

从文学的意义上看，《战国策》亦多可圈可点的篇章，既有洋洋洒洒的宏文，也有简练隽秀的短篇，不少篇章已成为文学上的经典。描绘生动、行文流畅、叙述入胜、比喻绝妙的文字，在书中随处可见。我们今天不少常见的典故、成语，都来源于《战国策》。例如《燕策》记载，在强秦虎视眈眈之下，赵国要攻打燕国，苏代为了燕国，只给赵王讲了一个故事，便令赵国不再攻打燕国。苏代说："我在来赵国的路上经过易水时，看见有蚌张开贝壳，有鹬鸟啄蚌，被蚌贝合拢夹住。鹬说：'今天不下雨，明天也不下雨，你就死定了。'蚌也对鹬说：'今天你嘴取不出，明天也取不出，你也死定了。'它们彼此都不肯松口放弃，有渔人过来将它们都擒住了。"这就是鹬蚌相争，渔人得利。懂得这个道理，自然也就懂得秦、赵、燕的利害关系了。《齐策》中"画蛇添足"、《楚策》中"狐假虎威""惊弓之鸟"的故事，亦千古流传。特别是在人物的描写上成就突出，书中对当时社会各阶层不同类别的人物都有精彩的描写，如国君、宫妾、武士、谋臣、小吏、平民，都有精彩的个案，简直称得上是一幅战国时代的人物画卷，尤其是对各类"天下骏雄弘辩之士"的描写更是丰富多彩，其中名称上就有"辩士""智士""巧士""勇士""义士""高士"等等，在笔墨上无论是浓墨重彩，还是白描勾勒，每个人物在塑造上往往都很鲜明，各有性格，气质有别。这都使得《战国策》在文学史上也成为了可资揣摩借鉴的经典。

轰轰烈烈的战国时代已经过去，然而那个时代的文化与精神，已积淀在中华民族的传统之中，对现代社会不能说没有影响。当我们翻阅经典，目光穿越两千多年，再度审视那个时代的人与事，或许仍能感受到那个时代的脉搏和现代一起在律动。

五、本书依据版本和选目、体例说明

《战国策》全书共四百九十多章，长短不一，差别较大，从其中节选哪些内容颇费斟酌。本书节选的标准主要有以下几个方面：（1）一直以来被奉为经典的篇章；（2）在战国学术文化思想史上有重要意义的篇章；（3）对战国历史有重要参考价值的篇章；（4）突出反映战国纵横家学派特点的篇章；（5）有关策谋、游说的典型篇章；（6）对于今人来说既有趣味又有启迪的篇章；（7）各国策文多少不一，都酌情选入，能借此管窥全书概貌。

希望通过这些选文，带领读者接触并了解中华传统文化中战国时代璀璨纷繁的文化、思想与历史，探寻中华文化最重要的活水源头，懂文化，懂传统，懂历史，并最终懂自己，懂国家，懂世界。激活传统文化与经典在现代社会的意义。

本书选文以上海古籍出版社1985年出版的《战国策》为底本，该本所用底本是清代嘉庆八年（1803）黄丕烈刊刻的姚宏本，即《士礼居丛书》本。理由如下：（1）该本是目前较好的姚宏本《战国策》整理本，既吸收了鲍彪《战国策》本在分章上的一些优点，又基本能反映刘向当初整理编定的《战国策》原貌；（2）该本汇集了姚宏校语、鲍彪及吴师道注、黄丕烈《战国策札记》，还增编有《姚本鲍本篇目分合对照表》和《鲍本〈战国策〉篇目次序表》以备查检，方便利用。

本书的注释，是面向普通读者，而非从事学术研究的专家。对于中国传统经典来说，阅读它们的普通读者的数量，远远超过专家学者。我想，这就是经典的魅力。我很高兴自己有机会把《战国策》这样一部经典之作介绍给普通读者，并通过注释让大家阅读和了解它。虽是面向普通读者，但在注释上却并不容易，实际上比面向专家更难，因为那些对专家来说是一般基础性的文字、历史、地理、制度等等知识，普通读者往往有所欠缺。因此本书在注释时，尽量详细作解而不惮复赘，这是要稍加说明的。

选文中个别异体字，改为今天通行的字，如"汙"改为"污"，"覩"改为"睹"，"効"改为"效"，"柰"改为"奈"，等等，就不一一说明了。

其他编写体例，都遵从《中华传统文化百部经典》编纂条例，此不赘述。

东周

秦兴师临周而求九鼎

秦兴师临周而求九鼎[1],周君患之[2],以告颜率[3]。颜率曰:"大王勿忧,臣请东借救于齐[4]。"

颜率至齐,谓齐王曰[5]:"夫秦之为无道也[6],欲兴兵临周而求九鼎,周之君臣内自画计[7]:与秦[8],不若归之大国[9]。夫存危国[10],美名也;得九鼎,厚实也[11]。愿大王图之[12]!"齐王大悦,发师五万人,使陈臣思将以救周[13],而秦兵罢[14]。

[注释]

[1]兴师:出兵。师,军队。临:来到。周:指战国时期的"西周国"。西周衰亡,周平王东迁洛阳,天子居于王城,春秋晚期天子周敬王避乱又从王城迁居于成周。约在战国中期周显王时,周分裂为西周、东周两个列国,史称二周,西周国占有王城之地,东周国占有成周及巩,此时周天子已完全失去了土地和人民,徒

有空名，只好寄食于二周，先是周显王、周慎靓王依附于东周，至周赧（nǎn）王时又从东周出走投向西周。此章秦求九鼎，大概在周赧王之时。九鼎：九个大鼎。相传禹铸造九鼎，夏、商、周代代相传，九鼎成为王朝政权的象征。周成王将九鼎置于西周镐京，后又迁至洛阳。　[2]周君：西周国君。过去误以此"周君"为天子周显王，而周显王依附于东周国，故将此章归入《东周策》，实则当属《西周策》。患：担忧。　[3]颜率：人名。　[4]东：往东去。　[5]齐王：时为齐宣王，公元前319年—前301年在位。　[6]为无道：行不正之道。　[7]画计：谋画。"画"底本原作"尽"，今据姚宏校语及金正炜《战国策补释》等改正。　[8]与：给。　[9]归：同"馈"，赠送。大国：此指齐国。　[10]存：救存。危国：陷于危难之国，指西周。　[11]厚实：丰厚的实惠。这是说齐国既得名声又得实惠。"实"底本原作"宝"，据金正炜《战国策补释》改。此处"美名"与"厚实"相对，名、实相应，《战国策·齐六》亦有"显名厚实"之语。　[12]图：考虑。　[13]使：派遣。陈臣思：人名，齐国之臣。将（jiàng）：统率。　[14]罢：退。

齐将求九鼎，周君又患之。颜率曰："大王勿忧，臣请东解之[1]。"

颜率至齐，谓齐王曰："周赖大国之义[2]，得君臣父子相保也[3]，愿献九鼎。不识大国何途之从而致之齐[4]？"齐王曰："寡人将寄径于梁[5]。"颜率曰："不可。夫梁之君臣欲得九鼎，谋之晖台之下[6]，少海之上[7]，其日久矣[8]。鼎入梁，必不出[9]。"齐王曰："寡人将寄径于楚。"对曰："不可。楚之君臣欲得九鼎，谋之于叶庭之中[10]，其日久矣。若入楚，鼎必不出。"王曰："寡人终何途之从而致之齐[11]？"颜率曰："弊邑固窃为大王患之[12]。夫鼎者，非效醢壶酱甄耳，可怀挟提挈以至齐者[13]；非效鸟集乌飞、兔兴马逝，漓然止于齐者[14]。昔周之伐殷[15]，得九鼎，凡一鼎而九万人挽之[16]，九九八十一万人，士卒师徒[17]，器械被具[18]，所以备者称此[19]。今大王纵有其人[20]，何途之从而出[21]？臣窃为大王私忧之[22]。"齐王曰："子之数来者[23]，犹无与耳[24]。"颜率曰："不敢欺大国，疾定所从出[25]，弊邑迁鼎以待命[26]。"齐王乃止[27]。

可见齐王也不笨。

[注释]

[1]解：解决，解除。 [2]赖：依赖，依靠。义：义举。 [3]得：能。 [4]不识：不知。何途之从：经由哪条道路。途，道。致：送到。 [5]寡人：古代君王的自谦之称。寄径：借道。梁：即魏国，魏惠王迁都大梁（今河南开封市），所以魏又称作梁，魏惠王也称梁惠王。西周与齐国不接壤，所以需要借道他国。 [6]晖台：魏国台名。 [7]少海：魏国地名。 [8]日：时日。 [9]必

不出：一定不会运出去。　[10]叶庭：楚国地名。　[11]终：终究，到底。　[12]弊邑：本国谦称，即"敝邑"，相当于我国。固：原来，本来。窃：私自，私下里。　[13]"非效醯（xī）壶酱甄（zhuì）"二句：不像醋瓶子、酱罐子那样，可以揣在怀里、夹在腋下、提在手里，就能到达齐国。非效，不似。效，仿，似。醯，醋。甄，罐子。怀，揣在怀中。挟，夹在腋下。挈（qiè），提在手里。　[14]"非效鸟集乌飞"二句：不像鸟来乌飞、兔跑马奔那样，迅速畅快地就到了齐国。集，至。兴，出发，起跑。逝，离去，跑走。漓（lí）然，形容迅速的样子。止，同"之"，到，至。　[15]殷：商。　[16]凡：大约。挽：拉。　[17]士卒师徒：士兵、役夫。　[18]被具：用具。被，服，用。　[19]所以备者称此：用来准备的也要与此八十一万人相称。称此，与此相称。　[20]纵有其人：纵然有需要的这么多人。　[21]何途之从而出：那从哪条道路运出去呢？　[22]私：暗中，暗地里。　[23]子：对人的尊称。数：数次。　[24]无：不。与：给，此指给九鼎。　[25]疾定所从出：快决定从哪条道路运出去。疾，快。　[26]待命：等待命令。　[27]止：终止，罢休。

[点评]

　　本章是《战国策》全书的首章，展现了在战国时代策谋、游说的重要性：可以保九鼎、退强敌。战国时代战争不断，崇尚武力，但同时策谋、游说在各国政治、军事中受重视的程度亦无以复加，且影响巨大。弱小的周君，面对强大的秦、齐的逼迫，可谓前有狼后有虎，全凭策士颜率的策谋和游说才得以保全。策谋与游说，是战国策士们的两件制胜法宝，同时也是《战国策》全书内容的两大主旨。本章在全书一开始，便通过事例来说明策谋、游说的巨大作用，行文简洁，中心明确，可看作是全书其他篇章共有特色的一个典型体现。

本章虽重在展示策谋与游说，但也反映了战国时代的大环境、周王室的窘迫困境等历史真实。本章在语言文字上也十分生动，读起来，让人觉得两千多年前的人物及其对话似乎就在眼前。

东周欲为稻

东周欲为稻[1]，西周不下水[2]，东周患之[3]。苏子谓东周君曰[4]："臣请使西周下水可乎？"乃往见西周之君曰："君之谋过矣[5]！今不下水，所以富东周也。今其民皆种麦[6]，无他种矣[7]。君若欲害之，不若一为下水[8]，以病其所种[9]。下水，东周必复种稻；种稻而复夺之[10]。若是，则东周之民可令一仰西周[11]，而受命于君矣。"西周君曰："善。"遂下水。苏子亦得两国之金也。

[注释]

[1]为稻：种稻。 [2]下水：往下放水。西周在上游，东周在下游。 [3]患：担忧。 [4]苏子：可能指著名纵横家苏秦。 [5]过：错，误。 [6]皆种麦：无水故皆种麦。 [7]无他种：

不种其他作物。　[8]一：乃，就。　[9]病：败坏，破坏。　[10]夺之：谓断水。　[11]仰：仰赖。

[点评]

　　本章当为虚拟之辞，但也反映了这样一个事实：东周、西周两国虽小，然而身处战国时代，也不免于彼此角力、争斗，互为仇雠。正是战国时代这样一个各国彼此争斗频繁的大环境，催生了众多的纵横游说之士，他们借势而起，在这样一个难逢的历史大舞台上纷纷登场，为人出谋划策，多方获取利益。

西周

苏厉谓周君

苏厉谓周君曰[1]:"败韩、魏,杀犀武[2];攻赵,取蔺、离石、祁者[3],皆白起[4]。是攻用兵[5],又有天命也[6]。今攻梁[7],梁必破,破则周危,君不若止之[8]。谓白起曰[9]:'楚有养由基者[10],善射,去柳叶者百步而射之[11],百发百中。左右皆曰善。有一人过,曰:"善射,可教射也矣[12]。"养由基曰:"人皆曰善[13],子乃曰可教射。子何不代我射之也?"客曰:"我不能教子支左屈右[14]。夫射柳叶者,百发百中,而不已善息[15],少焉气力倦[16],弓拨矢钩[17],一发不中,前功尽矣。"今公破韩、魏[18],杀犀武;而北攻赵,取蔺、离石、祁者,公也。公之功甚多。今公又以秦兵出塞[19],过两周[20],践韩而以攻梁[21],一攻而不得,前功尽灭。公不

此章游说之妙,全在此一比喻。

若称病不出也。'"

[注释]

[1]苏厉:战国纵横家苏秦之弟,亦为著名游士。可参《史记·苏秦列传》。因为史料缺乏,《战国策》中的不少内容,都被司马迁编撰《史记》时采入其中。周君:指西周国君。 [2]犀(xī)武:魏将。犀,同"犀"。秦将白起在伊阙大败韩、魏军队,杀死了犀武。 [3]蔺、离石、祁:三者均为地名,在今山西离石县、祁县。 [4]白起:秦将,善于用兵,被秦昭王封为武安君。后与秦相范雎不和,称病不出。《史记》有《白起列传》可参。 [5]攻用兵:即工于用兵,善于用兵。"攻"通"工"。 [6]天命:上天的旨意。 [7]梁:魏国。魏国在秦国的逼迫下,都城从安邑迁到大梁(今开封),故此后魏亦称梁。 [8]不若止之:不如阻止此事。 [9]谓白起曰:以下均为苏厉为周君所拟游说白起的辞令。 [10]养由基:春秋时楚国善射之人。《左传》成公十六年有载。 [11]去:距离。 [12]"善射"二句:谓养由基长于射箭,可以教养由基学习射箭之道了。 [13]人皆曰善:据姚宏本校及上下文,"皆"下补"曰"字。 [14]支左屈右:指射箭的具体姿势动作,即左手支撑住弓,右手拉弦使之弯曲。 [15]已:同"以"。息:停歇。"以善息"谓趁此见好就收。 [16]少:少顷,不久。倦:疲劳。 [17]弓拨矢钩:弓歪箭弯。拨,不正。钩,弯曲。 [18]公:对男性的尊称。 [19]塞:关塞,隘口。此谓伊阙之塞。 [20]两周:战国时的西周国、东周国。 [21]践:伐灭。

[点评]

此章内容,又见于《史记·周本纪》,主体内容是苏厉为西周君献游说之辞，以说服秦将白起停止对魏国用兵，这样西周亦得以保全。这篇拟想的游说，高妙之处在于"借力打力"，你秦将白起不是善于用兵攻打韩、赵、魏几乎只胜不败吗？就利用你有百战百胜的成就和骄傲，极力夸大一旦失败就会英名全毁的负面影响，让你最终因害怕失败而不再带兵打仗。不得不承认，这一心理对现今一些有较多成就的人士仍然起着影响，当他们的成功成为一种负担时，就最终阻挡了自己进一步的成就。自古以来，坦然接受自己的失败都不是一件容易的事。

篇中过客和善射者养由基的对话，还有其他的题外之义，即精于某一技者，不能仅止于技，要有超于技之外的考虑。

秦欲攻周

秦欲攻周，周最谓秦王曰[1]："为王之国计者[2]，不攻周。攻周，实不足以利国[3]，而声畏天下[4]。天下以声畏秦，必东合于齐[5]。兵弊于周[6]，而合天下于齐[7]，则秦孤而不王矣[8]。是天下欲罢秦[9]，故劝王攻周。秦与天下俱罢[10]，则令不横行于周矣[11]。"

[注释]

[1]周最：人名，周武公之子，《战国策》中又作"周㝡(zuì)"，《史记·周本纪》中作"周㝡(jù)"，段玉裁《说文解字注》、王引之《经义述闻》谓当作"㝡"。秦王：秦昭王，名则，又名稷，为秦武王异母弟，公元前306年—前251年在位。 [2]计：谋划。 [3]实：与"名"相对，此谓攻周实际所获。 [4]声：名声。畏：恶。 [5]东合于齐：向东联合齐国。 [6]兵弊于周：军队因攻周而疲弊。 [7]合天下于齐：让其他诸侯国和齐国联合。 [8]不王：不能称王。 [9]是：此。罢(pí)：通"疲"，疲弊，此用作动词。 [10]秦与天下俱罢(pí)：王念孙《读书杂志》："'与'犹'为'也，谓秦为天下所罢也。此言天下欲以攻周罢秦，秦攻周，则为天下所罢。" [11]令：政令。横行：肆意而行。

[点评]

此章内容，亦见于《史记·周本纪》。战国时期的周，虽徒有虚名，但在当时的政治生活中，仍然可以作为一个幌子。本篇的游说，正是利用这样一个幌子，并结合实际利害作理论上的推导，以类似三段论的方式，来说服秦不攻周，攻周将不利于秦国。

秦

苏秦始将连横

苏秦始将连横说秦惠王曰[1]:"大王之国,西有巴、蜀、汉中之利,北有胡、貉、代、马之用[2],南有巫山、黔中之限[3],东有肴、函之固[4]。田肥美,民殷富[5],战车万乘,奋击百万[6],沃野千里,蓄积饶多[7],地势形便[8],此所谓天府[9],天下之雄国也[10]。以大王之贤[11],士民之众[12],车骑之用[13],兵法之教[14],可以并诸侯,吞天下,称帝而治。愿大王少留意[15],臣请奏其效[16]。"

此言其势,壮其威。

秦王曰:"寡人闻之[17],毛羽不丰满者不可以高飞,文章不成者不可以诛罚[18],道德不厚者不可以使民[19],政教不顺者不可以烦大臣[20]。今先生俨然不远千里而庭教之[21],愿以异日[22]。"

秦惠王冷对苏秦,可能因为此时他刚即位不久,还处在痛恨商鞅这类游说之士的情绪之中。

[注释]

[1]苏秦：战国末期著名纵横家，主张联合东方六国合纵抗秦。长期为燕昭王做事。连横：西边的秦和东方诸侯国的东西联合为"连横"。东方六国联合对抗西面秦国为"合纵"。秦惠王：名驷，秦孝公之子，公元前337年—前311年在位。　[2]胡、貉（mò）、代、马：北方的少数民族和地区。胡、貉是北方民族名称，代、马指北方的代郡、马邑。用：军实财用。　[3]黔中：指今湖南西、北和贵州东部一带，均为险要之地。限：险阻。　[4]肴（xiáo）、函：崤山、函谷关。肴：通"崤"。固：稳固。　[5]殷：殷实。　[6]奋击：谓勇猛之士。　[7]饶：多。　[8]势：有势，有利。便：便利。　[9]天府：指土地肥沃、物产丰富的地方。　[10]雄国：强国。　[11]以：凭借。　[12]众：多。　[13]骑：骑的马。用：谓良好的训练使用。　[14]教：谓良好的教习。　[15]少留意：稍加注意。　[16]奏其效：奏陈其效果。　[17]寡人：君王自谦之称，意谓寡德之人。　[18]文章：法文，规章。　[19]使：使用。　[20]烦：劳烦。　[21]俨然：认真庄重的样子。庭教：当庭教导。　[22]愿以异日：希望以后再听您说。异日：以后，他日。

此段论述古往今来战争之不可避免及其重要性。

苏秦曰："臣固疑大王之不能用也[1]。昔者神农伐补遂[2]，黄帝伐涿鹿而禽蚩尤[3]，尧伐驩兜[4]，舜伐三苗[5]，禹伐共工[6]，汤伐有夏[7]，文王伐崇[8]，武王伐纣[9]，齐桓任战而伯天下[10]。由此观之，恶有不战者乎[11]？古者[12]，使车毂击驰[13]，言语相结[14]，天下为一[15]，约从连横[16]，兵革不藏[17]；文士并饬[18]，诸侯乱惑[19]；万端俱起，不可胜理[20]；科条既备[21]，民多伪态[22]；书策稠浊[23]，百姓不足[24]；上下相愁[25]，民无所聊[26]；明言章理[27]，兵甲愈起[28]；辩言伟服[29]，战攻不息[30]；繁称文辞[31]，天下不治；舌弊耳聋[32]，不见成功；行义约信[33]，天下不亲[34]。于是，乃废文任武[35]，厚养死士[36]，缀甲厉兵[37]，效胜于战场[38]。夫徒处而致利[39]，安坐而广地[40]，虽古五帝、三王、五伯[41]，明主贤君，常欲坐而致之，其势不能，故以战续之[42]。宽则两军相攻[43]，迫则杖戟相橦[44]，然后可建大功。是故兵胜于外，义强于内；威立于上，民服于下。今欲并天下，凌万乘[45]，诎敌国[46]，制海内[47]，子元元[48]，臣诸侯，非兵不可！今之嗣主[49]，忽于至道[50]，皆惛于教，乱于治[51]，迷于言，惑于语，沈于辩[52]，溺于辞。以此论之，王固不能行也[53]。"

[注释]

[1]臣固疑大王之不能用也：意谓：我原本就存疑大王不会采用我的谋略。固，原来，本来。　[2]神农：传说中的上古帝

王,一说即炎帝。补遂:传说中的古国名。 [3]黄帝:传说中的上古帝王。涿鹿:地名,在今河北涿鹿。禽:同"擒",擒获。蚩尤:传说为上古的九黎部落首领。 [4]尧:传说中的古帝王,因封在唐,亦称唐尧,后禅位给舜。骧(huān)兜(dōu):尧之臣,后作乱被攻讨。 [5]舜:传说中的古帝王,兴起于虞地,故亦称虞舜,后禅位给禹。三苗:古苗民部族,在《尚书》等文献中又称"苗""有苗""苗民",尧、舜、禹时期与三苗多有征战。 [6]禹:夏族首领,因治水有功,受舜禅让继位为帝。共工:尧之臣,因罪被攻伐。 [7]汤:为商代第一任君王。有夏:夏朝,此谓夏桀。"有"为词头,无意义。 [8]文王:周文王。崇:国名。崇侯助纣为虐。 [9]武王:周武王。纣:商代最后一任君主。 [10]齐桓:春秋时的齐桓公。任战:使用战争。伯天下:称霸天下。"伯"同"霸"。 [11]恶(wū)有:哪里有,怎么有。 [12]古者:旧时,过去。 [13]使车:使者之车。毂(gǔ)击:车毂相碰击。毂为车轮的中心部位。驰:奔驰。 [14]结:结盟,结约。 [15]天下为一:各诸侯国联合为一。 [16]约从:即"合纵"。 [17]兵革不藏:谓动用武力。兵,武器。革,甲革。 [18]文士并饬:谓外交、军事并用。文,文人,指外交。士,士卒,指军事。 [19]惑:乱。 [20]不可胜理:不能够理得清。 [21]科条:法令条目。备:完备。 [22]伪态:奸诈,邪恶。"态"同"慝(tè)",邪恶。 [23]书策:指政令。稠浊:繁多杂乱。 [24]不足:不履行。 [25]愁:怨。 [26]民无所聊:人民无所依靠。聊,依靠,依赖。 [27]明言章理:言辞说得清楚,道理讲得明显。章,显明。 [28]兵甲:指战争。 [29]辩言:言语善辩。伟服:服装奇伟。 [30]息:止息。 [31]繁称文辞:繁复名称,文饰辞令。 [32]舌弊耳聋:说得舌头都快破了,听得耳朵都快聋了。 [33]行义约信:行为合义,守约合信。[34]天下不亲:诸侯各国不相亲近。 [35]任:用。 [36]死士:敢死之士。 [37]缀甲:缀连铠甲。厉兵:磨砺兵器。"厉"同"砺",磨砺。 [38]效:显,呈。 [39]徒处而致利:只安居现状却想获利。 [40]安坐而广地:安然坐在那里却想扩大地盘。 [41]虽:即便。五伯:春秋五霸。 [42]战:战争。 [43]宽:远距离。 [44]迫:近距离。杖戟:手执戈戟。橦(chōng):击刺。 [45]凌:胜。万乘:有万乘战车的国家。此谓大国。 [46]诎(qū):同"屈",使屈服。 [47]制:控制。 [48]子:使为子民,谓统治。元元:百姓。 [49]嗣主:继位的君主。 [50]忽:忽视。至道:此谓战争。 [51]惛(hūn)于教,乱于治:被教导人民、治理国家的理论搞混乱了。惛,乱。"乱于治"义同前"惛于教"。 [52]沈:即"沉",沉溺。沉溺于辩辞,义同后"溺于辞"。 [53]王固不能行也:义同前所言"大王之不能用也"。

说秦王书十上而说不行[1]。黑貂之裘弊[2],黄金百斤尽[3],资用乏绝,去秦而归[4]。赢縢履屩[5],负书担橐[6],形容枯槁[7],面目犁黑[8],状有归色[9]。归至家,妻不下纴[10],嫂不为炊[11],父母不与言[12]。苏秦喟叹曰:"妻不以我为夫,嫂不以我为叔,父母不以我为子,是皆秦之罪也[13]。"乃夜发书[14],陈箧数十[15],得太公《阴符》之谋[16],伏而诵之[17],简练以为揣摩[18]。读书欲睡,引锥自刺其股[19],血流至足。曰:"安有说人主不能出其金玉锦绣,取卿相之尊者乎？"期年[20]，揣摩成，曰："此真可以说当世之君矣！"

于是乃摩燕乌集阙[21]，见说赵王于华屋之下[22]，抵掌而谈[23]。赵王大悦，封为武安君。受相印，革车百乘[24]，锦绣千纯[25]，白璧百双[26]，黄金万溢[27]，以随其后，约从散横[28]，以抑强秦[29]。

[注释]

[1]书十上：谓多次上书秦王。说不行：游说策谋不被使用。 [2]弊：破旧。 [3]尽：空尽。 [4]去：离开。 [5]嬴縢（téng）履（lǚ）屩（juē）：缠上绑腿，穿上草鞋。"嬴"通"累（léi）"，缠绑。縢，绑腿。履，穿鞋。屩，草鞋。 [6]负书担橐（tuó）：背着书担着袋子。橐，盛物的口袋。 [7]形容：形色容貌。 [8]犁：同"黧"，黑色。 [9]状：外貌。归：同"愧"，羞愧。色：脸色，表情。 [10]纴（rèn）：纴器，纺织绕线工具。不下纴，谓继续绕线不搭理苏秦。 [11]炊：烧火做饭。 [12]言：言谈。 [13]秦：苏秦自称其名。 [14]发：打开。 [15]陈：陈列，摆开。箧（qiè）：装书的小箱子。 [16]太公：太公望，也即吕尚，曾辅佐周文王。太公善于谋略用兵，后世兵书多托名于太公。《阴符》：相传为太公所著兵法谋略之书。 [17]伏：埋头。诵：诵读。 [18]简练：捡取，选择。为：作。 [19]股：大腿。 [20]期（jī）年：一年。 [21]摩：谓就近而过。燕乌集阙：宫阙名。 [22]见：谒见。说（shuì）：游说。赵王：赵肃侯，公元前349年—前326年在位。华屋：高大华丽的房屋。 [23]抵：

即"抵（zhǐ）"，击，拍。　[24]革车：兵车。　[25]锦绣：原作"绵绣"，据鲍彪本改。纯（tún）：计量单位，布帛一段为一纯。　[26]壁：通"璧"，玉璧。　[27]溢：通"镒（yì）"，重量单位，二十四两为一镒。一说二十两为一镒。　[28]约从散横：约六国合纵，拆散与秦的连横。　[29]抑：抑制，阻止。

故苏秦相于赵而关不通[1]。当此之时，天下之大，万民之众，王侯之威，谋臣之权，皆欲决苏秦之策[2]。不费斗粮[3]，未烦一兵[4]，未战一士[5]，未绝一弦[6]，未折一矢，诸侯相亲，贤于兄弟。夫贤人在而天下服，一人用而天下从[7]。故曰：式于政[8]，不式于勇[9]；式于廊庙之内[10]，不式于四境之外[11]。当秦之隆[12]，黄金万溢为用，转毂连骑[13]，炫熿于道[14]，山东之国[15]，从风而服[16]，使赵大重[17]。且夫苏秦特穷巷掘门、桑户棬枢之士耳[18]，伏轼撙衔[19]，横历天下[20]，廷说诸侯之王[21]，杜左右之口[22]，天下莫之能伉[23]。

[注释]

[1]关不通：函谷关紧闭不通。谓秦军不敢过关向东进犯。　[2]决苏秦之策：取决于苏秦的谋略。　[3]费：花

费。 [4]烦：劳烦。 [5]战：出战。 [6]绝：断。 [7]从：跟从，响应。 [8]式于政：用政治外交。式，用，施行。 [9]不式于勇：不用战争武力。 [10]式于廊庙之内：在国内庙堂施用策谋。 [11]不式于四境之外：不在边境之外使用战争。 [12]当秦之隆：当苏秦处于鼎盛之时。隆，盛。 [13]转毂连骑：谓车、马众多。 [14]炫熿（huáng）于道：在道路上风光耀眼。 [15]山东之国：华山东面之国，谓东方六国。 [16]从风而服：像小草被风一吹就倒下一样。 [17]大重：大受尊重。 [18]特：仅，只不过。穷巷：陋巷。掘门：义同他处"掘穴"，即窟穴，无房屋之人以窟穴为住处。桑户：桑树条编的门。棬（quān）枢：弯木做成的门枢。桑户棬枢形容简陋。 [19]伏轼撙衔：谓富贵之后乘车驾马。伏轼，手扶车轼。轼为古代车前横木。撙（zǔn）衔，拉控马衔。衔，衔勒。 [20]横历天下：犹言驰骋天下。 [21]廷：通"庭"，当庭，当面。 [22]杜：堵塞。 [23]莫之能伉（kàng）：没有人能和苏秦相匹敌。伉，匹敌，相当。

将说楚王[1]，路过洛阳[2]，父母闻之，清宫除道[3]，张乐设饮[4]，郊迎三十里。妻侧目而视[5]，倾耳而听[6]；嫂蛇行匍伏[7]，四拜自跪而谢[8]。苏秦曰："嫂，何前倨而后卑也[9]？"嫂曰："以季子之位尊而多金[10]。"苏秦曰："嗟乎！贫穷则父母不子[11]，富贵则亲戚畏惧。人生世上，势位富贵，盖可忽乎哉[12]！"

叔嫂问答，尽显人情世态。其精彩描写，前人评为"异样出色"。苏秦总结之语，公开宣扬追求势位富贵的价值观，体现了纵横家的思想特征。

[注释]

[1]楚王：楚威王，名熊商，楚宣王之子，公元前339年—前329年在位。　[2]洛阳：苏秦为洛阳人。苏秦从赵至楚，经过洛阳。　[3]清宫除道：打扫房间，清除道路。宫，古代对房屋、居室的通称。　[4]张乐设饮：张鼓乐、摆酒宴。　[5]侧目而视：不敢正视，形容畏惧害怕。　[6]倾耳而听：倾听专注，生怕有所遗漏。　[7]蛇（yí）行匍伏：歪歪扭扭低身而行，形容卑躬屈膝之态。　[8]谢：谢罪。　[9]倨（jù）：傲慢。　[10]季子：苏秦字季子。　[11]不子：不以为子。　[12]盍（hé）：通"盍"，何。忽：轻视。

[点评]

此章为《战国策》中的经典篇章。和其他章相比，本章故事性强，结构完整，几乎可以看作是苏秦个人的一篇传记，《史记·苏秦列传》无疑也参考了这篇的内容。一开篇苏秦游说秦惠王，展示了战国纵横家在地理、历史、政治方面应有的知识储备，对战争在历代政治中的重要作用作了一针见血的归纳。苏秦的游说，不仅旁征博引，纵论古今，而且文辞斐然，畅快淋漓。但是，想不到他却失败了，铩羽而归。前半写其困顿，后半叙其得意，如此行文，犹如峰回路转，正是先抑后扬的经典套路。

失败者苏秦回家后所经历的世态炎凉的描写，每一句文字都是一个镜头，千百年后读来，仍给人带来就在眼前的画面感。接下来的情节，便是苏秦痛下决心，发奋读书，最终出人头地，获取富贵，为天下瞩目。此时苏秦的妻、嫂、父母对待他的态度，完全不同于此前，直让他感叹："贫穷则父母不子，富贵则亲戚畏惧。人生世上，势位富贵，盖可忽乎哉！"苏秦的感叹，大概说出了历史上许多人的心声。

但本章在《战国策》中，不仅仅是为苏秦个人作传，而是要通过苏秦的成功，为学习游说的人树立一个典范，即便你出身陋巷，穷困潦倒，但只要发奋进取，仍然可以建功立名。这并不是庸俗的成功学推销，而事关合纵抗秦六国百姓的安危，是一个学派对纵横游说术在战国政治中重要性的阐释，是对战国时期乃至苏秦一开始崇尚武力"恶有不战者乎"的反省，最后强调比武力更重要的是谋略外交，"式于政，不式于勇"，再次突出了纵横家的学派特点。

司马错与张仪争论于秦惠王前

司马错与张仪争论于秦惠王前[1]。司马错欲伐蜀[2]，张仪曰："不如伐韩。"王曰："请闻其说[3]。"对曰："亲魏善楚[4]，下兵三川[5]，塞镮辕、缑氏之口[6]，当屯留之道[7]，魏绝南阳[8]，楚临南郑[9]，秦攻新城、宜阳[10]，以临二周之郊[11]，诛周主之罪[12]，侵楚、魏之地[13]。周自知不救，九鼎宝器必出[14]。据九鼎[15]，桉图籍[16]，挟天子以令天下[17]，天下莫敢不听，此王业也[18]。今夫蜀，西辟之国[19]，而戎狄之长也[20]，弊兵劳众不足以成名[21]，得其地不足以为利。臣闻：'争名者于朝[22]，争利者于市[23]。'今三川、周室，天下之市、朝也，而王不争焉，顾争于戎狄[24]，去王业远矣[25]。"

[注释]

[1]司马错：秦国之臣。张仪：魏国人，曾为秦惠王相，主张连横。又参《史记·张仪列传》。 [2]蜀：今四川西部。 [3]说：解释，说明。 [4]亲：亲近。善：善待。 [5]下兵：出兵。三川：三川之地在黄河、洛水、伊水之间。当时属韩。 [6]镮（huán）辕：险道之名。缑（gōu）氏：山名。均在今河南偃师。口：关口，山口。 [7]当：阻挡。屯留：地名，在今山西屯留。 [8]魏绝南阳：魏国军队在南阳阻隔。南阳，在今河南修武。 [9]楚临南郑：楚国带兵在南郑抵挡。南郑，在今河南新郑。 [10]新城、宜阳：在今河南洛阳南。 [11]临：到达。二周：战国时期的东周、西周二国。 [12]诛：诛讨。周主：二周之君主。 [13]侵楚、魏之地：谓二周之罪为侵楚、魏之地。 [14]必出：一定交出来。 [15]据：占有，据有。 [16]桉：即"案"，掌握。图籍：记载土地、人口情况的图册簿籍。 [17]挟：挟持。天子：周天子，时为周慎靓王。令：号令，指挥。 [18]王业：帝王之事业，谓统一天下。 [19]西辟之国：西部僻远之国。"辟"同"僻"，偏僻。 [20]戎狄：对少数民族的称谓。长：君长。《春秋后语》中"长"作"伦"，"戎狄之伦"盖谓与戎狄同类，不值得攻打占

领。　[21]弊：疲敝。　[22]朝：朝廷。　[23]市：市场。　[24]顾：反而，却。　[25]去：离。

"蜀，西僻之国也，而戎狄之长也"等等，正反两方都利用了这些一样的材料，却都能让它们服务于自己的观点。看来这些内容作为学习游说者的阅读材料，确实很合适。

司马错曰："不然[1]。臣闻之，欲富国者，务广其地[2]；欲强兵者，务富其民；欲王者，务博其德。三资者备[3]，而王随之矣[4]。今王之地小民贫，故臣愿从事于易[5]。夫蜀，西僻之国也，而戎狄之长也，而有桀、纣之乱[6]。以秦攻之，譬如使豺狼逐群羊也。取其地，足以广国也；得其财，足以富民；缮兵不伤众[7]，而彼已服矣[8]。故拔一国[9]，而天下不以为暴[10]；利尽西海[11]，诸侯不以为贪[12]。是我一举而名实两附[13]，而又有禁暴正乱之名[14]。今攻韩劫天子[15]，劫天子，恶名也，而未必利也，又有不义之名，而攻天下之所不欲[16]，危！臣请谒其故[17]：周，天下之宗室也；齐，韩、周之与国也[18]。周自知失九鼎，韩自知亡三川[19]，则必将二国并力合谋[20]，以因于齐、赵而求解乎楚、魏[21]。以鼎与楚[22]，以地与魏[23]，王不能禁[24]。此臣所谓'危'。不如伐蜀之完也[25]。"

惠王曰："善！寡人听子[26]。"卒起兵伐蜀[27]，十月取之，遂定蜀[28]。蜀主更号为侯[29]，而使陈庄相蜀[30]。蜀既属[31]，秦益强富厚[32]，轻诸侯[33]。

以"秦益强富厚"收结全篇，既可见司马错伐蜀建议之正确，也可显秦惠王抉择之高明。本篇提供了一个听取正确计策而国富兵强的上佳案例。

[注释]

[1] 不然：不是这样。 [2] 务：致力。 [3] 三资：谓地广、民富、德博三个资本。 [4] 王随之矣：王业随之即来。 [5] 愿：希望。易：容易之事。 [6] 有桀、纣之乱：谓蜀有乱政如桀、纣。 [7] 缮兵不伤众：出征不会损伤太多士卒。缮兵，整修武器，此谓出兵征战。 [8] 服：臣服。 [9] 拔：攻取。 [10] 不以为暴：不认为秦残暴。 [11] 利尽西海：蜀地直到很西之地的利益全都归秦。西海，谓蜀之西。 [12] 不以为贪：不认为秦贪婪。 [13] 附：归附，归随。 [14] 禁暴正乱：制止暴政，平定祸乱。 [15] 劫：劫持，挟持。 [16] 欲：希望。 [17] 谒（yè）：禀告，陈说。故：缘故，原因。 [18] 与国：盟国。 [19] 亡：失。 [20] 二国：周、韩。 [21] 因：凭借，依靠。求解乎楚、魏：向楚、魏请求解救。 [22] 以鼎与楚：周把九鼎给楚国。 [23] 以地与魏：韩把三川给魏国。 [24] 禁：阻止。 [25] 完：完而无伤。 [26] 子：对人的尊称。 [27] 卒：最终。 [28] 定：平定。 [29] 更号为侯：蜀王更换称号为蜀侯。 [30] 陈庄：秦臣。相：担任相国。 [31] 属：归属，归附。 [32] 益：更加。 [33] 轻：轻视。

[点评]

秦惠王时，秦的变法改革已渐有成效，偏居西陲的秦国开始强盛起来。秦的扩张最终必然是向东,但此时是向东伐韩还是先向南伐蜀,在秦廷内出现两条路线的争论,到底哪条路线才真正是秦国的王业之路,张仪和司马错各执一词,并分别为各自的观点作了详细的阐述,张仪认为伐韩讨周可以"挟天子以令天下";司马错则认为伐蜀名利双收还成本最小,但在游说上他还是比张仪技高一筹,不仅力陈伐蜀的好处,还指出伐韩的危险,从正反两个方面来坚实自己的立论。在历史上,蜀地在帝王们打天下的过程中一向具有十分重要的战略地位,秦最终选择先伐蜀,可能不仅仅在于司马错的这番游说,应当是深思熟虑后顺应时势的选择。当然,正反两方面不同意见针锋相对的陈述,往往也是有益的,这样容易让君主清醒地判断和决策,如果只是唯唯诺诺的"一言堂",那才危险呢。

张仪之残樗里疾

张仪之残樗里疾也[1],重而使之楚[2],因令楚王为之请相于秦[3]。张子谓秦王曰[4]:"重樗里疾而使之者,将以为国交也[5]。今身在楚,楚王因为请相于秦[6],臣闻其言曰[7]:'王欲穷仪于秦乎[8]?臣请助王。'楚王以为然[9],故为请相也。今王诚听之[10],彼必以国事楚王[11]。"

秦王大怒，樗里疾出走[12]。

[注释]

[1]残：害。樗（chū）里疾：秦惠王异母弟。可参《史记·樗里子列传》。　[2]重：看重，重用。之：往，去。　[3]楚王：时为楚怀王，公元前328年—前299年在位。为之请相于秦：为樗里疾请求让他为相于秦。　[4]张子：张仪。　[5]将：乃。以：用来。为：处理。国交：两国之间的关系。　[6]为请相于秦：即"为之请相于秦"。　[7]其：樗里疾。　[8]穷：困。　[9]以为然：认为应该如此，表示同意。　[10]今：若，如果。诚：真的，确实。听之：听从楚王让樗里疾在秦国作相。　[11]彼必以国事楚王：他一定拿秦国去侍奉楚王。　[12]出走：逃跑。

[点评]

后世读《战国策》者，对其中的策谋往往有负面的评价，尤其像本篇这样的阴谋诡计，完全出于一己之私，去加害于人。从道德的角度，激烈的批评者如陆陇其，直接指斥《战国策》有毒，"足以坏人心术"。战国诸子各家的学说理论，其实都可以看作是当时的济世药方，常言道"是药三分毒"，诸子的学说也都有各自的短处。战国纵横之士的策谋，有不少是救国于危难、救民于水火的奇谋宏猷，但确实也存在不少上不了台面的奸诈之术。

齐助楚攻秦

齐助楚攻秦,取曲沃[1]。其后,秦欲伐齐,齐、楚之交善[2],惠王患之[3],谓张仪曰:"吾欲伐齐,齐、楚方欢[4],子为寡人虑之[5],奈何[6]?"张仪曰:"王其为臣约车并币[7],臣请试之。"

张仪南见楚王曰[8]:"弊邑之王所说甚者[9],无大大王[10];唯仪之所甚愿为臣者[11],亦无大大王。弊邑之王所甚憎者,亦无先齐王[12];唯仪之甚憎者,亦无大齐王。今齐王之罪,其于弊邑之王甚厚[13],弊邑欲伐之,而大国与之欢[14],是以弊邑之王不得事令[15],而仪不得为臣也。大王苟能闭关绝齐[16],臣请使秦王献商、於之地[17],方六百里。若此[18],齐必弱,齐弱则必为王役矣[19]。则是北弱齐[20],西德于秦[21],而私商、於之地以为利也[22],则此一计而三利俱至。"

> 张仪言行,孟子称其为"妾妇之道",即以阿谀奉承为主。

[注释]

[1]曲沃:其地在今河南陕县。 [2]交:两国的交往、关系。

善：好。　[3] 惠王：秦惠王。患：忧患，担心。　[4] 方：正。欢：交好，融洽。　[5] 虑：考虑，谋划。　[6] 奈何：该怎么办。　[7] 约：置办配备。并：与，和。币：财货礼物。　[8] 楚王：时为楚怀王。　[9] 弊邑：对本国的谦称。此谓秦国。所说（yuè）甚者：最喜欢的。"说"同"悦"。"说甚"在《史记·楚世家》中作"甚说"。　[10] 无大大王：没有超过大王的。大，超过。　[11] 唯：发语辞。仪：张仪自称其名。　[12] 无先齐王：谓齐王排在第一。鲍本"先"作"大"。齐王：时为齐宣王。　[13] 厚：重。　[14] 大国：此代指楚国。　[15] 事令：奉命，听令。谓听令于楚王。事，奉，从。　[16] 苟：如果。绝齐：绝交齐国。　[17] 商：地在今陕西商县。於（wū）：地在今河南内乡。商、於之地，此前曾封给商鞅。　[18] 若此：如此。　[19] 役：役使。　[20] 弱：削弱。　[21] 德于秦：有恩德于秦。谓秦国得以报齐攻取曲沃之仇，会感恩于楚。　[22] 私：自己获得。

楚王大说[1]，宣言之于朝廷[2]，曰："不穀得商、於之田[3]，方六百里。"群臣闻见者毕贺[4]，陈轸后见[5]，独不贺。楚王曰："不穀不烦一兵[6]，不伤一人，而得商、於之地六百里，寡人自以为智矣[7]！诸士大夫皆贺，子独不贺，何也？"陈轸对曰："臣见商、於之地不可得，而患必至也[8]，故不敢妄贺。"王曰："何也？"对曰："夫秦所以重王者[9]，以王有齐也[10]。今地未可得而齐先绝[11]，是楚孤也[12]，秦又何重孤国[13]？

> 最后寥寥两句，利欲熏心之下楚怀王的急迫之情跃然纸上。

且先出地绝齐[14]，秦计必弗为也[15]。先绝齐后责地[16]，且必受欺于张仪[17]。受欺于张仪，王必惋之[18]。是西生秦患，北绝齐交，则两国兵必至矣[19]。"楚王不听，曰："吾事善矣[20]！子其弭口无言[21]，以待吾事。"楚王使人绝齐，使者未来[22]，又重绝之[23]。

[注释]

[1]说：同"悦"，高兴。 [2]宣言：宣布说出。 [3]不榖（gǔ）：君主自谦之称。榖，善。一说"不榖"即"不禄"，亦当为人君的谦卑之称。 [4]闻见：得知，听见。毕：皆，都。 [5]陈轸（zhěn）：著名游说之士，曾为秦臣，现为楚臣。 [6]烦：劳烦。 [7]智：聪明。 [8]患：患难。必：一定。 [9]重：看重，重视。 [10]以：因为。有齐：谓楚有齐作为联盟。一说"有"同"友"，友齐谓与齐国关系友好。 [11]齐先绝：和齐国先断绝关系。 [12]孤：孤立无援。 [13]秦又何重孤国：秦又为何要重视楚国呢？谓楚绝齐，则秦将不重楚。 [14]先出地绝齐：先让秦国交出商、於之地给楚，楚再绝交齐国。 [15]计：考虑。 [16]责：求，索要。 [17]且：将。 [18]惋：怨恨。 [19]两国：秦、齐两国。 [20]吾事善矣：我的事情已经处理好了。 [21]其：表祈使命令语气。弭（mǐ）：停止。无：勿，不要。 [22]使者未来：派出的使者还没回来。来，回来。 [23]又重绝之：又再派出使者去绝齐。

张仪反[1]，秦使人使齐[2]，齐、秦之交阴合[3]。楚因使一将军受地于秦。张仪至[4]，称病不朝[5]。楚王曰："张子以寡人不绝齐乎[6]？"乃使勇士往詈齐王[7]。张仪知楚绝齐也，乃出见使者曰："从某至某，广从六里[8]。"使者曰："臣闻六百里，不闻六里。"仪曰："仪固以小人[9]，安得六百里？"使者反报楚王，楚王大怒，欲兴师伐秦。陈轸曰："臣可以言乎[10]？"王曰："可矣。"轸曰："伐秦非计也[11]，王不如因而赂之一名都[12]，与之伐齐，是我亡于秦而取偿于齐也[13]。楚国不尚全乎[14]？王今已绝齐，而责欺于秦[15]，是吾合齐、秦之交也[16]，国必大伤[17]。"

楚王不听，遂举兵伐秦。秦与齐合[18]，韩氏从之[19]。楚兵大败于杜陵[20]。故楚之土壤士民非削弱[21]，仅以救亡者[22]，计失于陈轸[23]，过听于张仪[24]。

> 人在愤怒之时会远离理智，据说此时智商也会急剧下降，所谓愤怒害死愚妄人。

[注释]

[1]反：同"返"，返回秦国。 [2]使齐：出使齐国。 [3]阴合：暗地里联合。 [4]至：回到秦国。 [5]不朝：不上朝。即不接待楚国使者。 [6]张子：对张仪的尊称。以：认为。 [7]詈（lì）：

骂。　[8]从：通"纵"。"广从六里"谓横、纵各六里，即三十六平方里。　[9]固：本来。以：为，是。小人：小人物。　[10]臣可以言乎：臣可以说话了吗？此前楚怀王曾斥令陈轸"弭口无言"（闭嘴勿言）。　[11]非计：不是好办法。　[12]赂之：贿赂秦国。名都：大的都邑。　[13]亡于秦：丢失一个大都邑给秦国。偿于齐：从齐国这边攻下城市得到补偿。　[14]不尚全乎：不也尚能完整无损吗？"乎"底本原作"事"，据吴师道《补正》改。　[15]责：斥责。　[16]是吾合齐、秦之交也：这是我国让齐、秦联合起来。　[17]国：楚国。"国"底本原作"固"，今据姚宏注及鲍彪本改。　[18]合：联合。　[19]韩氏：韩王。从：跟从。谓加入秦、齐联盟。　[20]杜陵：秦地，在今陕西蓝田县附近。　[21]非削弱：并非小而弱。　[22]仅以救亡：仅能免于灭亡。仅，才，只。　[23]计失于陈轸：失败在计谋上不听从陈轸。　[24]过听于张仪：又错误地听从了张仪的计谋。

[点评]

　　本篇要阐述说明的主旨，不是夸赞张仪的游说谋略多么厉害和成功，而是提供一个关于"听计"的教训，即君主要善于听取别人的计谋，尤其是在面对不同策谋之时，能正确作预判和选择的君主，才会立于不败之地。不能像楚怀王那样，面对眼前巨大利益的诱惑时，就丧失了冷静思考、理性抉择的智慧，钻进了张仪所设套中。下一篇《楚绝齐齐举兵伐楚》有这样一段文字，据王念孙《读书杂志》说应该归入本篇之末，这段文字正好对"听计"作了很好的总结和阐述，值得全文摘录在此，以供读者参考："计听知覆逆者，唯王可也。计者，事之本也；听者，存亡之机。计失而听过，能有国者寡也。故曰：'计有一二者难悖也，听无失本末者难惑。'"大意是：善于听从计谋能预先逆知事情会怎样进行的，只有英明的君王才能做到。计画谋略，是做事的根本；听取选择，是存亡的关键。谋略失误或错听建议，很少有能保全国家的。所以说："在计谋上反覆深思才不会出错，听取选择时能预见事情的本末就不会糊涂。"

楚绝齐齐举兵伐楚

楚绝齐[1]，齐举兵伐楚。陈轸谓楚王曰[2]："王不如以地东解于齐[3]，西讲于秦[4]。"

楚王使陈轸之秦[5]，秦王谓轸曰[6]："子秦人也[7]，寡人与子故也[8]，寡人不佞[9]，不能亲国事也[10]，故子弃寡人事楚王。今齐、楚相伐，或谓救之便[11]，或谓救之不便，子独不可以忠为子主计，以其余为寡人乎[12]？"陈轸曰："王独不闻吴人之游楚者乎[13]？楚王甚爱之[14]，病[15]，故使人问之[16]。曰[17]：'诚病乎[18]？意亦思乎[19]？'左右曰：'臣不知其思与不思，诚思则将吴吟[20]。'今轸将为王吴吟[21]。王不闻

楚王不重陈轸，秦王反重之，同为君主，看人如此不同。

坐观虎斗，旁观者赢。

夫管与之说乎[22]？有两虎诤人而斗者[23]，管庄子将刺之[24]，管与止之曰：'虎者，戾虫[25]；人者，甘饵也[26]。今两虎诤人而斗，小者必死，大者必伤。子待伤虎而刺之[27]，则是一举而兼两虎也[28]。无刺一虎之劳[29]，而有刺两虎之名[30]。'齐、楚今战，战必败[31]。败，王起兵救之[32]，有救齐之利，而无伐楚之害[33]。计听知覆逆者[34]，唯王可也。计者，事之本也[35]；听者，存亡之机[36]。计失而听过，能有国者寡也[37]。故曰：'计有一二者难悖也[38]，听无失本末者难惑[39]。'"

[注释]

[1]绝：绝交。 [2]楚王：楚怀王。 [3]解：和解。 [4]讲：媾和。吴师道谓"讲"（繁体字为"講"）同"媾"。 [5]之：去，至。 [6]秦王：秦惠王。 [7]子秦人也：您是秦人。陈轸曾在秦做官。子，对对方的尊称。 [8]故：故交。过去有交往。谓陈轸曾为臣于秦。 [9]不佞：自谦之辞，犹言不才。佞，有才能。 [10]不能亲国事：不能处理国事。此为谦辞。亲，亲理。 [11]或谓救之便：有人说救齐有利。或，有的人。便，利。 [12]"子独"二句：意谓您难道不可以为您君主忠诚谋划之余，也为我出点主意。 [13]游楚：谓游仕于楚。 [14]楚王：指过去的楚王，非今之楚怀王。 [15]病：吴人生病。 [16]故

使人问之：所以楚王派人去慰问他。　[17]曰：此谓楚王询问探望回来的使者。　[18]诚：果真，真的。　[19]意亦思乎：抑或是思念吴国？"意亦"同"抑亦"。思，思吴。　[20]吴吟：用吴语吟说。谓用乡音表露思旧之情。　[21]将为王吴吟：将念旧情而为秦王谋划。　[22]管与：人名。说：言论。　[23]诤：通"争"，争夺。斗：两虎互斗。　[24]管庄子：鲁国勇士。他书又作"卞庄子"。　[25]戾虫：贪戾的大虫。　[26]甘饵：甘美的饵食。　[27]刺：刺杀。　[28]兼两虎：兼得杀两虎。　[29]无刺一虎之劳：两虎之中，小者死，大者伤。仅刺杀伤虎即可，故谓无刺一虎之劳。　[30]有刺两虎之名：却有刺杀两虎的名声。　[31]战必败：谓齐、楚相战，齐国必败。　[32]救之：救齐国。　[33]无伐楚之害：谓齐、楚相战，秦仅救战败之齐，不直接与楚战，故无危害。　[34]计听知覆逆：选择听从计谋时，能预先逆知事情会怎样进行。　[35]本：根本。　[36]机：关键。　[37]寡：少。　[38]计有一二：谓在计谋上要多方面反覆思虑。悖：悖乱。　[39]无：勿。惑：迷惑。

[点评]

　　此章应和前一章"齐助楚攻秦"合起来读，从而更能了解相关事情的前因后果。此前楚怀王不听陈轸之谋，令楚国陷入危地；现在陈轸要来收拾楚王误听张仪而形成的危急局面而出使秦国。张仪空许的六百里秦地，楚国自是不敢索要了，能令秦勿助齐攻楚，已是头等大事。为达到这一目的，陈轸仅仅通过一个"两虎相斗"的故事，便把其中的利害讲得十分明白，从而说服秦王。一谋抵千军，看来确实如此。

医扁鹊见秦武王

医扁鹊见秦武王[1]，武王示之病[2]，扁鹊请除[3]。左右曰[4]："君之病，在耳之前，目之下，除之未必已也[5]，将使耳不聪，目不明。"君以告扁鹊[6]。扁鹊怒而投其石[7]："君与知者谋之[8]，而与不知者败之[9]。使此知秦国之政也[10]，则君一举而亡国矣[11]。"

[注释]

[1]扁鹊：古代名医。《史记》中有《扁鹊列传》。后世也把名医称为扁鹊。秦武王：秦惠王子，名荡，公元前310年—前307年在位。 [2]示之病：告诉扁鹊病情。 [3]除：去除其病。 [4]左右：秦武王左右近臣。 [5]已：病情停止，谓治愈。 [6]以告扁鹊：以之告扁鹊。谓秦武王信左右之言。 [7]投：投掷，扔掉。石：针砭之石，古代的医疗工具。 [8]知：通"智"。"知"下原有"之"字，据姚宏校删。谋：商量。 [9]败：败坏。 [10]使此：以此。知：掌管，管理。 [11]举：举动，行动。

[点评]

此章虽短，说的却是一个大道理，即君主在决策时，他到底应该依据什么来作判断，是术有专攻有智慧的专家的解决方案，还是身边左右亲近的庸人之见？答案是显而易见的，治病，当然得听医生的，否则命休矣。但本章真正的价值，在于以此推之的最后两句：治国也如同治病，君主如果不听从专家而被外行所忽悠，国家亦亡矣。

甘茂亡秦且之齐

甘茂亡秦[1]，且之齐[2]，出关遇苏子[3]，曰："君闻夫江上之处女乎[4]？"苏子曰："不闻。"曰："夫江上之处女[5]，有家贫而无烛者[6]，处女相与语[7]，欲去之[8]。家贫无烛者将去矣，谓处女曰：'妾以无烛[9]，故常先至，扫室布席[10]，何爱余明之照四壁者[11]？幸以赐妾[12]，何妨于处女[13]？妾自以有益于处女[14]，何为去我？'处女相语以为然而留之。今臣不肖[15]，弃逐于秦而出关，愿为足下扫室布席[16]，幸无我逐也[17]。"苏子曰："善。请重公于齐[18]。"

《汉书·食货志》说，古代女子往往夜晚一起纺绩，既切磋技艺，又省灯火费用。

[注释]

[1] 甘茂：秦臣，曾在秦惠王时为副将，秦武王时为左丞相。可参《史记·甘茂列传》。亡秦：从秦国出逃。据《史记》甘茂在秦昭王时遭谗言而逃出秦国。 [2] 且：将。之：去，往。 [3] 关：函谷关。遇：见。苏子：据下文及《史记》，指苏代，为苏秦之

弟，亦为纵横游说之士。《战国策》中苏秦、苏代二名有时会互误。 [4]处女：还未嫁人的女子。 [5]处女：下云"处女相与语"，则处女非一人，乃多人。 [6]有：其中有。烛：照明用的烛火。 [7]相与语：互相议说。 [8]去之：让家贫者离开。 [9]以：因为。 [10]扫室布席：打扫房间布设席子。当时人席地而坐。 [11]爱：吝惜，舍不得。余明：烛火的余光。 [12]以赐妾：以余光赐我。妾，女子自我谦称。 [13]何妨：有何妨碍。处女：此处及下"处女"，诸祖耿《战国策集注汇考》疑衍"处"字，若然则此"女"同"汝"，你们。 [14]自以：自认为。 [15]臣：男子自我谦称。不肖：不才，无能。 [16]足下：对对方的尊称。 [17]无我逐：即"无逐我"，不要赶我走。 [18]请重公于齐：让我来令齐国重视你。

乃西说秦王曰[1]："甘茂，贤人，非恒士也[2]。其居秦累世重矣[3]，自殽塞、溪谷[4]，地形险易尽知之[5]。彼若以齐约韩、魏，反以谋秦[6]，是非秦之利也[7]。"秦王曰："然则奈何？"苏代曰："不如重其贽、厚其禄以迎之[8]。彼来则置之槐谷[9]，终身勿出[10]，天下何从图秦？"秦王曰："善。"与之上卿[11]，以相印迎之齐[12]。

[注释]

[1]说（shuì）：游说。秦王：秦昭王。 [2]恒士：常人。 [3]累世：历代，接连几代。重：受重用。甘茂在秦国惠王、武王、昭

王时均任职。　[4]殽塞：关口名，即函谷关。"殽"同"崤"，崤山。溪谷：山谷名。　[5]尽：全。　[6]谋：图谋。　[7]是：此，这。　[8]贽：聘礼。禄：俸禄。迎之：迎甘茂回秦。　[9]置：安置。槐谷：地名，在今陕西三原县。　[10]勿出：不让他出来。谓囚禁甘茂。　[11]与：给。上卿：高官之名。　[12]相印："相"下底本原无"印"字，据姚宏校补。

甘茂辞不往[1]，苏代伪谓王曰[2]："甘茂，贤人也。今秦与之上卿，以相印迎之[3]，茂德王之赐[4]，故不往，愿为王臣。今王何以礼之[5]？王若不留，必不德王。彼以甘茂之贤，得擅用强秦之众[6]，则难图也[7]！"齐王曰："善。"赐之上卿命而处之[8]。

[注释]

[1]辞：推辞。　[2]苏代：底本原作"苏秦"，据姚宏校改为"苏代"。伪：为。为甘茂。王：齐王。　[3]相印："相"下原无"印"字，据姚宏校补。　[4]德：感恩。　[5]何以礼之：用什么来礼遇甘茂？　[6]擅：专。众：士众。　[7]图：图谋，对付。　[8]赐之上卿命：赐命甘茂为上卿。处：留。

[点评]

　　此章所载游说，是"借势"的典型案例。苏代先在秦国造势，形成秦国要重用甘茂的假象，当然关键在于这一假象只有秦王、苏代两人知道,而且谁也不会泄露:秦想要诱使甘茂回秦以便囚禁他,而苏代正是要借此之势来提高甘茂在齐国的地位。

秦宣太后爱魏丑夫

秦宣太后爱魏丑夫[1]。太后病,将死,出令曰:"为我葬,必以魏子为殉[2]。"魏子患之[3]。庸芮为魏子说太后曰[4]:"以死者为有知乎[5]?"太后曰:"无知也。"曰:"若太后之神灵[6],明知死者之无知矣,何为空以生所爱[7],葬于无知之死人哉!若死者有知,先王积怒之日久矣[8],太后救过不赡[9],何暇乃私魏丑夫乎[10]?"太后曰:"善。"乃止[11]。

宣太后爱魏丑夫,魏丑夫不爱宣太后。

[注释]

[1]秦宣太后:秦惠王之妃,秦昭王之母,卒于秦昭王四十二年(前265)。魏丑夫:魏人,在秦做官,与宣太后有私情。 [2]魏子:魏丑夫。殉:殉葬。秦有殉葬的传统。 [3]患:担忧。 [4]庸芮:秦臣。 [5]以死者为有知乎:您认为死去的人还有知觉吗? [6]若:像。神灵:圣明。 [7]空:白白地。 [8]先王:谓宣太后已去世的丈夫秦惠王。 [9]救过:纠正过错。不赡:时间不够,谓来不及。 [10]何暇:哪有闲暇。私:宠爱。 [11]止:

停止此事。

[点评]

　　本章庸芮的游说策略,可谓"以子之矛,攻子之盾",让宣太后认识到,不管死后是无知抑或是有知,她以魏丑夫殉葬都是不合适的。善于说服人的,总是会从正反甚至多个角度来巩固自己的论点,全方位考虑到各种可能性,论证上做到滴水不漏,不给对方留下质疑的漏洞,方才令人信服而无可辩驳。

范雎至

　　范雎至[1],秦王庭迎[2],谓范雎曰:"寡人宜以身受令久矣[3]。今者义渠之事急[4],寡人日自请太后[5]。今义渠之事已[6],寡人乃得以身受命。躬窃闵然不敏[7],敬执宾主之礼[8]。"范雎辞让。

　　是日见范雎[9],见者无不变色易容者[10]。秦王屏左右[11],宫中虚无人[12],秦王跪而请曰[13]:"先生何以幸教寡人[14]?"范雎曰:"唯唯[15]。"有间[16],秦王复请[17],范雎曰:"唯唯。"若是者三。

秦昭王为何能卑身下士,且详读后面。此仅为引子。

秦王跽曰[18]:"先生不幸教寡人乎[19]?"

[注释]

[1]范雎(jū):魏人,后到秦国做官,秦昭王封他为应侯。可参《史记·范雎列传》。"雎"底本作"睢(suī)",《史记》蜀本作"雎",钱大昕说战国、秦、汉人多以"且"为名,"且"旁或加"隹",如范雎、唐雎,字虽有异而音仍相同。据此改为"雎"。章名原为"范雎至秦",今依重新断句改名为"范雎至"。 [2]秦王:秦昭王。 [3]宜:应当。身:亲身。令:教导。 [4]义渠之事:义渠国君主曾与秦宣太后私通,后宣太后诱杀义渠君,秦灭义渠。急:急迫,紧急。 [5]日:每日。太后:秦宣太后。 [6]已:止息。 [7]躬:自身。窃:私自,谦词。闵:昏昧。敏:敏捷聪慧。 [8]敬执宾主之礼:请以宾客之礼来接待。 [9]见范雎:秦王接见范雎。 [10]见者无不变色易容者:看见秦王这样隆重接见范雎的人无不变色起敬。 [11]屏:摒除。 [12]虚:空。 [13]请:请求。 [14]何以:以何,用什么。幸教:表示恭敬的说法,犹赐教。 [15]唯唯:犹今之"嗯嗯",仅有应答而无他言。 [16]有间:过了一会儿。 [17]复:再次。 [18]跽(jì):长跪。 [19]先生不幸教寡人乎:先生不赐教寡人了吗?

范雎谢曰[1]:"非敢然也[2]。臣闻始时吕尚之遇文王也[3],身为渔父而钓于渭阳之滨耳[4]。若是者,交疏也[5]。已一说而立为太师[6],载与俱归者[7],其言深也[8]。故文王果收功于吕尚[9],卒擅天下而身立为帝王[10]。即使文王疏

遥想当时,史之可以为鉴,已为天下君臣共识。熟悉古往今来的历史,也就有了纵深开阔的眼界,是非成败了然于一心。

吕望而弗与深言[11]，是周无天子之德[12]，而文、武无与成其王也[13]。今臣，羁旅之臣也[14]，交疏于王，而所愿陈者[15]，皆匡君臣之事[16]，处人骨肉之间[17]，愿以陈臣之陋忠[18]，而未知王心也，所以王三问而不对者是也[19]。臣非有所畏而不敢言也，知今日言之于前，而明日伏诛于后[20]，然臣弗敢畏也[21]。大王信行臣之言[22]，死不足以为臣患[23]，亡不足以为臣忧，漆身而为厉[24]，被发而为狂[25]，不足以为臣耻。五帝之圣而死[26]，三王之仁而死，五伯之贤而死，乌获之力而死[27]，奔、育之勇焉而死[28]。死者，人之所必不免也。处必然之势[29]，可以少有补于秦[30]，此臣之所大愿也，臣何患乎[31]？伍子胥橐载而出昭关[32]，夜行而昼伏[33]，至于 菱水[34]，无以饵其口[35]，坐行蒲服[36]，乞食于吴市[37]，卒兴吴国，阖庐为霸[38]。使臣得进谋如伍子胥[39]，加之以幽囚[40]，终身不复见，是臣说之行也，臣何忧乎？箕子、接舆[41]，漆身而为厉，被发而为狂，无益于殷、楚[42]。使臣得同行于箕子、接舆[43]，漆身可以补所贤之主，

范雎借历史说现实，始言交疏言深，再言尽忠不避死亡，一一分析利害，终获秦王信任，表现出高超的游说技巧。

是臣之大荣也[44],臣又何耻乎?臣之所恐者,独恐臣死之后,天下见臣尽忠而身蹶也[45],是以杜口裹足[46],莫肯即秦耳[47]。足下上畏太后之严,下惑奸臣之态[48];居深宫之中,不离保傅之手[49];终身闇惑[50],无与照奸[51];大者宗庙灭覆[52],小者身以孤危[53]。此臣之所恐耳!若夫穷辱之事[54],死亡之患,臣弗敢畏也。臣死而秦治,贤于生也[55]。"

[**注释**]

[1]谢:谢罪。 [2]然:这样。 [3]始时:开始的时候。吕尚:即太公望,后为周文王谋臣。文王:周文王。 [4]渭阳:渭水北岸。山南、水北为阳。滨:水滨。 [5]"若是者"二句:像文王这样刚遇到吕尚时,二人的关系还比较疏远。 [6]已一说而立为太师:凭一次游说就被文王立为了太师。已,以。太师,官名,三公之一,地位很高。 [7]载与俱归:同坐在一辆车上返回。 [8]深:深刻透彻。 [9]收功:获得成功。 [10]卒:最终。擅:占有。 [11]即使:若使,假使。 [12]周无天子之德:谓周不能统一天下。 [13]无与:无以。 [14]羁(jī)旅:寄居他乡。 [15]陈:陈述。 [16]匡:匡正。君臣:底本原作"君之",据姚宏校及鲍彪本改。 [17]处:居于,在。骨肉:比喻血缘直接关联的亲人。指太后和穰侯等人。 [18]陋忠:犹言"愚忠"。 [19]对:答。 [20]伏诛:承受诛惩。伏,同"服",承受,承当。 [21]畏:畏惧。 [22]信:诚,真。 [23]死不足以为

臣患：死，不足以成为我的担忧。　[24]漆身：涂漆在身。厉（lài）：通"癞"，癞疮。　[25]被发：披散头发。"被"同"披"。古人束发，披发为非正常状态。狂：癫狂。　[26]五帝之圣而死：意谓五帝圣矣，然而终归一死。　[27]乌获：人名，古之力士。　[28]奔、育：孟奔、夏育，二人均为古之勇士。　[29]处必然之势：处在人皆必有一死的情势之下。　[30]少：稍。补：益。　[31]患：担忧。　[32]伍子胥：即伍员，春秋楚国人，楚平王听信谗言杀其父兄，他逃往吴国助吴王阖闾伐楚。后吴王夫差听信谗言，赐令伍员自杀。橐（tuó）载：驮装在口袋中。橐，一种口袋。昭关：当时吴、楚交界的一处关口，在今安徽含山县。　[33]伏：隐藏。　[34]淩（líng）水：水名，即今江苏溧阳之溧水。　[35]无以饵其口：即无以糊口。没什么食物吃。　[36]坐行：跪膝而行。蒲服：匍匐。　[37]吴市：吴国的市场。　[38]阖（hé）庐：吴王，公元前514年—前496年在位。他在伍子胥的辅佐下打败楚国而称霸。　[39]使：假使。　[40]加之以幽囚：囚禁加于身。　[41]箕子：商纣王叔父，进谏纣王而无果，便披发装疯。接舆：春秋时楚国隐士。　[42]无益于殷、楚：箕子、接舆没给殷、楚带来好处。　[43]使：假使。得：能。同行于箕子、接舆：和箕子、接舆有同样的行为。　[44]荣：光荣，荣耀。　[45]身蹶：殒身，倒下。蹶，跌倒。　[46]杜口：闭口不言。裹足：裹足不前。　[47]即：走近。　[48]惑：惑于。忒（tè）：同"慝"，邪恶。　[49]保傅：保、傅是保育、教导太子等贵族子弟及未成年帝王的官员。　[50]闇：暗昧。惑：惑乱。　[51]无与：无以。照奸：明察奸邪。　[52]灭覆：倾亡。　[53]身：自身。　[54]穷：困顿。辱：侮辱。　[55]贤于生：贤于臣之生。比我活着还好。

秦王跽曰："先生是何言也！夫秦国僻远，

> "事无大小，上及太后，下至大臣"，表明范雎已深获信任，二人可无话不谈、无计不用。

寡人愚不肖[1]，先生乃幸至此，此天以寡人愿先生[2]，而存先王之庙也[3]。寡人得受命于先生[4]，此天所以幸先王而不弃其孤也。先生奈何而言若此！事无大小，上及太后，下至大臣，愿先生悉以教寡人，无疑寡人也。"范雎再拜，秦王亦再拜。

范雎曰："大王之国，北有甘泉、谷口[5]，南带泾、渭[6]，右陇、蜀[7]，左关、阪[8]；战车千乘，奋击百万[9]。以秦卒之勇，车骑之多，以当诸侯[10]，譬若驰韩卢而逐蹇兔也[11]，霸王之业可致[12]。今反闭而不敢窥兵于山东者[13]，是穰侯为国谋不忠[14]，而大王之计有所失也。"

[注释]

[1]愚：愚昧。不肖：不贤，无能。 [2]愿(hùn)：烦扰，麻烦。此秦王谦词。 [3]存：存续，保存。 [4]受命：受教。 [5]甘泉：山名，在今陕西淳化县。谷口：关塞名，在今陕西醴泉县。 [6]带：河流如带。泾、渭：泾水、渭水。 [7]陇：陇山。 [8]关：函谷关。阪：山阪。 [9]奋击：勇士。 [10]当：对抗。 [11]驰：驱使。韩卢：韩国名犬。蹇(jiǎn)：跛足。 [12]可致：可得。 [13]闭：闭关。鲍彪本、《史记·范雎列传》"闭"下有"关"字。山东：华山之东，东方六国。 [14]穰侯：秦臣魏冉，宣太后弟、秦昭王之舅。

王曰:"愿闻所失计。"

雎曰:"大王越韩、魏而攻强齐[1],非计也[2]。少出师,则不足以伤齐;多之则害于秦。臣意王之计[3],欲少出师,而悉韩、魏之兵[4],则不义矣[5]。今见与国之不可亲[6],越人之国而攻,可乎?疏于计矣[7]!昔者,齐人伐楚,战胜,破军杀将,再辟千里[8],肤寸之地无得者[9],岂齐不欲地哉,形弗能有也[10]。诸侯见齐之罢露[11],君臣之不亲,举兵而伐之。主辱军破,为天下笑。所以然者[12],以其伐楚而肥韩、魏也。此所谓藉贼兵而赍盗食者也[13]。王不如远交而近攻[14],得寸则王之寸,得尺亦王之尺也。今舍此而远攻,不亦缪乎[15]?且昔者,中山之地方五百里,赵独擅之[16],功成、名立、利附,则天下莫能害[17]。今韩、魏,中国之处[18],而天下之枢也[19]。王若欲霸,必亲中国而以为天下枢[20],以威楚、赵。赵强则楚附[21],楚强则赵附。楚、赵附则齐必惧,惧必卑辞重币以事秦[22],齐附而韩、魏可虚也[23]。"

此总论远交近攻以及侵吞韩、魏之策。

[注释]

[1]越:越过。 [2]非计:不是好计谋。 [3]意:推测,猜测。 [4]悉:尽用,全用。 [5]不义:不宜,不当。 [6]与国:盟国,谓韩、魏。亲:信。 [7]疏于计:计谋不周密。 [8]辟:开辟,辟地。 [9]肤:古代计量长度,一肤为四寸。肤寸谓极小。 [10]形:形势。有:占有,拥有。 [11]罢(pí)露:疲弊,衰弱。"罢"同"疲"。露,破败。 [12]然:这样,如此。 [13]藉(jiè):借给。兵:兵器。赍(jī):赠送。盗:盗贼。食:粮食。 [14]远交而近攻:和远处的国家建交,而攻打临近的国家。 [15]缪(miù):错误。 [16]赵独擅之:中山为赵所灭,土地被赵国独吞。谓近攻则利。擅,专有。 [17]则:而。害:加害。 [18]中国之处:中央之国所在之地。 [19]枢:中枢。 [20]亲中国:亲近中央之国韩、魏。 [21]附:亲附,依附。 [22]事:侍奉。 [23]虚:同"墟",使成为废墟,谓毁灭。

王曰:"寡人欲亲魏[1],魏多变之国也,寡人不能亲。请问亲魏奈何?"范雎曰:"卑辞重币以事之,不可,削地而赂之[2],不可,举兵而伐之。"于是举兵而攻邢丘[3],邢丘拔而魏请附。

曰[4]:"秦、韩之地形,相错如绣[5]。秦之有韩,若木之有蠹[6],人之病心腹[7]。天下有变,为秦害者莫大于韩。王不如收韩[8]。"王曰:"寡人欲收韩,不听[9],为之奈何?"范雎曰:"举兵而攻荥阳[10],则成皋之路不通[11];北斩太行

此分论攻伐韩、魏的具体举措。

之道[12]，则上党之兵不下[13]；一举而攻荥阳[14]，则其国断而为三[15]。韩见必亡[16]，焉得不听？韩听而霸事可成也。"王曰："善。"

[注释]

[1]亲：亲附。　[2]赂：贿赂。　[3]邢丘：魏地，在今河南温县。　[4]曰：范雎曰。　[5]相错如绣：相互交错如彩绣，指地形交错复杂。　[6]蠹（dù）：蛀虫。　[7]病心腹：生病于心、腹。　[8]收：收服，制服。　[9]不听：韩不听。　[10]荥（xíng）阳：韩地，在今河南荥阳。　[11]成皋（gāo）：地名，后代又称虎牢，在今河南荥阳。　[12]斩：斩断。　[13]上党：地名，在今山西晋城、长治一带。　[14]荥阳：或即"荥阳"，或以为衍文。盖举兵而攻荥阳、北斩太行之道，则韩已断而为三，不需再"一举而攻荥阳"。　[15]断而为三：被断绝为三部分。　[16]韩见必亡："韩"上底本原有"魏"字，今据《史记》、鲍彪注及文义删。

范雎曰[1]："臣居山东，闻齐之内有田单[2]，不闻其王[3]。闻秦之有太后、穰侯、泾阳、华阳[4]，不闻其有王。夫擅国之谓王[5]，能专利害之谓王[6]，制杀生之威之谓王[7]。今太后擅行不顾[8]，穰侯出使不报[9]，泾阳、华阳击断无讳[10]，四贵备而国不危者[11]，未之有也。为此四者[12]，下乃所谓无王已[13]。然则权焉得不倾[14]，而

此段内容可与商鞅、韩非法家学说比照而读。

令焉得从王出乎？臣闻：'善为国者[15]，内固其威[16]，而外重其权[17]。'穰侯使者操王之重[18]，决裂诸侯[19]，剖符于天下[20]，征敌伐国，莫敢不听。战胜攻取，则利归于陶[21]，国弊御于诸侯[22]；战败，则怨结于百姓，而祸归社稷[23]。《诗》曰：'木实繁者披其枝[24]，披其枝者伤其心[25]。大其都者危其国[26]，尊其臣者卑其主。'淖齿管齐之权[27]，缩闵王之筋[28]，县之庙梁[29]，宿昔而死[30]。李兑用赵[31]，减食主父[32]，百日而饿死。今秦，太后、穰侯用事[33]，高陵、泾阳佐之[34]，卒无秦王[35]，此亦淖齿、李兑之类已。臣今见王独立于庙朝矣[36]，且臣将恐后世之有秦国者，非王之子孙也。"

秦王惧，于是乃废太后，逐穰侯，出高陵[37]，走泾阳于关外[38]。

昭王谓范雎曰："昔者，齐公得管仲[39]，时以为仲父[40]。今吾得子，亦以为父[41]。"

[注释]

[1]范雎曰：由此至章末，所叙内容可能与前面所述不在同年，鲍本别为一章。　[2]田单：齐襄王臣，曾领军击败燕军，收

复七十余城，为齐之功臣。可参《史记·田单列传》。 [3]王：齐王。 [4]泾阳：泾阳君，为秦昭王之弟。华阳：华阳君，秦宣太后之弟。 [5]擅国：专一国之政。 [6]专利害：独掌一国有利和有害的。 [7]制杀生之威：控制死生的权力。 [8]不顾：不顾秦王。 [9]不报：不报告秦王。 [10]击断：做决断，做决定。无讳：无所忌讳。 [11]四贵：四个权贵，依上文内容，谓太后、穰侯、泾阳君、华阳君四人。备：全。 [12]四者：四贵。 [13]已：通"矣"。 [14]焉得：怎能。倾：下落。 [15]为国：治理国家。 [16]内固其威：于内巩固自己的权威。 [17]外重其权：于外重视自己的权力。 [18]穰侯使者：穰侯派出去的人。操：秉持，此谓借用。王之重：王的重位威势。 [19]决裂诸侯：与诸侯决裂绝交。 [20]剖符于天下：调兵征伐各国。符，虎符。国君剖分虎符给将帅以带兵出征。 [21]陶：地名，穰侯的私人封地，在今山东定陶。 [22]国弊：秦国的币帛。"弊"同"币"。御于诸侯：为诸侯所控制。此以诸侯喻四贵。 [23]社稷：本义指土神和谷神，后常代指国家。 [24]木实繁者披其枝：树木果实繁多，会压断树木的枝桠。实，果实。披，折断。 [25]披其枝者伤其心：树木枝桠断了，就会伤及树心。心，树心。 [26]都：臣下的封邑。国：君主的国都。 [27]淖（zhuō）齿：楚人，在齐受到齐闵王的重用而为相，后杀死齐闵王。管：掌管。 [28]缩：抽。闵王：齐闵王，名地，齐宣王之子，公元前301年—前284年在位。"筋"底本原误作"篏"，今改。 [29]县：即"悬"，悬吊。梁：大梁。 [30]宿昔：谓一夜之间，指很快。宿，夜。昔，晚。 [31]李兑：赵国权臣。用赵：在赵国受重用而掌权。 [32]减食主父：断绝赵武灵王的食物供应。主父，赵武灵王，公元前325年—前299年在位，饿死于李兑军队包围之中。本文"减食"，是委婉的说法。 [33]用事：主事，专秦国之政。　[34]高陵：高陵君，秦昭王之弟。佐：助。　[35]卒：终。　[36]独立于庙朝：独自一人在宗庙朝廷。谓孤独无援。庙，宗庙。　[37]出：赶出国。　[38]走：赶走。关外：函谷关外。　[39]齐公：齐桓公。管仲：名夷吾，字仲（古人常用排行的伯、仲、叔、季为字），辅佐齐桓公称霸，齐桓公尊称他为仲父。　[40]时：通"待"，对待。　[41]以为父：据《史记·范雎列传》，秦昭王尊称范雎为"叔父"，叔为范雎字，犹仲为管仲字。

[**点评**]

　　此章记载范雎游说秦昭王的内容，也是《战国策》中的经典篇章。欲君主听信自己，游说者不能自说自话，而要首先准确了解君主当下真实的需求，使所献策略既能解决眼前一些迫切的问题，又能为君主勾画出一幅未来的美好前景，做好这两点，一般君主都会买账了。秦昭王的当下处境是，上有宣太后把政，中有贵戚权臣们掌权，虽为秦国君主，实际上权力被分散，对此秦昭王并非不明白，但只有范雎明确说出"宗庙灭覆，身以孤危"的严重危害时，方能令秦昭王警醒而惧，信任而依赖范雎，言听计从。君臣之间的关系一旦由"交疏"变成"交深"，建立起彼此信任的关系，为臣者敢言，为君者敢为，献计者以忠，施计者以公，如此，于君臣、于国家则无不利矣。

天下之士合从相聚于赵

天下之士，合从相聚于赵[1]，而欲攻秦。秦相应侯曰[2]："王勿忧也，请令废之[3]。秦于天下之士非有怨也，相聚而攻秦者，以己欲富贵耳[4]。王见大王之狗[5]，卧者卧[6]，起者起，行者行，止者止，毋相与斗者[7]；投之一骨，轻起相牙者[8]，何则？有争意也[9]。"于是唐雎载音乐[10]，予之五千金[11]，居武安[12]，高会相与饮[13]，谓："邯郸人谁来取者[14]？"于是其谋者固未可得予也[15]；其可得与者[16]，与之昆弟矣[17]。"公与秦计功者[18]，不问金之所之[19]，金尽者功多矣。今令人复载五千金随公[20]。"唐雎行，行至武安，散不能三千金[21]，天下之士，大相与斗矣[22]。

> 逐利之人如狗，不亦悲乎！有争其利者，则必有以利诱之者。

[**注释**]

[1]合从：即"合纵"，六国联合攻秦的策略。 [2]应侯：范雎，此时在秦为相。 [3]废：废止。 [4]以：因为。己：自己。 [5]见：看。 [6]卧者卧：卧着的卧在那里。 [7]毋相与斗者：没有狗相互争斗。 [8]轻：轻捷，迅速。相牙：互相示牙，谓欲争斗。 [9]有争意也：有了争抢骨头的想法。 [10]唐雎：人名。

鲍彪本"唐雎"前有"使"字。载：载乘。音乐：谓乐人。　[11]千：底本原作"十"，据鲍彪本改。　[12]武安：地名，在今河北武安县。　[13]高会：大设宴会。　[14]邯郸人：谓聚在邯郸的士人。邯郸为当时赵国都城。　[15]于是其谋者固未可得予也：当此之时，那些谋划攻秦的人，自身一定不会收取所给赠金。于是，当此之时。予，给。　[16]其可得与者：那些可以收取所给赠金的。"与"同"予"，给。　[17]与之昆弟：把赠金交给他们的兄弟。谓间接贿赂。　[18]公：应侯对唐雎的尊称。与：为。计功：计算功劳。　[19]不问金之所之：不询问金用到何处。　[20]千：底本原作"十"，据鲍彪本及王念孙说改。　[21]散不能三千金：没用到三千金。能，犹及，到。　[22]大相与斗：大肆彼此争斗起来。

[点评]

六国合纵抗秦，在《战国策》中常常又被称为"纵亲"，看起来似乎是一个能抱团的联盟，其实却是非常松散的。实际上，东方六国可能从未真正联合起来一起和秦国作战过。每当秦国强大之时，在压力之下东方六国便会仓促三两结盟寻求自保；而当压力消退之后，六国之间便又彼此尔虞我诈、相争相杀，如此反复不已。秦的远交近攻策略之所以最终能够成功，逐一消灭东方各国，正是利用了六国难于真正联合起来的弱点。而从事合纵具体事务的各国士人，因个人贪欲和私利而被秦国用重金收买离间，无疑又给本身就很脆弱的合纵联合雪上加霜。

蔡泽见逐于赵

蔡泽见逐于赵[1],而入韩、魏,遇夺釜鬲于涂[2]。闻应侯任郑安平、王稽[3],皆负重罪[4],应侯内惭[5],乃西入秦。将见昭王,使人宣言以感怒应侯曰[6]:"燕客蔡泽,天下骏雄弘辩之士也[7]。彼一见秦王,秦王必相之而夺君位[8]。"

"应侯内惭"一句,交代出蔡泽的可乘之机。

[注释]

[1]蔡泽:战国游士。见逐:被驱逐。 [2]遇夺釜鬲(lì)于涂:途中遭人抢夺炊食之具。釜,锅。鬲,炊器。"涂"同"途",道途。 [3]应侯:范雎。此时为秦昭王相。任:任用。郑安平:魏人,曾救助范雎逃到秦国,因范雎推荐被秦任为将军。王稽:秦人,帮助范雎从魏逃到秦,后因范雎举荐任秦国河东郡守。 [4]皆负重罪:郑安平后来降赵,王稽后来因通敌罪被处死。故谓二人皆负重罪。 [5]应侯内惭:范雎作为郑安平、王稽的举荐人,内心有愧。惭,愧疚。 [6]宣言:放言,扬言。感怒:激怒。 [7]骏雄:俊才英雄。"骏"同"俊"。弘辩:雄辩。 [8]夺君位:夺取范雎之位。

应侯闻之,使人召蔡泽。蔡泽入,则揖应侯[1],应侯固不快[2],及见之,又倨[3]。应侯因让之曰[4]:"子常宣言代我相秦,岂有此乎?"对曰:"然。"应侯曰:"请闻其说。"蔡泽曰:

从人性的角度，阐述符合于道的吉祥善事，是人人都想得到的。

"吁[5]！何君见之晚也[6]！夫四时之序[7]，成功者去[8]。夫人生手足坚强[9]，耳目聪明圣知[10]，岂非士之所愿与[11]？"应侯曰："然。"蔡泽曰："质仁秉义[12]，行道施德于天下，天下怀乐敬爱[13]，愿以为君王，岂不辩智之期与[14]？"应侯曰："然。"蔡泽复曰："富贵显荣，成理万物[15]，万物各得其所；生命寿长，终其年而不夭伤[16]；天下继其统[17]，守其业，传之无穷，名实纯粹[18]，泽流千世[19]，称之而毋绝[20]，与天下终[21]。岂非道之符[22]，而圣人所谓吉祥善事与[23]？"应侯曰："然。"泽曰："若秦之商君[24]，楚之吴起[25]，越之大夫种[26]，其卒亦可愿矣[27]？"

[注释]

[1]揖：拱手行礼。为一般相见之礼，非尊敬之礼。 [2]不快：不高兴。 [3]倨(jù)：傲慢。 [4]让：责问。 [5]吁(xū)：感叹之词。 [6]何君见之晚也：为何您明白得这么晚呢？见，见识，认识。 [7]四时之序：谓四季以顺序而进行。之，以。 [8]成功者去：谓春生、夏长、秋收、冬藏四个阶段各成其功，每阶段任务完成之后依次离退。 [9]人生手足坚强：人生长有手足坚强有力。 [10]圣知：聪明睿智。"知"同"智"。 [11]愿：

希望。与：同"欤",句末疑问词。 [12]质：体行。秉：持行。 [13]怀：归向。乐：喜欢。敬：尊敬。爱：热爱。 [14]岂不：岂非。辩智：辩智之士。期：期望。 [15]成理：犹善治。理,治理。物：事。 [16]终其年：善终天年。夭伤：夭折早殇。"伤"同"殇"。 [17]继：续。统：世统,世代连续相传的系统。 [18]名实纯粹：名与实都完美无缺。 [19]泽：恩泽。流：流传,流布。 [20]称：赞美。绝：断。 [21]与天下终：金正炜《战国策补释》谓当依《史记》作"与天地终始","下"为"地"之误,补"始"字。意谓与天地一样永远长久。 [22]道之符：谓符合于道。 [23]善：美,好。 [24]商君：即商鞅,又称公孙鞅,秦孝公时在秦国主持变法,秦孝公死后,被其子秦惠王车裂。 [25]吴起：楚悼王时在楚国主持变法,楚悼王死后,被贵戚大臣杀害。 [26]大夫种：大夫文种,为越王勾践谋臣,曾助越灭吴,后遭谗言被勾践杀死。 [27]卒：最终结局。愿：期望。

应侯知蔡泽之欲困己以说[1],复曰："何为不可[2]？夫公孙鞅事孝公,极身毋二[3],尽公不还私[4],信赏罚以致治[5],竭智能[6],示情素[7],蒙怨咎[8],欺旧交[9],虏魏公子卬[10],卒为秦禽将[11],破敌军,攘地千里[12]。吴起事悼王[13],使私不害公,谗不蔽忠[14],言不取苟合[15],行不取苟容[16],行义不固[17],毁誉必有,伯主强国[18],不辞祸凶。大夫种事越王[19],主离困辱[20],悉忠而不解[21],主虽亡绝[22],尽

作者托应侯的这一段辩驳,说出了一般人可能有的疑惑和看法,正可从反面来加强蔡泽的游说。

能而不离[23]，多功而不矜[24]，贵富不骄怠[25]。若此三子者，义之至、忠之节也[26]。故君子杀身以成名，义之所在，身虽死[27]，无憾悔，何为不可哉？"蔡泽曰："主圣臣贤，天下之福也；君明臣忠，国之福也；父慈子孝，夫信妇贞[28]，家之福也。故比干忠[29]，不能存殷；子胥知[30]，不能存吴；申生孝[31]，而晋国乱[32]。是有忠臣孝子，国家灭乱，何也？无明君贤父以听之。故天下以其君父为戮辱[33]，怜其臣子[34]。夫待死而后可以立忠成名[35]，是微子不足仁[36]，孔子不足圣[37]，管仲不足大也[38]。"于是应侯称善[39]。

[注释]

[1]困己：让自己处于窘迫之地。说（shuì）：游说。　[2]何为：为何。　[3]极身毋二：谓竭尽忠心没有想过其他。毋二，无二虑。　[4]尽公：尽心为公。还私：营私。还，营，谋求。　[5]信：信诺，说一不二。治：治理。"治"与"乱"相对。　[6]竭智能：竭尽智慧才能。　[7]示情素：表现忠诚真情。情，诚。"素"同"愫"，真情。　[8]蒙怨咎：蒙受埋怨憎恨。　[9]欺旧交：欺骗旧有的朋友。　[10]虏：俘虏。公子卬（áng）：商鞅旧友，魏国将领，带兵与秦作战，被商鞅诱捕。　[11]为秦禽将：替秦国擒获敌将。"禽"同"擒"。　[12]攘（rǎng）地：开拓疆土。

攘，夺取。　[13]悼王：楚悼王，公元前401年—前381年在位。　[14]蔽：阻挡。　[15]言不取苟合：在言论上不苟且和别人一样。合，谓意见相合。　[16]行不取苟容：在行动上不苟且得到别人容纳接受。容，容纳，容受。　[17]行义不固：做他该做的，无所顾虑。"固"同"顾"，顾虑。　[18]伯主强国：使君主称霸，使国家强大。伯，霸，作动词。　[19]越王：指勾践。　[20]离：同"罹（lí）"，遭受。　[21]悉忠：尽其忠诚。解（xiè）：同"懈"，懈怠。　[22]主虽亡绝：金正炜《战国策补释》疑当作"国虽亡绝"，谓"国"字古文因笔画缺损可能讹为"主"。　[23]尽能：竭其才干。"尽能"与上"悉忠"相对。　[24]矜：骄矜，自夸。　[25]怠：轻慢。　[26]至：极至，顶点。节：标准，楷模。　[27]虽：即便。　[28]信：诚实不欺。贞：忠贞不二。　[29]比干：殷纣王叔父，忠心规谏纣王，被纣王杀死。　[30]知：同"智"。　[31]申生：春秋晋献公太子，遭谗言陷害，因孝自缢而死。　[32]国：底本原作"惑"，依姚宏本校改。　[33]君父：谓殷纣王、吴王夫差、晋献公。戮辱：杀戮羞辱。　[34]臣子：谓比干、伍子胥、申生。　[35]待死而后：等到死了之后。　[36]微子：微子启，殷纣王兄，规谏纣王不听，遂装狂而逃。孔子称比干、微子为仁人。不足仁：不够资格称为仁人。　[37]孔子：名丘，字仲尼，春秋时鲁国人，儒家创始人，被称为圣人。　[38]管仲：春秋时期的管夷吾，辅佐齐桓公称霸。大：伟大。　[39]善：好。

蔡泽得少间[1]，因曰："商君、吴起、大夫种，其为人臣，尽忠致功[2]，则可愿矣[3]。闳夭事文王[4]，周公辅成王也[5]，岂不亦忠乎[6]？以君臣论之，商君、吴起、大夫种，其可愿孰与闳夭、周公哉[7]？"应侯曰："商君、吴起、大夫种不若也[8]。"蔡泽曰："然则君之主[9]，慈仁任忠[10]，不欺旧故[11]，孰与秦孝公、楚悼王、越王乎[12]？"应侯曰："未知何如也。"蔡泽曰："主固亲忠臣[13]，不过秦孝、越王、楚悼[14]。君之为主正乱、批患、折难[15]，广地、殖谷[16]，富国、足家、强主，威盖海内[17]，功章万里之外[18]，不过商君、吴起、大夫种。而君之禄位贵盛，私家之富过于三子[19]，而身不退，窃为君危之[20]。语曰：'日中则移，月满则亏[21]。'物盛则衰，天之常数也[22]；进退、盈缩、变化[23]，圣人之常道也。昔者，齐桓公九合诸侯[24]，一匡天下[25]，至葵丘之会[26]，有骄矜之色，畔者九国[27]。吴王夫差无适于天下[28]，轻诸侯[29]，凌齐、晋[30]，遂以杀身亡国。夏育、太史启叱呼骇三军[31]，然而身死于庸夫[32]。此皆乘至盛不反道理也[33]。夫商君为孝公平权衡、正度量、调轻重[34]，决裂阡陌[35]，教民耕战[36]，是以兵动而地广[37]，兵休而国富，故秦无敌于天下，立威诸侯。功

蔡泽此段游说，为一大宏文，文词雄富，历论古今成败祸福，辩才尽显。

已成，遂以车裂[38]。楚地持戟百万[39]，白起率数万之师，以与楚战，一战举鄢郢[40]，再战烧夷陵[41]，南并蜀、汉，又越韩、魏攻强赵，北坑马服[42]，诛屠四十余万之众，流血成川，沸声若雷[43]，使秦业帝[44]。自是之后，赵、楚慑服[45]，不敢攻秦者，白起之势也[46]。身所服者[47]，七十余城。功已成矣，赐死于杜邮[48]。吴起为楚悼罢无能[49]，废无用，损不急之官[50]，塞私门之请[51]，壹楚国之俗[52]，南攻杨越[53]，北并陈、蔡，破横散从[54]，使驰说之士无所开其口[55]。功已成矣，卒支解[56]。大夫种为越王垦草创邑[57]，辟地殖谷[58]，率四方之士，专上下之力[59]，以禽劲吴[60]，成霸功[61]。勾践终棓而杀之[62]。此四子者，成功而不去[63]，祸至于此。此所谓信而不能诎[64]，往而不能反者也[65]。范蠡知之[66]，超然避世，长为陶朱[67]。君独不观博者乎[68]？或欲大投[69]，或欲分功[70]。此皆君之所明知也。今君相秦，计不下席[71]，谋不出廊庙[72]，坐制诸侯[73]，利施三川[74]，以实宜阳[75]，决羊肠之险[76]，塞太行之口，又斩范、中行之途[77]，栈道千里于蜀、汉[78]，使天下皆畏秦。秦之欲得矣[79]，君之功极矣[80]。此亦秦之分功之时也[81]！如是不退[82]，则商君、白公、吴起、大夫种是也[83]。君何不以此时归相印，让贤者授之，必有伯夷之廉[84]，长为应侯，世世称孤[85]，而有乔、松之寿[86]。孰与以祸终哉[87]！此则君何居焉[88]？"应侯曰："善。"乃延入坐为上客[89]。

[**注释**]

[1]得少间：稍过一会儿。 [2]致功：建立功业。 [3]则可愿矣：那也可以希望成为他们那样的人。 [4]闳夭：周文王臣下，文王死后又辅佐周武王得天下。 [5]周公：名旦，周武王之弟，武王死后辅佐周成王治理天下。成王：周成王，周武王之子，名诵，继位时年幼。 [6]岂不亦忠乎：谓闳夭、周公亦尽忠致功。 [7]其可愿孰与闳夭、周公哉：如果把愿意成为商君、吴起、大夫种那样的人，和愿意成为闳夭、周公那样的人相比呢？ [8]不若：不如，比不上。 [9]君之主：您的君主。谓秦昭王。 [10]任：信。 [11]欺：欺骗。 [12]孰与秦孝公、楚悼王、越王乎：与秦孝公、楚悼王、越王相比怎样？ [13]主：君主秦昭王。固：本来。亲：信任。 [14]不过：不超过，比不上。 [15]正乱：平定动乱。批患：击退祸患。折难：消灭危难。 [16]广地：扩张领土。殖谷：发展农业。殖，生。 [17]盖：超过，胜过。 [18]章：同"彰"，彰显。 [19]三子：商君、吴起、

大夫种。 [20]窃为君危之：我私下都为您感到危险。 [21]日中则移，月满则亏：太阳到正中之后就会西移，月亮满月之后就会亏减。 [22]常数：常理。其义与下"常道"同。《史记》"天"下有"地"字，似是。 [23]盈缩：伸缩。盈，伸涨。 [24]九合：多次集合。九，表示多次。合，集合，召集。 [25]匡：匡正。谓匡正天下诸侯尊崇周天子。 [26]葵丘之会：公元前651年齐桓公召集九国在葵丘会盟。葵丘在今河南考城县。 [27]畔：同"叛"，叛离。九国：谓多国。 [28]夫差：吴王阖闾之子，继位为吴王，公元前495年—前473年在位。適（dí）：同"敌"。 [29]轻：轻视。 [30]凌：同"陵"，侵陵，侵犯。 [31]夏育、太史启：二人皆古之勇士。叱呼：呵斥。骇：惊骇。 [32]庸夫：平庸之人。 [33]乘至盛不反道理：依乘极盛之势，不肯返躬自省是否符合事物的规律。"反"原作"及"，王引之《经义述闻》谓反、及常因形近互讹，《史记》作"返"，亦有作"反"者。今据改。道理，事物的规律。 [34]平权衡、正度量、调轻重：谓统一度、量、衡。平、正、调三字义相近。 [35]决裂：挖断。阡陌：田地之间的纵横小道。 [36]教民耕战：教导人民农耕、作战。 [37]兵动：军队出动。 [38]车裂：谓商鞅被秦王车裂。 [39]执戟：谓战士。 [40]举：攻下。鄢郢：楚国都城，在今湖北宜城县。 [41]夷陵：地名，在今湖北宜昌市。 [42]坑：坑杀。马服：马服君，此谓赵国大将赵括。 [43]沸声：士卒叫喊的沸腾之声。今犹有"人声鼎沸"语。 [44]业帝：成就帝王之业。 [45]慑服：畏惧而屈服。 [46]势：力。 [47]身：亲身，谓白起自身。服：降服，谓攻下。 [48]杜邮：地在今咸阳东。 [49]罢：罢黜。 [50]损：裁减。不急之官：谓冗官冗员。 [51]塞：堵塞。 [52]壹：统一。 [53]杨越：即"扬越"，今广东一带。 [54]横：连横。从：即"纵"，合纵。　[55]驰说之士：游说之士。　[56]支解：谓身死肢断。"支"同"肢"。　[57]垦草创邑：开垦荒地，建造邑居。　[58]辟地殖谷：开辟田地，种植谷物。　[59]率四方之士，专上下之力：依鲍彪本及《史记》补"之""专"二字。专，专一。　[60]禽：同"擒"。劲：强。　[61]成霸功：成就霸主功业。　[62]棓（bèi）：王念孙《读书杂志》谓"棓"通"倍"，背离，负心。　[63]去：离去。　[64]信：同"伸"。诎（qū）：即"屈"。　[65]往：前进。反：即"返"，后退。　[66]范蠡（lǐ）：越王勾践谋臣，辅佐勾践灭吴称霸后，隐退于齐国，后至陶地，改姓为朱，称陶朱公。　[67]长为陶朱：作了很长久的陶朱公。谓范蠡平安老死于陶。　[68]观：看。博：赌博。　[69]大投：一次大注下投，谓独赢。"大"前底本原有"分"字，据姚宏校及《史记》删。　[70]分功：多次分开投注，不独霸其赢。　[71]计不下席：未下坐席便已定好计谋。　[72]廊庙：朝廷宗庙。　[73]坐制诸侯：安坐那里控制诸侯。坐制，谓不费力气。　[74]施：展，扩展。三川：谓黄河、洛水、伊水间之地。　[75]实：坚实，加强。一说"以实"即"以至"。　[76]决：断绝。羊肠：险塞之名，在今山西壶关东南。　[77]斩：斩断。范、中行：范氏、中行氏本为晋国之卿，此代指赵、魏、韩。途：道路。　[78]栈道：建造栈道。蜀：蜀郡，在今四川西部。汉：汉中，在今陕西南部。　[79]得：得逞。　[80]极：到极点。　[81]此亦秦之分功之时也：这也是秦人要和你分功的时候了。谓不欲范雎独擅其功。　[82]如是：像这样。　[83]白公：指白起，战国末期秦国名将，被封武安君，名震天下，后被秦昭襄王赐死。《史记》有传。　[84]伯夷：古孤竹国国君之子，他与其弟叔齐让国不受。廉：谦让。　[85]孤：王、侯自谦称孤。　[86]乔、松：王子乔、赤松子，传说二人皆长寿不死。　[87]孰与以祸终哉：与祸难降临的结局相比，哪个更好呢？ [88]居：处。 [89]延：延请。上客：贵客。

后数日，入朝[1]，言于秦昭王曰："客新有从山东来者蔡泽，其人辩士。臣之见人甚众[2]，莫有及者[3]，臣不如也。"秦昭王召见，与语[4]，大说之[5]，拜为客卿[6]。

应侯因谢病[7]，请归相印[8]。昭王强起应侯[9]，应侯遂称笃[10]，因免相。昭王新说蔡泽计画[11]，遂拜为秦相，东收周室[12]。

蔡泽相秦王数月，人或恶之[13]，惧诛，乃谢病归相印，号为刚成君。居秦十余年[14]，事昭王、孝文王、庄襄王[15]，卒事始皇帝[16]，为秦使于燕，三年而燕使太子丹入质于秦[17]。

[注释]

[1]入朝：谓范雎入朝。 [2]臣之见人甚众：我见过的人很多。 [3]莫有及者：没有比得上蔡泽的。 [4]与语：与蔡泽交谈。 [5]说（yuè）：同"悦"，喜欢。 [6]客卿：其他诸侯国的人来秦国效力，秦赋予他们的相当于较高爵位的一种尊显身份之称。 [7]谢病：因病辞官。 [8]归：交还。 [9]强起应侯：一再勉强应侯任职。 [10]笃：甚，此谓病笃，病情加重。 [11]计画：计策谋划。 [12]东收周室：往东吞并了周王室。 [13]恶（wù）：说坏话，诽谤。 [14]居秦十余年：底本原无"居"字，

据姚宏校、鲍彪本及《史记》补。　[15]事昭王：底本原无"事"字，据鲍彪本及《史记》补。孝文王：秦昭王之子，公元前250年在位一年。庄襄王：秦孝文王之子，公元前249年—前247年在位。　[16]始皇帝：秦庄襄王之子，他统一六国，自号"始皇帝"，公元前246年—前210年在位。后人称秦始皇。　[17]太子丹：燕王喜之太子。入质于秦：进入秦国为人质。

[点评]

　　本章亦可视作蔡泽小传。秦国偏处西陲，但敞开胸怀，招徕人才，故东方六国之士往往西去，有才干者被尊为客卿。在一段时期秦国虽然也曾计划"逐客"，但对大势还是没有影响。从"范雎至"章可见，秦昭王十分信重范雎，把他视同管仲，在这种情况下，逃到秦国来的蔡泽，竟然能说服范雎让相位给他，真可谓奇矣！当然，范雎能在极盛之时而勇于退身，亦可谓奇矣！究其原因，一是范雎自己已有荐人过错而"内惭"，二是自古及今，历史上鲜有君臣关系善始善终的事例，一个人权势再大、成就再高，就是赚得了天下，但却赔了自己的性命，又有什么益处呢？君主如同猛虎，权力亦可噬身，也许只有像蔡泽这样有清醒认识的人，才能以之获取相位，亦能以之辞去相位，最终明哲保身。这也基本反映了战国策士进则争利求名、退则全功保身的人生态度。

楚王使景鲤如秦

楚王使景鲤如秦[1]。客谓秦王曰[2]:"景鲤,楚王所甚爱[3],王不如留之以市地[4]。楚王听,则不用兵而得地;楚王不听,则杀景鲤,更不与[5],不如景鲤留,是便计也[6]。"秦王乃留景鲤。

景鲤使人说秦王曰:"臣见王之权轻天下[7],而地不可得也。臣之来使也,闻齐、魏皆且割地以事秦。所以然者,以秦与楚为昆弟国[8]。今大王留臣,是示天下无楚也[9],齐、魏有何重于孤国也[10]。楚知秦之孤,不与地,而外结交诸侯以图[11],则社稷必危[12],不如出臣[13]。"秦王乃出之。

[注释]

[1]楚王:楚怀王。景鲤:楚怀王宠臣。如:至,到。 [2]秦王:秦惠王。 [3]所甚爱:"所"前底本原有"使景"二字,据姚宏校及鲍彪注删。 [4]留:扣留。市:换取。 [5]更不与:句意不明。 [6]便计:有利安全之策。 [7]臣见王之权轻天下:我看大王的权势会被天下所轻。 [8]以:因。昆弟:兄弟。 [9]是示天下无楚也:这向天下表明了秦国没有了和楚国友好的关系。 [10]有:又。重:看重,重视。孤国:孤立之国。秦失楚交则为孤国。 [11]图:图谋秦国。 [12]社稷必危:秦国

必危。　[13]不如出臣：不如放我回去。

[点评]

　　《战国策》记载策谋有千百种，然亦有大小之分、高下之别。本章客为秦王所献之策，读来都令人发笑，真可谓"烂点子"。直接以这种简单粗暴的扣留使者做人质来索要土地的策划，真是鼠目寸光，只看到了眼前的那一点利益，而完全忽视了背后各国彼此博弈、势力消长的大格局，而景鲤正是看到了这一点，所以成功自救。

秦王欲见顿弱

先激怒对方，有效降低对方智商；再乘机兜售予以反转，这是游说之士的常用策略。

　　秦王欲见顿弱[1]，顿弱曰："臣之义不参拜[2]，王能使臣无拜，即可矣[3]。不，即不见也。"秦王许之。于是顿子曰："天下有有其实而无其名者[4]，有无其实而有其名者，有无其名又无其实者。王知之乎？"王曰："弗知。"顿子曰："有其实而无其名者，商人是也[5]，无把铫推耨之势[6]，而有积粟之实，此有其实而无其名者也。无其实而有其名者，农夫是也，解冻而耕[7]，暴背而耨[8]，无积粟之实[9]，此无其实而有其名者也。无其名又无其实者，王乃是也已[10]。立为万乘[11]，无孝之名；以千里养[12]，无孝之实[13]。"秦王悖然而怒[14]。

[注释]

[1]秦王：秦王政，即秦始皇。顿弱：秦人。 [2]臣之义不参拜：君臣之义臣不必向君参拜。参拜，下对上的恭敬大礼。 [3]即：则。 [4]有有其实而无其名：底本不重"有"字，据姚宏校、鲍彪本及文义补。 [5]商人是也：商人经商，不耕织却食粱肉衣丝缟。 [6]把：持。铫（yáo）：除草用的大锄。耨（nòu）：除草用的小手锄。势：力。一说"势"当作"劳"。 [7]解冻：立春之日，东风解冻。 [8]暴（pù）：同"曝"，曝晒。今犹谓农民面朝黄土背朝天。 [9]无积粟之实：谓农夫虽辛勤耕种却无余粮。 [10]也已：二字皆语气词。 [11]万乘：万乘之主。 [12]以千里养：有千里之地以养母。 [13]无孝之实：秦王政因其母后与嫪毐私通，故将其母迁往异地，其母虽有地以养，实乃惩之。故谓秦王政"无孝之实"。 [14]悖（bó）然：因发怒而变色之貌。

顿弱曰："山东战国有六[1]，威不掩于山东[2]，而掩于母，臣窃为大王不取也。"秦王曰："山东之建国可兼与[3]？"顿子曰："韩，天下之咽喉；魏，天下之胸腹。王资臣万金而游[4]，听之韩、魏[5]，入其社稷之臣于秦[6]，即韩、魏从[7]。韩、魏从，而天下可图也。"秦王曰："寡人之国贫，恐不能给也。"顿子曰："天下未尝无事也[8]，非从即横也[9]。横成，则秦帝[10]；从成，即楚王[11]。秦帝，即以天下恭养[12]；楚王，即王虽有万金，弗得私也[13]。"秦王曰："善。"乃资万金，使东游韩、魏，入其将相。北游于燕、赵，而杀李牧[14]。齐王入朝[15]，四国必从[16]，顿子之说也。

[注释]

[1]山东战国有六：华山之东可以作战之国有六个，谓东方六国燕、齐、楚、赵、魏、韩。　[2]掩：施，加。　[3]建国：鲍彪本作"战国"。兼：兼并。　[4]资：资助。游：出行。　[5]听之韩、魏：听任我到韩、魏去。之，至，去。　[6]入其社稷之臣于秦：把韩、魏的国家重臣引入到秦国来效力。　[7]即：则。从：服从。　[8]未尝无事：不会没有争战之事。此双重否定，强调一定有争战之事。　[9]从：即"纵"，合纵。横：连横。　[10]秦帝：秦称帝。　[11]楚王：楚称王。　[12]即以天下恭养：则天下都来供养秦国。"恭"同"供"。　[13]私：私自占有。　[14]李牧：赵国良将，数破秦军，秦重金贿赂赵王宠臣，施反间计使赵王杀死李牧。　[15]入朝：入朝秦国。　[16]四国：鲍彪注谓燕、赵、韩、魏；一说非实指，谓四方之国。必：同"毕"，全，都。从：谓跟从秦国。

[点评]

本章所叙顿弱游说内容，前面以顿弱激怒秦王为中心，后面则叙述顿弱通过万金收买和贿赂实施连横策略，前后似并无紧密关联。或此章欲尊显顿弱，故搜罗相关游说汇集于此。后面的总结之语，也正是为了突出游说的重要。对于顿弱的游说，鲍彪评论说："顿子之义高于范雎，而其说过之远矣，惜其不知择木！焉有仁人君子而为始皇用哉？"意思是策谋是好策谋，可惜给秦始皇用了。

齐

靖郭君将城薛

靖郭君将城薛[1],客多以谏[2]。靖郭君谓谒者[3],无为客通[4]。齐人有请者曰[5]:"臣请三言而已矣[6]!益一言[7],臣请烹[8]。"靖郭君因见之。客趋而进曰[9]:"海大鱼。"因反走[10]。君曰:"客有于此[11]。"客曰:"鄙臣不敢以死为戏[12]。"君曰:"亡[13],更言之[14]。"对曰:"君不闻海大鱼乎[15]?网不能止[16],钩不能牵[17],荡而失水[18],则蝼蚁得意焉[19]。今夫齐,亦君之水也。君长有齐阴[20],奚以薛为[21]?失齐[22],虽隆薛之城到于天[23],犹之无益也。"君曰:"善。"乃辍城薛[24]。

万物相辅相依。《易》曰"亢龙有悔",失去依托,则处危位。

[注释]

[1]靖郭君:即田婴,孟尝君田文的父亲,齐威王之少子,封于薛,亦称薛公。靖郭君为田婴封号。城:筑城。薛:田婴封

地，在今山东滕县南。　[2]客：靖郭君的门客。谏：上谏劝阻筑城。　[3]谒者：负责通报宾客来访事宜的管事人。　[4]无为客通：不要为说客通报。　[5]请：请求谒见。　[6]臣请三言：我请求只说三个字。三言，三个字。　[7]益：多，增。　[8]烹：烹杀。　[9]趋：小步快走。进：进言。　[10]反走：返身而走。"反"同"返"，还。　[11]客有于此：您再就此多说一些。"有"同"又"，再。　[12]以死为戏：用死作儿戏。谓不敢再言。　[13]亡：无。谓无此事，没有这回事。　[14]更言之：再继续说下去。　[15]海大鱼：底本原无"海"字，据文义及《淮南子·人间训》《新序·杂事三》引补。　[16]止：捉住，捕获。　[17]钩：鱼钩。牵：牵拉。　[18]荡：消失，空。　[19]蝼蚁：蝼蛄和蚂蚁。比喻很小的虫子。得意：得逞其意。谓海大鱼被小蝼蚁制服。　[20]齐阴：齐国的蔽护。"阴"同"荫"，荫蔽，蔽护。　[21]奚以薛为：要薛作何用处？奚，何。　[22]失齐：失去齐国。靖郭君扩建自己的封邑薛，必将引起齐王的猜忌而不再被信重，故谓"失齐"。"失"底本原作"夫"，据他书所引作"失"及王念孙《读书杂志》改。　[23]隆：加高。到：至。　[24]辍：停止。

[点评]

此章虽短，却是名篇，相关内容在《韩非子·说林下》《淮南子·人间训》《新序·杂事三》中都有记载。本章讲了两个重要道理：一是再强大的人或物可能都有所依托，海中大鱼因为有水才能自由遨游，空中飞鸟因为有空气才能展翅高飞，靖郭君因为被齐王赋予重权才能得势受封，得意之时似乎无所不能，有时就忘掉了他们的得意都是建立在外在的依靠之上；二是小、大之辨，局部利益与整体利益，一定要有清醒认识，历史上因小失大的例子很多，即便如靖郭君田婴，也几乎不免，其他普通人则更应谨慎才是。本章所用比喻形象生动而蕴含深刻道理，大大增强了说辞的感染力和效果，此乃战国策士所长，亦《战国策》文一大特点。

靖郭君善齐貌辨

靖郭君善齐貌辨[1]。齐貌辨之为人也多疵[2]，门人弗说[3]。士尉以证靖郭君[4]，靖郭君不听，士尉辞而去。孟尝君又窃以谏[5]，靖郭君大怒曰："刬而类[6]，破吾家[7]，苟可慊齐貌辨者[8]，吾无辞为之[9]。"于是舍之上舍[10]，令长子御[11]，旦暮进食[12]。

数年，威王薨[13]，宣王立[14]。靖郭君之交大不善于宣王[15]，辞而之薛[16]，与齐貌辨俱留[17]。无几何[18]，齐貌辨辞而行[19]，请见宣王。靖郭君曰："王之不说婴甚[20]，公往必得死焉。"齐貌辨曰："固不求生也[21]，请必行。"靖郭君不能止。

所谓士为知己者死。

[注释]

[1]齐貌辨：貌辨，他书亦作"昆辨"，《汉书·古今人表》作"昆辩"，齐人，故称齐貌辨。 [2]多疵：毛病较多。疵：毛病，缺点。 [3]门人：门下之客。说（yuè）：即"悦"，喜欢。 [4]士尉：盖靖郭君门客。证：谏诤，劝告。 [5]孟尝君：靖郭君之子田文。窃：私下。 [6]刬（chǎn）而类：灭了你们这类人。刬，灭，消除。而，你们。 [7]破吾家：破毁我的家族。 [8]苟：只要。慊（qiè）：满意，惬意。 [9]吾无辞为之：我绝不推辞一定去做。 [10]舍之上舍：给他住上等的住宅。 [11]长子：金正炜《战国策补释》谓当为"㐰（zhēn）子"，美善的僮仆。御：侍奉。 [12]旦暮进食：早晚招待他饮食。 [13]威王：齐威王，名因齐，公元前356年—前320年在位。薨（hōng）：死。《礼记·曲礼下》："天子死曰崩，诸侯曰薨，大夫曰卒，士曰不禄，庶人曰死。" [14]宣王：齐宣王，齐威王之子，公元前319年—前301年在位。 [15]交：关系。谓靖郭君与齐宣王的关系。 [16]之：去，到。薛：靖郭君的封地，在今山东滕县南。 [17]俱留：都驻留薛地。 [18]无几何：没多久。 [19]行：离开。谓离开薛地。 [20]王之不说婴甚：齐王非常不喜欢我。 [21]固：本来。

齐貌辨行至齐，宣王闻之，藏怒以待之。齐貌辨见宣王，王曰："子[1]，靖郭君之所听爱夫[2]！"齐貌辨曰："爱则有之，听则无有。王之方为太子之时，辨谓靖郭君曰：'太子相不仁[3]，过颐豕视[4]，若是者倍反[5]。不若废太子，更立卫姬婴儿郊师[6]。'靖郭君泣而曰：'不可，吾不忍也。'若听辨而为之，必无今日之患也[7]。此为一。至于薛，昭阳请以数倍之地易薛[8]，辨又曰：'必听之。'靖郭君曰：'受薛于先王[9]，虽恶于后王[10]，吾独谓先王何乎[11]！且先王之庙在薛[12]，吾岂可以先王之庙与楚乎[13]！'又不肯听辨。此为二。"宣王大息[14]，动于颜色[15]，曰："靖郭君之于寡人一至此乎[16]！寡人少[17]，殊不知此[18]。客肯为寡人来靖郭君乎[19]？"齐貌辨对曰："敬诺[20]。"

[注释]

[1]子：对男子的尊称。 [2]听：听从。爱：喜爱。夫：高诱注："夫，不满之辞。" [3]相：相貌。 [4]过颐豕（shǐ）视：面颊过宽，眼光像猪一样斜视。颐，面颊。豕，猪。 [5]倍：底本原作"信"，依王念孙《读书杂志》、金正炜《战国策补释》说改。倍反即背反，谓背离常理反其道而行之。 [6]婴儿：小孩。郊师：卫姬所生，齐威王庶子，齐宣王庶弟。 [7]患：祸患。 [8]昭阳：人名，楚国的令尹。易：交换。 [9]先王：齐威王。 [10]恶：憎恶。后王：齐宣王。 [11]吾独谓先王何乎：我如何对先王说？ [12]庙：宗庙。 [13]与：给。 [14]大息：叹息。 [15]动于颜色：面色有了改变。颜色，面色。 [16]一：竟，乃。 [17]少：年轻。 [18]殊：甚。 [19]来：招来，使之来。 [20]敬诺：恭谨应答之词，恭敬从命。

靖郭君衣威王之衣冠[1]，带其剑[2]，宣王自迎靖郭君于郊，望之而泣。靖郭君至，因请相之[3]，靖郭君辞，不得已而受。七日谢病[4]，强辞，靖郭君辞不得[5]，三日而听[6]。

当是时，靖郭君可谓能自知人矣[7]！能自知人，故人非之不为沮[8]。此齐貌辨之所以外生、乐患、趣难者也[9]。

[注释]

[1]衣威王之衣冠：穿戴齐威王所赐之衣冠。 [2]带其剑：带上齐威王所赐之剑。"带"底本原作"舞"，据姚宏校及《吕氏春秋·季秋纪·知士》改。 [3]相之：让靖郭君为相。 [4]七日谢病：七天后称病再次辞官。 [5]靖郭君辞不得：谓靖郭君的强辞当时没有效果。不得，没有效果。 [6]三日而听：三天后齐王才听从他。 [7]自：自身，本身。 [8]人非之不为沮（jǔ）：别人非议也不为所阻止。沮，阻止。 [9]外生：将生死置之度外。乐患：乐于解人忧患。趣难：奔走解人危难。"趣"同"趋"，趋向。

[点评]

自古知人不易。靖郭君门客齐貌辨毛病很多，一众门客甚至连靖郭君之子田文，都劝阻靖郭君不要信任齐貌辨，但靖郭君却独具慧眼，力排众议，愈加尊宠。而齐貌辨果然不负所望，虽"多疵"却有大才，危难关头，将生死置之度外，替靖郭君赴汤蹈火，做出了其他一众门客都做不到的成就。鲍彪评论说:"知人之难,贵于知其心。齐人曰辩之为人多疵,论其迹也;靖郭君独深善之不可夺,知其心也。士为知己者死,此辩所以不求生欤?"有大才能的人,往往有些毛病,在太平之世其大才无法展示时他们常被弃置不用,在动乱之世他们却可能派上大用场。战国之时,各国纷争,权贵养士之风盛行,那个时代无疑为这类人提供了很好的舞台。靖郭君可谓懂得知人善任而不求全责备的用人道理了。

邹忌修八尺有余

邹忌修八尺有余[1],身体昳丽[2]。朝服衣冠窥镜[3],谓其妻曰:"我孰与城北徐公美[4]?"其妻曰:"君美甚,徐公何能及公也!"城北徐公,齐国之美丽者也。忌不自信,而复问其妾曰:"吾孰与徐公美?"妾曰:"徐公何能及君也!"旦日客从外来[5],与坐谈,问之客曰:"吾与徐公孰美?"客曰:"徐公不若君之美也!"

明日,徐公来。孰视之[6],自以为不如;窥镜而自视,又弗如远甚[7]。暮,寝而思之曰:"吾妻之美我者,私我也[8];妾之美我者,畏我也;客之美我者,欲有求于我也。"

> 本章曰朝、旦日、明日、暮,又曰入朝、令初下、数月之后、期年之后,叙次井然,文法、情理兼长。

[注释]

[1]邹忌：齐威王之相，号曰成侯。修：长。此谓身高。 [2]身体："身体"鲍彪本作"而形貌"，似更妥。昳（yì）丽：光彩美丽。 [3]朝：早晨。服：穿戴。窥：看。 [4]我孰与城北徐公美：我与城北徐公相比，谁美？ [5]旦日：明日。 [6]孰视之：仔细审视徐公。"孰视"同"熟视"，仔细看。 [7]远甚：差距太大。 [8]私：爱，偏爱。

> 邹忌此处的游说，因小悟大，并现身说法，促人深省，被鲍彪称为"万世之言"，认为值得历代君主借鉴。

于是入朝见威王曰[1]："臣诚知不如徐公美[2]，臣之妻私臣，臣之妾畏臣，臣之客欲有求于臣，皆以美于徐公。今齐地方千里，百二十城，宫妇左右[3]，莫不私王；朝廷之臣，莫不畏王；四境之内，莫不有求于王。由此观之，王之蔽甚矣[4]！"王曰："善。"乃下令："群臣吏民，能面刺寡人之过者[5]，受上赏；上书谏寡人者，受中赏；能谤议于市朝[6]，闻寡人之耳者[7]，受下赏。"

令初下，群臣进谏，门庭若市。数月之后，时时而间进[8]。期年之后[9]，虽欲言，无可进者。燕、赵、韩、魏闻之，皆朝于齐。此所谓战胜于朝廷[10]。

[注释]

[1]威王：齐威王。 [2]诚：确实，真的。 [3]宫妇左右：宫中妃嫔、左右近臣。 [4]王之蔽甚矣：大王受其他人蒙蔽太严重了。蔽，蒙蔽。 [5]面刺：当面批评。 [6]谤议：指责、提意见。市朝：谓市场等公共场所。 [7]闻：闻于。 [8]间：间或，偶尔。 [9]期（jī）年：一年。 [10]战胜于朝廷：谓不出兵，在朝廷之内，便让敌国臣服。

[点评]

　　好话，人人都想听；批评，往往难接受。这个道理，古人也一直在讲，例如商鞅就曾说："貌言华也，至言实也，苦言药也，甘言疾也。"意思是粉饰的话是花儿，触及本质的话才是果实，不好听的话是良药，甜美的话只会带来疾痛。对君主来说，道理大概都懂，但像邹忌这样，"从闺房小语破之"，能通过一件日常生活中自身的普通事例，把一个大道理讲得如此简单明白，还真的不多。给领导提意见和建议也是有学问的，这方面大概可以学习一下邹忌的策略。

　　章末"战胜于朝廷"的结论，则总括了纵横家的谋划高于武力的思想。

秦假道韩魏以攻齐

　　秦假道韩、魏以攻齐[1]，齐威王使章子将而应之[2]。与秦交和而舍[3]，使者数相往来，章子为变其徽章[4]，以杂秦军[5]。候者言章子以齐入秦[6]，威王不应[7]。顷之间[8]，候者复言章子以齐兵降秦，威王不应。而此者三[9]。有司请曰[10]："言章子之败者，异人而同辞。王何不发将而击之[11]？"王曰："此不叛寡人明矣，曷为击之[12]！"

[注释]

[1]假道：借道。假，借。　[2]章子：齐将，一说即匡章，是孟子的朋友。将：统兵。应：应对，抗击。　[3]交和：鲍彪注引《孙子》谓："两军相对为交和。"交，俱。和，军门。交和谓两军都建立军门对垒。舍：军队驻扎。　[4]为变：为使者改变。一说"为"同"伪"，伪变即伪装改变，亦通。徽章：谓旗帜服饰。　[5]以杂秦军：来混杂在秦军中。欲里应外合。　[6]候者：齐国侦查人员。以齐入秦：带领齐兵进入秦军投降。　[7]不应：没有应答。谓不加理睬。　[8]顷之间：过了一会儿。下"顷间"同义。　[9]而此：如此，像这样。　[10]有司：相关官员。　[11]发：派遣。　[12]曷（hé）：何。

顷间[1]，言齐兵大胜，秦军大败，于是秦王拜西藩之臣而谢于齐[2]。左右曰："何以知之[3]？"曰："章子之母启得罪其父[4]，其父杀之而埋马栈之下[5]。吾使章子将也[6]，勉之曰：'夫子之强[7]，全兵而还，必更葬将军之母[8]。'对曰：'臣非不能更葬先妾也[9]。臣之母启得罪臣之父。臣之父未教而死[10]。夫不得父之教而更葬母，是欺死父也。故不敢。'夫为人子而不欺死父，岂为人臣欺生君哉？"

> 古人谓君、父一也，故以此相比。

[注释]

[1] 顷间：顷刻之间，一会儿。 [2] 秦王拜西藩之臣：秦王自称西藩之臣来朝拜。谢：请罪。 [3] 何以知之：谓何以知章子不叛秦。 [4] 启：章子母亲名字。 [5] 马栈：马棚地栈。 [6] 使章子将：派章子带领军队。"使"后底本原有"者"字，据姚宏校及鲍彪注删。 [7] 夫子：对男性的尊称。之：若。强：胜。 [8] 更葬：改葬。 [9] 先妾：章子对母亲的谦称。 [10] 未教：未有命令（改葬）。教，教命，命令。

[点评]

此章讲述的是知人善任的事。君臣之间的关系，信任为关键，但这种信任的关系极其脆弱，君主主观的猜忌、其他人的闲言碎语，都极容易破坏这种信任。作为君主，如何力排众议，放心让臣下做事，前提是能真正知人善任。何以知人？齐威王算是做到了孔子所说的听其言而观其行，"视其所以，观其所由，察其所安。人焉廋哉！"

张仪事秦惠王

张仪事秦惠王。惠王死,武王立[1]。左右恶张仪曰[2]:"仪事先王不忠[3]。"言未已[4],齐让又至[5]。

张仪闻之,谓武王曰:"仪有愚计,愿效之王[6]。"王曰:"奈何?"曰:"为社稷计者[7],东方有大变[8],然后王可以多割地。今齐王甚憎张仪[9],仪之所在,必举兵而伐之。故仪愿乞不肖身而之梁[10],齐必举兵而伐之。齐、梁之兵连于城下[11],不能相去[12],王以其间伐韩[13],入三川[14],出兵函谷而无伐[15],以临周[16],祭器必出[17],挟天子[18],案图籍[19],此王业也。"王曰:"善。"乃具革车三十乘[20],纳之梁[21]。

[注释]
[1]武王:秦武王,名荡,秦惠王之子,公元前310年—前307年在位。 [2]恶(wù):诽谤,中伤。 [3]先王:秦惠王。 [4]已:完毕。 [5]让:责备。齐国痛恨张仪,故派人来责备秦国任用张仪。 [6]效:献上。 [7]社稷:指国家。计:图谋,考虑。 [8]东方:指魏、齐、韩等东方国家。大变:大的事变,指战争。 [9]齐王:齐宣王。 [10]乞:求。不肖身:对自身的谦称。不肖犹言不才。之:往,去。梁:指魏国。魏迁都大梁(今河南开封)后亦

称为梁。　[11] 连：接，指两军交锋。　[12] 去：离开。谓两军交接后便不能抽身撤离。　[13] 以其间：趁此机会。　[14] 三川：谓黄河、洛水、伊水间之地。　[15] 函谷：函谷关。无伐：谓有征而无战。伐，攻伐。　[16] 以临周：兵临周之城下。　[17] 祭器：周天子祭祀之器。祭器是权力的象征。　[18] 挟：挟制。　[19] 案：查考。此谓掌握。图籍：地图文籍。　[20] 具：备。革车：兵车。　[21] 纳之梁：让张仪进入魏国。纳，入。《史记·张仪列传》载："张仪相魏一岁，卒于魏也。"

齐果举兵伐之。梁王大恐[1]。张仪曰："王勿患[2]，请令罢齐兵[3]。"乃使其舍人冯喜之楚[4]，藉使之齐[5]。齐、楚之事已毕[6]，因谓齐王："王甚憎张仪，虽然，厚矣王之托仪于秦王也[7]！"齐王曰："寡人甚憎仪，仪之所在，必举兵伐之，何以托仪也？"对曰："是乃王之托仪也[8]。仪之出秦[9]，固与秦王约曰[10]：'为王计者，东方有大变，然后王可以多割地。齐王甚憎仪，仪之所在，必举兵伐之。故仪愿乞不肖身而之梁，齐必举兵伐梁。梁、齐之兵连于城下不能去，王以其间伐韩，入三川，出兵函谷而无伐，以临周，祭器必出，挟天子，案图籍，是王业也。'秦王以为然，与革车三十乘而纳仪于梁。而果

张仪施行反复诡诈之计，不知此时梁王为何不逐走张仪。

伐之[11]，是王内自罢而伐与国[12]，广邻敌以自临[13]，而信仪于秦王也[14]。此臣之所谓托仪也。"王曰："善。"乃止[15]。

[注释]
[1]梁王：魏襄王，公元前318年—前296年在位。《史记》误为"哀王"。　[2]患：担忧。　[3]请令罢齐兵：高诱注："言今能令齐兵罢去也。"王念孙《读书杂志》谓"请令"当作"请今"，意即"请即"，令、今因字形相似而误。　[4]使：派遣。舍人：个人下属的较低等级人员的名称。　[5]藉使之齐：借用楚国使者的名义出使去齐国。藉，借。　[6]齐、楚之事已毕：齐、楚之间的外交事务已经办理完毕。　[7]"王甚憎张仪"三句：谓齐王很恨张仪，即便如此，您却大大地在秦王那里推举了张仪使他得到信任。"厚矣王之托仪于秦王也"即"王之托仪于秦王也厚矣"。厚，多，深。托，推举。　[8]是乃：这正是。　[9]出秦：离开秦国。　[10]固：本来，原本。"固"底本原作"因"，可能因形近而误，今据《史记》和姚宏校改。　[11]而果伐之：齐王果然攻伐魏国。　[12]罢：通"疲"，疲弱。与国：盟国。　[13]广：扩大，增加。邻敌：以邻为敌。临：攻伐。　[14]信仪于秦王：高诱注："使仪言信于秦王也。"意思是让张仪的话在秦王那里得到验证。信，应验，证实。　[15]止：停止攻魏。

[点评]
此章内容，虽又见于《史记·张仪列传》，但今之学者或疑其为拟作，考虑到《战国策》一书的性质，此说

有一定道理。本章的主旨,不在于记述当时秦、魏、楚等国之间的外交与战争,而在于展现张仪如何凭借游说的技巧,抽身离开秦国的危险处境而去到魏国,并再次通过游说使魏国避免了齐国的攻伐,让自己在魏国立功安身,最终成功自免于祸难。此章所记张仪之谋,在复杂多变的国际局势中能令人信服地运用自如,令人叹为观止。《战国策》一书,确实可视为智之渊、谋之薮。

昭阳为楚伐魏

昭阳为楚伐魏[1],覆军杀将得八城[2],移兵而攻齐。陈轸为齐王使[3],见昭阳,再拜贺战胜,起而问:"楚之法,覆军杀将,其官爵何也?"昭阳曰:"官为上柱国[4],爵为上执珪[5]。"陈轸曰:"异贵于此者何也[6]?"曰:"唯令尹耳[7]。"陈轸曰:"令尹贵矣!王非置两令尹也[8]。臣窃为公譬可也[9]?楚有祠者[10],赐其舍人卮酒[11]。舍人相谓曰:'数人饮之不足,一人饮之有余。请画地为蛇,先成者饮酒。'一人蛇先成,引酒且饮之[12],乃左手持卮,右手画蛇,曰:'吾能为之足。'未成[13],一人之蛇成,夺其卮曰:'蛇

"画蛇添足"的典故即出于此。

固无足[14]，子安能为之足。'遂饮其酒。为蛇足者，终亡其酒[15]。今君相楚而攻魏，破军杀将得八城，不弱兵[16]，欲攻齐，齐畏公甚，公以是为名居足矣[17]，官之上非可重也[18]。战无不胜而不知止者，身且死，爵且后归[19]，犹为蛇足也。"昭阳以为然，解军而去[20]。

[注释]

[1]昭阳：人名，据《史记·楚世家》此时官任柱国，为楚军之将。　[2]覆：覆灭，灭亡。　[3]陈轸：著名的游说之士。齐王：鲍彪注谓齐威王，《史记·楚世家》：楚怀王"六年，楚使柱国昭阳将兵而攻魏，破之于襄陵，得八邑"。楚怀王六年为齐威王三十四年，即公元前323年。吴师道则谓在齐宣王二十年，即公元前300年。　[4]上柱国：楚国武官名，又可称大司马，为最高军事长官，地位仅次于令尹。　[5]上执珪：楚国最高爵位名。　[6]异：他，其他。此句意思是其他还有什么比这些更显贵的吗？　[7]令尹：楚国最高执政官，相当于其他诸侯国的相。　[8]非：不，不会。　[9]譬：比喻，打比方。　[10]祠：祭祀。祭祀则有酒。　[11]舍人：私人下属的较低等级人员的名称。卮（zhī）：一种盛酒之具。王念孙谓"卮"前当有"一"字，《史记·楚世家》作"一卮酒"。　[12]引：拿过来。且：将。　[13]未成：画足尚未完成。　[14]固：本来。　[15]亡：失去。　[16]不弱兵：不使军队削弱减损。一说"不弱"可能为"又移"之误，可备一说。　[17]以是为名居：犹言以此居其名，即凭此战功高居盛名之上。　[18]重（chóng）：重复，叠加。　[19]后归：鲍彪注："言

身死后，爵归于国。"　[20]解军而去：撤军离去。

[点评]

　　此章所记陈轸的游说策谋，以"画蛇添足"为譬喻，以个人获取私利的最大限度为权衡，成功阻止了楚军之帅昭阳对齐国的进攻；如果昭阳不考虑个人私利，陈轸的这番游说也就行不通了。可见看重个人私利是昭阳的弱点，善于游说的人找准游说对象的弱点，再辅以恰当的事例，也就容易成功了。本章"画蛇添足"真是一个绝佳的寓言，它从反面说明了行事允当则归，见好即收，不做多余与过头的事。

楚王死

　　楚王死[1]，太子在齐质[2]。苏秦谓薛公曰[3]："君何不留楚太子，以市其下东国[4]。"薛公曰："不可。我留太子，郢中立王[5]，然则是我抱空质而行不义于天下也[6]。"苏秦曰："不然。郢中立王，君因谓其新王曰：'与我下东国[7]，吾为王杀太子。不然，吾将与三国共立之[8]。'然则下东国必可得也。"

此段当作素材来看，历史的真实在此并不太重要。

[注释]

[1] 楚王：楚怀王。公元前 299 年楚怀王被骗至武关与秦昭王相会，被秦劫持到秦国，公元前 296 年死于秦国。 [2] 太子：楚太子横。据《史记》记载，楚怀王被劫持到秦国的第二年，太子横即位，为楚顷襄王。楚顷襄王即位三年，楚怀王才死。则楚怀王卒于太子即位之后。质：为人质。 [3] 薛公：齐相孟尝君田文。 [4] 市：交换。下东国：楚国东部与齐国接壤的淮北地区。鲍彪注："盖楚国之东，其地近齐，楚地高而此下。" [5] 郢：楚国国都。 [6] 抱空质：谓扣留无用的人质。抱，持有。不义：谓扣留楚太子的不义之举。 [7] 与：给。 [8] 与：以。三国：齐、韩、魏。立：立王。

一共提出十种可能。

苏秦之事[1]，可以请行[2]；可以令楚王亟入下东国[3]；可以益割于楚[4]；可以忠太子而使楚益入地[5]；可以为楚王走太子[6]；可以忠太子使之亟去[7]；可以恶苏秦于薛公[8]；可以为苏秦请封于楚[9]；可以使人说薛公以善苏子[10]；可以使苏子自解于薛公[11]。

[注释]

[1] 苏秦之事：指苏秦向薛公献策的事例。以下内容，均为以苏秦向薛公献策为例，对于可能出现的不同情况或者需要达成的不同结果，都拟设出相应的对策说辞，以便学习游说之人揣摩参考。 [2] 可以请行：可以请求往楚国施行策谋。 [3] 亟（jí）：疾速。入：交纳。 [4] 可以益割于楚：可以割取更多的楚

国土地。　[5]可以忠太子而使楚益入地：可以装作忠待太子而使楚国献上更多的土地。　[6]可以为楚王走太子：可以为了楚王将太子从齐国赶跑。　[7]可以忠太子使之亟去：可以装作忠待太子使其赶紧离开齐国。　[8]可以恶苏秦于薛公：可以在薛公面前诋毁苏秦。　[9]可以为苏秦请封于楚：可以为苏秦向楚国请封。　[10]说：游说。善：善待。姚宏校："一本无'人说'二字。"　[11]解：解脱，解困。

苏秦谓薛公曰："臣闻谋泄者事无功[1]，计不决者名不成[2]。今君留太子者，以市下东国也。非亟得下东国者，则楚之计变[3]，变则是君抱空质而负名于天下也[4]。"薛公曰："善。为之奈何？"对曰："臣请为君之楚[5]，使亟入下东国之地。楚得成[6]，则君无败矣[7]。"薛公曰："善。"因遣之。故曰"可以请行"也[8]。

[注释]

[1]谋泄：谋划泄露。　[2]计不决：计策不果决。　[3]变：改变。　[4]负名：背负不义之名。　[5]为：替。之：到，至。　[6]得成：能与齐成交，献上土地。　[7]无败：不会失利。今犹言立于不败之地。　[8]故曰"可以请行"也：底本无此七字，据姚宏校、鲍彪本及本篇体例补。

谓楚王曰[1]："齐欲奉太子而立之。臣观薛公之留太子者，以市下东国也。今王不亟入下东国，则太子且倍王之割而使齐奉己[2]。"楚王曰："谨受命。"因献下东国。故曰"可以使楚亟入地"也。

[注释]

[1]楚王：假设中的楚国所立新王。　[2]太子且倍王之割而使齐奉己：太子将比你加倍割地给齐国，使齐国来立自己为君。且：将。

谓薛公曰："楚之势，可多割也[1]。"薛公曰："奈何？""请告太子其故[2]，使太子谒之君[3]，以忠太子[4]，使楚王闻之，可以益入地。"故曰"可以益割于楚"。

[注释]

[1]多割：多割地于楚。　[2]告太子其故：告诉太子可以加倍割地一事。故，事。　[3]谒：谒见。君：谓薛公。　[4]以忠太子：使薛公忠待太子。谓将送归太子立其为君。

谓太子曰："齐奉太子而立之，楚王请割地以留太子，齐少其地[1]。太子何不倍楚之割地而资齐[2]，齐必奉太子。"太子曰："善。"倍楚之割而延齐[3]。楚王闻之恐，益割地而献之，尚恐事不成。故曰"可以使楚益入地"也。

[注释]

[1]齐少其地：齐国认为楚国割地太少。少，认为少。 [2]资：给与。 [3]延：字义不详。或说为"进献"；或说为"延缓"，谓延缓齐国听从楚王一事。

谓楚王曰："齐之所以敢多割地者，挟太子也[1]。今已得地而求不止者[2]，以太子权王也[3]。故臣能去太子[4]。太子去，齐无辞[5]，必不倍于王也[6]。王因驰强齐而为交[7]，齐辞必听王[8]。然则是王去雠而得齐交也[9]。"楚王大悦，曰："请以国因[10]。"故曰"可以为楚王使太子亟去"也。

[注释]

[1]挟太子：以太子为要挟。 [2]求：索求。 [3]以太子权王也：用太子来抗衡楚王。权，衡。 [4]去：使离开。 [5]无辞：没有借口。 [6]必不倍于王：一定不向楚王加倍索要土地。 [7]因：则。驰：派使者急驰。为交：建立友好外交。 [8]辞必听王：犹必听王辞。一说"辞"为衍文，当删。 [9]去雠（chóu）：去除仇敌。此谓王位竞争对手楚太子。 [10]因：托。

谓太子曰:"夫剸楚者[1],王也;以空名市者[2],太子也。齐未必信太子之言也,而楚功见矣[3]。楚交成,太子必危矣。太子其图之[4]。"太子曰:"谨受命。"乃约车而暮去[5]。故曰"可以使太子急去"也。

[注释]
[1]剸(zhì):同"制",控制,制约。 [2]以空名市:以空许割地之名来做交易。 [3]楚功:楚献地之功。见:同"现"。 [4]图:谋,考虑。 [5]约:具,备办,置办。去:离开。

苏秦使人请薛公曰[1]:"夫劝留太子者苏秦也。苏秦非诚以为君也,且以便楚也[2]。苏秦恐君之知之,故多割楚以灭迹也[3]。今劝太子去者又苏秦也[4],而君弗知,臣窃为君疑之[5]。"薛公大怒于苏秦。故曰"可使人恶苏秦于薛公"也。

[注释]
[1]请:告。依文义疑"苏秦"二字为衍文。 [2]便楚:利楚。便,利。 [3]灭迹:消灭自己利楚的痕迹。 [4]劝太子去:劝太子离开。"去"字底本无,据鲍彪本及文义补。 [5]臣窃为君疑之:臣私下为您感到疑惑。疑,惑。

又使人谓楚王曰:"夫使薛公留太子者苏秦也,奉王而代立楚太子者又苏秦也[1],割地固约者又苏秦也,忠王而走太子者又苏秦也。今人恶苏秦于薛公,以其为齐薄而为楚厚也。愿王之知之。"楚王曰:"谨受命。"因封苏秦为武贞君。故曰"可以为苏秦请封于楚"也。

[注释]
[1]奉王而代立楚太子:谓尊奉楚王使其代替楚太子立为王。

又使景鲤请薛公曰[1]:"君之所以重于天下者,以能得天下之士而有齐权也[2]。今苏秦天下之辩士也,世与少有[3]。君因不善苏秦[4],则是围塞天下士而不利说途也[5]。夫不善君者且奉苏秦[6],而于君之事殆矣[7]。今苏秦善于楚王,而君不蚤亲[8],则是身与楚为雠也。故君不如因而亲之[9],贵而重之,是君有楚也[10]。"薛公因善苏秦。故曰"可以为苏秦说薛公以善苏秦"。

[注释]
[1]景鲤:楚怀王之相。姓景,名鲤。请:告。 [2]权:权位,

权势。[3] 世与少有：世所少有。一说"与"即"举"，即"举世少有"。[4] 因：若。[5] 围：通"违"，禁。塞：止塞。一说"围塞"即"圄塞"，堵塞。义亦可通。说途：策士游说之路。[6] 不善君者：和您关系不好的。[7] 殆：危。[8] 蚤：早。[9] 因：依靠。[10] 有楚：获得楚国的友好。

[点评]

此章可视作《战国策》书中最明显、最经典的游说案例模拟。文中首先交代了相关的背景、人物、事件以及可能发生的策略应对，然后以此作为素材，提出了理论上的十种假设的目的和结果，并虚拟出相应的游说策谋，不过现在只存九种，其中最后一种"可以使苏子自解于薛公"已缺，原初应该也是有的，可能后来亡佚了。显然本章的写作目的不在于记述历史，关注点也不在于苏秦，而是专为学习游说策略的人用来揣摩与学习纵横之术。这大概是中国古代教育中最早的案例教学了。

齐王夫人死

个人喜好外露，则易为人利用，受人所制。

齐王夫人死[1]，有七孺子皆近[2]。薛公欲知王所欲立[3]，乃献七珥[4]，美其一[5]，明日视美珥所在[6]，劝王立为夫人。

[注释]

[1]齐王：齐威王。 [2]孺子：当时对贵妇、美妾的称呼。近：亲，谓宠幸。 [3]立：立为夫人。 [4]珥（ěr）：珠玉做的耳饰。 [5]美其一：让七珥中有一珥特美。 [6]明日：第二天。

[点评]

本章并无游说辞令，但说的却是纵横家乃至所有战国诸子都必须学习掌握的一项基本技巧：对人情的揣摩。可以说，纵横家们的所有策谋，都基于揣摩。把其中最美的一件送给自己最喜欢的人，这是人之常情。而人情来源于人性，上至君王诸侯，下至贩夫走卒，在人性上往往并无不同。臣下投君主所好，君王亦好之，这也是古往今来的常情。大概也正因为如此，基本类似的桥段又见于《楚策》"楚王后死"章，此外《韩非子·外储说右上》《淮南子·道应训》也有相似的记载。

孟尝君舍人有与君之夫人相爱者

孟尝君舍人有与君之夫人相爱者[1]。或以问孟尝君曰[2]："为君舍人[3]，而内与夫人相爱，亦甚不义矣，君其杀之[4]。"君曰："睹貌而相悦者[5]，人之情也，其错之勿言也[6]。"

居期年[7]，君召爱夫人者而谓之曰："子与文游久矣[8]，大官未可得，小官公又弗欲。卫君与文布衣交[9]，请具车马皮币[10]，愿君以此从卫君游[11]。"于卫甚重[12]。

[注释]

[1]孟尝君：田文。舍人：私人下属的较低等级人员的名称。君：孟尝君。夫人：鲍彪谓"夫人，姬媵之过称，非其配也"，认为这里只是对姬妾的一个尊称，并非真的是夫人。爱：私通。 [2]问：告诉。或作"闻"，亦可通。 [3]为：作为。 [4]其：表祈使、希望语气。 [5]貌：外貌。悦：喜欢。 [6]错：同"措"，置，放下。谓置之不理。 [7]期年：一周年。 [8]文：田文自称其名。游：交往，交游。 [9]卫君：名嗣君，为卫平侯之子，公元前334年—前293年在位。布衣交：在没有显贵之时便已是朋友。布衣，平民。 [10]具：备办。皮币：毛皮、缯帛礼物。 [11]从：跟随。 [12]于卫甚重：在卫国很受卫君重用。

> "臣不肖"一语，内涵深刻，需读下文才知。

齐、卫之交恶[1]，卫君甚欲约天下之兵以攻齐。是人谓卫君曰[2]："孟尝君不知臣不肖[3]，以臣欺君[4]。且臣闻齐、卫先君[5]，刑马压羊[6]，盟曰：'齐、卫后世，无相攻伐；有相攻伐者，令其命如此[7]。'今君约天下之兵以攻齐，是足下倍先君盟约而欺孟尝君也[8]。愿君勿以齐为心[9]。君听臣则可；不听臣，若臣不肖也[10]，臣辄以颈血溅足下衿[11]。"卫君乃止。

齐人闻之，曰："孟尝君可语善为事矣[12]，转祸为功[13]。"

[注释]
[1]交恶：关系变坏。　[2]是人：这人。谓孟尝君舍人。　[3]不肖：不才，不贤。　[4]以臣欺君：谓孟尝君不知舍人不贤而误将他推荐给了卫君。此舍人自谓不贤，乃为下面他将血溅卫君的行为作铺垫。臣，指舍人。君，指卫君。　[5]先君：此前的国君。　[6]刑马压羊：姚宏注："杀马、羊，啑出其血，以相盟誓也。压，亦杀也。"刑，杀。　[7]如此：像马、羊一样被杀。　[8]倍：同"背"，违背，背离。　[9]勿以齐为心：不要存念攻伐齐国。　[10]若：则。　[11]湔（jiàn）：溅。衿：衣襟。　[12]可语：即"可谓"。据姚宏校，他本有"语"作"谓"者。善为事：善于处事。　[13]转祸为功：高诱注："不杀其舍人，是转祸；使齐不伐，是为功。"

[点评]
本章后鲍彪评论道："周衰，礼义消亡，以若孟尝者为能爱士。爱则爱矣，然非礼之爱也。以若舍人者为能强争。强则强矣，然亦非义之强也。"对所谓孟尝君能爱士、此舍人能强争作了道德上的指责，认为此章中孟尝君对士的爱是非礼之爱，此舍人的强是非义之强，这确实也有一些道理。然而本章的主旨乃在于强调士的重要性，看重的是士在关键时刻敢于舍命报恩，救国于危难。

至于那些礼、义，在这样的情形下已不是本章所关注的了。

孟尝君有舍人而弗悦

孟尝君有舍人而弗悦[1]，欲逐之。鲁连谓孟尝君曰[2]："猿猴错木据水[3]，则不若鱼鳖；历险乘危[4]，则骐骥不如狐狸[5]。曹沫之奋三尺之剑[6]，一军不能当[7]；使曹沫释其三尺之剑[8]，而操铫鎒与农夫居垄亩之中[9]，则不若农夫。故物舍其所长，之其所短[10]，尧亦有所不及矣。今使人而不能[11]，则谓之不肖；教人而不能[12]，则谓之拙。拙则罢之[13]，不肖则弃之。使人有弃逐，不相与处[14]，而来害相报者[15]，岂非世之立教首也哉[16]！"孟尝君曰："善。"乃弗逐。

[注释]

[1]孟尝君：田文。弗悦：不喜欢。 [2]鲁连：又称鲁仲连、鲁仲子，齐国谋士，善于替人排忧解难。《史记》有《鲁仲连传》。 [3]猿猴：底本作"猿狝猴"，据金正炜《战国策补释》说改正，此"猿猴"与下"骐骥"相对。错：弃置。据：处。 [4]历险乘危：经历险阻，登上危地。乘，登。 [5]骐骥：

骏马。　[6]曹沫：春秋时鲁国勇士。可参《史记·刺客列传》。奋：举起。　[7]当：抵挡。　[8]释：放下。　[9]操：手持，拿。铫（yáo）：挖地的锄头。鎒（nòu）：除草的农具。居：处。垄亩：田地。　[10]之：用。　[11]使人而不能：使人做事，他却做不来。　[12]教人而不能：教人做事，他却学不会。　[13]罢：赶走。　[14]不相与处：不再和这些人相处，谓抛弃他们。　[15]来害相报：来加害、相报复。鲍彪注："弃逐者必之他国，自彼来而害我，报其弃逐之怨。"　[16]岂非世之立教首也哉：岂不是在世上树立教化为最重要的事吗？

[点评]

　　每个人在能力上都有所长，亦有所短，任人者不能只看到一个人做不好什么，而要发现他能做好什么。扬长避短，这才是善于用人的策略。鲁仲连通过简短的类比举例，便向孟尝君讲明了这一道理。战国之时，养士成风，士之才能，各有不同，即便鸡鸣狗盗之人，在关键时刻也能派上用场，所以《战国策》中有一些篇章专讲"贵士"，也有记载士为知己者死的篇章。

齐王使使者问赵威后

　　齐王使使者问赵威后[1]。书未发[2]，威后问使者曰："岁亦无恙耶[3]？民亦无恙耶？王亦无恙耶？"使者不说[4]，曰："臣奉使使威后，今

先问岁、问民，赵威后亦可谓战国时颇用心于执政的在位者。

不问王，而先问岁与民，岂先贱而后尊贵者乎？"威后曰："不然。苟无岁[5]，何以有民？苟无民，何以有君？故有问舍本而问末者耶[6]？"乃进而问之曰[7]："齐有处士曰钟离子[8]，无恙耶？是其为人也，有粮者亦食[9]，无粮者亦食；有衣者亦衣[10]，无衣者亦衣。是助王养其民也，何以至今不业也[11]？叶阳子无恙乎[12]？是其为人，哀鳏寡[13]，恤孤独[14]，振困穷[15]，补不足。是助王息其民者也[16]，何以至今不业也？北宫之女婴儿子无恙耶[17]？彻其环瑱[18]，至老不嫁，以养父母，是皆率民而出于孝情者也[19]，胡为至今不朝也[20]？此二士弗业，一女不朝，何以王齐国[21]，子万民乎[22]？於陵子仲尚存乎[23]？是其为人也，上不臣于王，下不治其家，中不索交诸侯[24]，此率民而出于无用者，何为至今不杀乎？"

[注释]

[1]问：问候。赵威后：为赵惠文王之妻，赵孝成王之母。 [2]书：齐王致赵威后的书信。发：打开。 [3]岁：收成，年成。无恙：无忧。即是否安好。 [4]说（yuè）：即"悦"，高

兴。　[5]苟：假如，如果。　[6]故：乃，岂，难道。　[7]进：进一步。　[8]处士：有才德而隐居不仕的人。钟离子：钟离为复姓；子为对男子的尊称。盖齐之处士。　[9]有粮者亦食（sì）：有粮食吃的人，也拿东西给他吃。食，拿东西给人吃。　[10]有衣者亦衣：有衣服穿的人，也拿衣服给他穿。衣，拿衣服给人穿。　[11]不业：不任以职业，谓不任用。鲍彪注："言不得在位，成其职业。"　[12]叶阳子：盖亦齐国处士。　[13]哀鳏寡：哀怜鳏夫、寡妇。　[14]恤：抚恤，救济。孤：幼而无父者。独：老而无子者。　[15]振：振救。　[16]息：生养。　[17]北宫之女婴儿子：北宫家的女儿。北宫，复姓；婴儿子，对未嫁女子的称呼。　[18]彻：撤去，去除。环瑱（tiàn）：谓饰品。环，耳环之类；瑱，亦耳饰。　[19]率：率领。孝情：孝心。　[20]不朝：不让她上朝。鲍彪注："命妇则朝。"谓表彰使她为命妇，命妇则上朝。　[21]王：称王，谓统治。　[22]子万民：以万民为子，谓为万民父母。　[23]於（wū）陵子仲：人名。於陵，地名，在今山东，此以所居地名用于人名。子仲，他书多作"仲子"。　[24]索：求。

[点评]

对于统治者如赵威后来说，士人之中，那些对统治有帮助的士人才是统治者所喜欢和褒奖的；而那些不与统治者合作、不迎奉于王和诸侯的独行之士，则成了赵威后杀之而后可的眼中钉了，因为赵威后认为他们给臣民作了不好的表率，但若认为他们"无用"，则未免就囿于统治的狭隘了。不臣于王，不求于诸侯，正好体现的是战国时部分士人摆脱政治束缚之后的浩然开阔的独立自由之精神，是中国历史上这类士人的一次自我觉醒和认识，也是中国士人精神中最可宝贵的气质之一，恰如下一章"齐宣王见颜斶"中颜斶所宣称："士贵耳，王者不贵。"

齐宣王见颜斶

齐宣王见颜斶[1]，曰："斶前[2]！"斶亦曰："王前！"宣王不悦。左右曰："王，人君也。斶，人臣也。王曰'斶前'，亦曰'王前'，可乎？"斶对曰："夫斶前为慕势[3]，王前为趋士[4]。与使斶为趋势[5]，不如使王为趋士。"王忿然作色曰[6]："王者贵乎？士贵乎？"对曰："士贵耳，王者不贵。"王曰："有说乎[7]？"斶曰："有。昔者秦攻齐，令曰：'有敢去柳下季垄五十步而樵采者[8]，死不赦[9]。'令曰：'有能得齐王头者，封万户侯，赐金千镒[10]。'由是观之，生王之头，曾不若死士之垄也[11]。"宣王默然不悦。

提出"王不如士贵"的骇世之论。

[注释]

[1]齐宣王：齐威王之子，公元前319年—前301年在位。颜斶（chù）：人名，齐国之士。　[2]前：上前来。　[3]慕势：羡

慕权势。　[4]趋士：礼贤下士。　[5]与：与其。　[6]忿然作色：愤怒变容。　[7]说：解释。　[8]去：距离。柳下季：即春秋时期鲁国柳下惠，姓展，名禽，字季，食邑柳下，谥为惠。垄：坟墓。樵采：打柴。　[9]死：当死罪。　[10]镒（yì）：重量单位，二十四两为一镒。一说二十两为一镒。　[11]曾：尚，还。死士：指柳下季。

左右皆曰："斶来！斶来！大王据千乘之地[1]，而建千石钟、万石簴[2]。天下之士，仁、义皆来役处[3]；辩、知并进[4]，莫不来语[5]；东西南北，莫敢不服。求万物无不备具[6]，而百姓无不亲附[7]。今夫士之高者[8]，乃称匹夫，徒步而处农亩[9]，下则鄙野监门闾里[10]，士之贱也，亦甚矣！"

<small>行文在此一转，再揣摩说出一般人的想法。欲先抑后扬。</small>

[注释]

[1]据：占有，拥有。千乘之地：有千辆兵车的国家。金正炜《战国策补释》谓"千乘"当为"万乘"。　[2]建：造设。石：重量单位，一百二十斤为一石。钟：乐器名。千石钟，形容钟之巨大。簴（jù）：悬挂钟磬乐器架子两边的立柱。　[3]仁、义皆来役处：谓其仁者、义者皆来到这里服务齐王。役，被役使。处，有职位。　[4]辩：辩士，善于辞令辩说的人。知：同"智"，智者。进：进见齐王。　[5]来语：来献言献策。　[6]无：底本原无"无"字，据黄丕烈《战国策札记》补。　[7]姓：底本原无"姓"字，据鲍

彪本补。　[8]高：地位高的。　[9]匹夫、徒步：均谓地位低下的普通人。处农亩：从事农耕。　[10]下：地位低的。鄙野：边远偏僻之地。监门闾里：在闾里街巷从事看门的贱役。

颜斶的言论，反映了他对老子道家思想的熟悉和遵从。

斶对曰："不然。斶闻古大禹之时，诸侯万国[1]。何则[2]？德厚之道[3]，得贵士之力也[4]。故舜起农亩[5]，出于野鄙，而为天子。及汤之时，诸侯三千。当今之世，南面称寡者[6]，乃二十四[7]。由此观之，非得失之策与[8]？稍稍诛灭[9]，灭亡无族之时，欲为监门闾里，安可得而有乎哉？是故《易传》不云乎[10]：'居上位，未得其实以喜其为名者[11]，必以骄奢为行。据慢骄奢[12]，则凶从之[13]。是故无其实而喜其名者削[14]，无德而望其福者约[15]，无功而受其禄者辱[16]，祸必握[17]。'故曰：'矜功不立[18]，虚愿不至[19]。'此皆幸乐其名[20]，华而无其实德者也。是以尧有九佐[21]，舜有七友，禹有五丞[22]，汤有三辅[23]，自古及今而能虚成名于天下者[24]，无有。是以君王无羞亟问[25]，不愧下学[26]。是故成其道德而扬功名于后世者，尧、舜、禹、汤、周文王是也。故曰：'无形者，形之君也[27]。无端者，事之本也[28]。'夫上见其原[29]，下通其流[30]，至圣明学[31]，何不吉之有哉[32]！老子曰：'虽贵必以贱为本[33]，虽高必以下为基[34]。是以侯王称孤、寡、不毂[35]。是其贱之本与？非夫[36]？'孤、寡者，人之困贱下位也，而侯王以自谓，岂非下人而尊贵士与[37]？夫尧传舜[38]，舜传禹[39]，周成王任周公旦[40]，而世世称曰明主，是以明乎士之贵也。"

[**注释**]

[1]诸侯万国：诸侯有一万国。《左传》哀公七年记载禹召集诸侯，有万国来会。 [2]何则：为什么。 [3]道：途径。 [4]得：能。贵：尊重，看重。 [5]起：兴起。《孟子·万章》说舜耕于历山，兴起于畎亩之中。 [6]南面称寡者：谓诸侯。古代诸侯君王自我谦称孤、寡。 [7]乃：仅仅，只。 [8]非得失之策与：不是得策、失策的结果吗？鲍彪注："昔诸侯多，由得策也；今失策，故诛灭而寡。""与"同"欤"，句末语气词。 [9]稍稍：渐渐。诛灭：指诸侯被诛灭。 [10]《易传》：对《易经》作解释的书。下面所引不见于今所见《易传》。 [11]以：同"已"。 [12]据：同"倨"，倨傲。慢：傲慢。 [13]凶：凶灾。从：跟随。 [14]削：削弱。 [15]约：穷困。 [16]辱：蒙受侮辱。 [17]握：即"渥"，厚，重。 [18]矜功不立：骄矜其功会无所建树。矜，骄。 [19]虚愿不至：空有愿望不会达成。 [20]幸乐：喜好。幸，喜欢。 [21]佐：辅佐官员。此"九"与下"七""五""三"皆

为虚指。　[22]丞：辅佐大臣。　[23]辅：辅弼之臣。　[24]虚：即"无其实德"。　[25]无羞：不以为耻。亟（qì）：屡次。　[26]不媿（kuì）：不以为惭愧。"媿"即"愧"。下学：向比自己地位低下的人学习。　[27]无形者，形之君也：没有显形的，却是有形的主宰。君，主宰，统领。　[28]无端者，事之本也：未显端倪的，却是事物的根本。　[29]原：即"源"，本源，源头。　[30]流：流变，支流。　[31]至圣：至圣之人。"圣"下底本原衍"人"字，据黄丕烈《战国策札记》删。明学：明学之人。　[32]何不吉之有哉：哪还有什么不吉的呢！　[33]虽贵：即便尊贵。本：根本。　[34]基：基础。　[35]穀：善。一说"不穀"即"不禄"，亦当为人君的谦卑之称。　[36]是其贱之本与？非夫：今通行之王弼本《老子》第三十九章作"此非以贱为本邪，非乎"有误。马王堆汉墓帛书《老子》乙本作"此其贱之本与，非也"，北京大学藏西汉竹书《老子》作"此其贱之本邪，非也"，可证《战国策》所引不误，"非夫"即"非也"。傅奕、范应元二本《老子》作"是其以贱为本也，非与"，则其义更明。此句意思是：（王侯称孤、寡、不穀）这就是以贱为本，难道不对吗？《老子》："人之所恶，唯孤、寡、不穀。"　[37]下人：谦居人下。　[38]传：传位。　[39]舜传禹："传"字底本原讹作"傅"，据他本正。　[40]任：用。

宣王曰："嗟乎！君子焉可侮哉[1]！寡人自取病耳[2]。及今闻君子之言，乃今闻细人之行[3]。愿请受为弟子[4]，且颜先生与寡人游[5]，食必太牢[6]，出必乘车，妻子衣服丽都[7]。"

[注释]

[1] 焉可：哪可，怎可。侮：辱。 [2] 病：辱。 [3] 乃今闻细人之行：如今才明白什么是小人的行为。闻，知道，明白。细人，小人。行，行为。 [4] 受为弟子：接受我作为您的学生。 [5] 且：将。颜：金正炜《战国策补释》谓当作"愿"字，形似而误。游：交往。 [6] 太牢：牛、羊、猪三牲都有，称太牢。 [7] 妻子：妻子儿女。丽都：华美。都，美。

颜斶辞去，曰："夫玉生于山，制则破焉[1]，非弗宝贵矣[2]，然夫璞不完[3]。士生乎鄙野，推选则禄焉[4]，非不得尊遂也[5]，然而形神不全[6]。斶愿得归[7]，晚食以当肉[8]，安步以当车[9]，无罪以当贵，清静贞正以自虞[10]。制言者王也[11]，尽忠直言者斶也。言要道已备矣[12]，愿得赐归，安行而反臣之邑屋[13]。"则再拜而辞去也。

斶知足矣，归反扑[14]，则终身不辱也。

"形神不全"四字，《古文观止》评论："说尽富贵利达人。良可悲也。战国士气，卑污极矣，得此可以一回狂澜。"

[注释]

[1] 制：制作，加工。破：破损其本貌。 [2] 非弗宝贵矣：不是不再宝贵。 [3] 然夫璞不完：而是因为那样璞玉的原貌不再完整了。因为需破璞取玉。"夫"字，鲍彪本作"大"，"大璞不完"亦通。上两句大意是：不愿意玉因为加工而遭破损，不是因为加工后不再宝贵，而是因为那样璞玉的原貌不再完整了。 [4] 禄：有禄位。指被任用。 [5] 非不得尊遂也：不是不愿意得到尊贵成

功。遂，成，显达，成功。　[6]然而形神不全：而是那样会让身心受损而不完全了。　[7]愿：希望。归：回去。　[8]晚食以当肉：晚些吃饭，就当是吃肉。鲍彪注："晚，言饥而食也，其美比于食肉。"　[9]安步以当车：安闲缓步，就当是乘车。　[10]贞正：正直。贞，正。虞：即"娱"，快乐。　[11]制：裁制，裁断。　[12]要道：重要道理。备：详备，全面。　[13]反：同"返"。邑屋：邑中之屋，指居住之地。　[14]归反扑：即归返于朴。"扑"同"朴"，本质，本真。

[点评]

　　战国时期兴起的士这一阶层，和春秋时作为贵族最低一级的士已有较大的不同，在这一时期，以前更高等级的一些贵族开始沦落为士，而士的地位随着贵族社会的衰落而越发下降；另一方面随着私学的兴起，不少在民间的普通之人通过学习和发挥自己的才智，跻身于士的行列，使得士这一阶层不论在名义上，还是在人员构成上，都有了很大的扩展，成为了一个复杂的阶层。不过这一阶层也有共同的特点，就是都要靠才能吃饭，要想方设法让君主重视自己。颜斶的"贵士"之论，可以看作是这一阶层的集体宣言，既是对君主们在人才招聘上的呼求，同时也是对自我价值的一种肯定，当然对努力想要成为士的后学也是一种极大的鼓励。

管燕得罪齐王

管燕得罪齐王[1]，谓其左右曰："子孰而与我赴诸侯乎[2]？"左右嘿然莫对[3]。管燕连然流涕曰[4]："悲夫！士何其易得而难用也！"田需对曰[5]："士三食不得餍[6]，而君鹅鹜有余食[7]；下宫糅罗纨[8]，曳绮縠[9]，而士不得以为缘[10]。且财者君之所轻[11]，死者士之所重[12]，君不肯以所轻与士[13]，而责士以所重事君[14]。非士易得而难用也。"

[注释]

[1]管燕：身世不详。鲍彪注谓齐人。齐王：不知为齐国何王。一说为齐宣王。此策士拟作，不必详究。 [2]孰：谁。而：能。赴诸侯：奔走于诸侯中。 [3]嘿：即"默"，默默。对：回答。 [4]涟：即"涟"，流泪不断的样子。 [5]田需：又作"田繻"，曾为魏相。 [6]士：谓管燕所养之士。三食：指一日三餐。餍（yàn）：饱。 [7]鹜（wù）：鸭子。 [8]下宫：指宫妾。糅：杂。罗：稀疏的丝织品。纨（wán）：细密的丝织品。 [9]曳（yè）：拖。绮（qǐ）：有花纹的丝织品。縠（hú）：有绉的纱。 [10]缘：衣服边饰。 [11]轻：轻看。 [12]重：重视。 [13]与：给。 [14]责：要求。事：事奉。

[点评]

与本章几乎一样的内容，又见于《说苑·尊贤》《韩诗外传》和《新序·杂事》中，可见其主旨重要，为多书记载。此章探讨了是否士易得而难用的问题，主旨还是"贵士"。从养士者的角度，说士易得，可能确是实情，谁手下没有几个士呢？但要说士难用，却没有想过自己平时都是怎么对待士的，宁愿挥金如土，也不愿花在养士之上，岂能期望关键时刻士以死相报！正所谓主视士如草芥，士亦视之为路人。

齐负郭之民有狐咺者

齐负郭之民有狐咺者正议[1]，闵王斲之檀衢[2]，百姓不附[3]。齐孙室子陈举直言[4]，杀之东闾[5]，宗族离心。司马穰苴为政者也[6]，杀之[7]，大臣不亲[8]。以故燕举兵，使昌国君将而击之[9]。齐使向子将而应之[10]。齐军破[11]，向子以舆一乘亡[12]。达子收余卒[13]，复振[14]，与燕战，求所以偿者[15]，闵王不肯与[16]，军破走[17]。

[注释]

[1] 负郭之民：背靠城郭而居的平民。负，背靠。郭，城郭。狐咺（yuán）：底本原作"狐狐咺"，衍"狐"字，据吴师道《补正》

删。狐咺，亦作狐爰、狐援。正议：直言批评（齐闵王）。　[2]闵王：齐闵王，名地，齐宣王之子，公元前301年—前284年在位。斮（zhuó）：斩。檀衢：街市名。　[3]附：依附。　[4]孙室子：宗室子弟。陈举：人名，即田举，为齐国宗族。　[5]东闾：东门。　[6]司马穰苴（jū）：即田穰苴，曾为大司马。《史记》有《司马穰苴列传》，记载为春秋齐景公时人，金正炜《战国策补释》谓《史记》误。　[7]之：司马穰苴。　[8]亲：亲附。　[9]昌国君：燕国大将乐毅。《史记》有《乐毅列传》。　[10]向子：人名，金正炜《战国策补释》谓当依《燕策》作"蜀子"，即《吕氏春秋·贵直篇》《权勋篇》之"触子"。应之：应对燕军。　[11]破：被攻破。　[12]以：用。舆：车。亡：逃走。　[13]达子：齐将。　[14]振：振军，整顿兵马。　[15]求所以偿者：求用来给士兵的赏金。"偿"同"赏"，赏金。　[16]与：给。　[17]军破走：军队被击破而逃。

王奔莒[1]，淖齿数之曰[2]："夫千乘、博昌之间[3]，方数百里，雨血沾衣[4]，王知之乎？"王曰："不知。""嬴、博之间[5]，地坼至泉[6]，王知之乎？"王曰："不知。""人有当阙而哭者[7]，求之则不得[8]，去之则闻其声[9]，王知之乎？"王曰："不知。"淖齿曰："天雨血沾衣者，天以告也；地坼至泉者，地以告也；人有当阙而哭者，人以告也。天地人皆以告矣，而王不知戒焉[10]，何得无诛乎？"于是杀闵王于鼓里[11]。

不知齐相淖齿本人知之乎？若知之，不知又有何作为？

[注释]

[1]莒（jǔ）：莒地在今山东莒县。 [2]淖（zhuō）齿：楚人，时为齐相。数：数落，数罪。 [3]千乘（shèng）：地名，在今山东博兴县西。博昌：地名，在今山东博兴县南。 [4]雨血：天下血雨。 [5]嬴：地名，在今山东莱芜县西北。博：地名，在今山东泰安东南。 [6]地坼（chè）至泉：大地裂开泉水涌出。坼，裂开。 [7]当：面对。阙：宫门两侧的高大楼观。 [8]求：寻求。 [9]去：离去。 [10]戒：警戒。 [11]鼓里：地名，鲍彪谓莒中之地。

太子乃解衣免服[1]，逃太史之家为溉园[2]。君王后[3]，太史氏女，知其贵人，善事之[4]。田单以即墨之城破亡余卒[5]，破燕兵，给骑劫[6]，遂以复齐[7]，遽迎太子于莒[8]，立之以为王。襄王即位，君王后以为后，生齐王建[9]。

[注释]

[1]太子：名法章，后为齐襄王，公元前283年—前265年在位。免：脱下。 [2]太史：官名，后为姓氏之名。溉：灌溉。园：果蔬之园。 [3]君王后：齐襄王王后。《史记·田敬仲完世家》："襄王既立，立太史氏女为王后，是为君王后。" [4]善事之：好好对待太子。 [5]田单：齐将，后封为安平君。《史记》有《田单列传》。即墨：故地在今山东平度县东南。燕攻下齐七十多城，唯有莒、即墨未被攻下。 [6]给（dài）：诈骗。骑劫：燕将。 [7]复齐：收复齐地。 [8]遽（jù）：赶快，迅速。 [9]齐

王建：齐襄王之子，齐国最后一代君主，公元前264年—前221年在位。

[点评]

本章不记策谋辞令，而以叙事为主，透露了作者对君主钳制民众言论的憎恶，对统治者滥杀无辜、贪婪愚蠢的批评。历来的统治者，其治下若"百姓不附""宗族离心""大臣不亲"，没有不身死国破的，夏桀、商纣均是如此。齐闵王的残暴统治也激起了天怒人怨，然而他仍不警醒，宜其为臣下所诛。后之君主，亦当以此为鉴。章末对太史氏女善待太子的记载，某种意义也可以看作是一种策谋，只不过没有说出来，而是体现在了行动上。

齐闵王之遇杀

齐闵王之遇杀，其子法章变姓名[1]，为莒太史家庸夫[2]。太史敫女[3]，奇法章之状貌[4]，以为非常人[5]，怜而常窃衣食之[6]，与私焉[7]。莒中及齐亡臣相聚[8]，求闵王子，欲立之，法章乃自言于莒[9]，共立法章为襄王。襄王立，以太史氏女为王后，生子建[10]。太史敫曰："女无谋而嫁者[11]，非吾种也[12]，污吾世矣[13]。"终身不睹[14]。君王后贤[15]，不以不睹之故，失人子之礼也[16]。

[注释]

[1]法章：齐闵王太子之名。变：变换。 [2]莒：莒地在今山东莒县。庸夫：雇工。"庸"同"佣"，受雇佣。 [3]太史敫（jiǎo）：姓太史，名敫。 [4]奇：认为奇特。状貌：相貌。 [5]非常人：不是一般人。 [6]窃：私下。衣食之：给他衣服穿和饭食吃。 [7]私：私通。 [8]莒中：莒中人民。齐亡臣：从齐都逃出来的臣下。 [9]自言：自言为闵王之子。 [10]建：即后来继位的齐王建。 [11]女：即"汝"，你。谋：同"媒"。 [12]种：族，类。 [13]污：玷污。世：身世。 [14]不睹：不见其女。睹，见。 [15]君王后：齐襄王王后。参见本书140页注[3]。 [16]人子：人之子女。

襄王卒，子建立为齐王。君王后事秦谨[1]，与诸侯信[2]，以故建立四十有余年不受兵[3]。

秦始皇尝使使者遗君王后玉连环[4]，曰："齐多知[5]，而解此环不[6]？"君王后以示群臣，群臣不知解。君王后引椎椎破之[7]，谢秦使曰[8]："谨以解矣[9]。"

直接用暴力，而非智力，超出常人的思路。意在彰显齐国也有硬的一面？

[注释]

[1]谨：敬慎。 [2]与：交往。信：诚信。 [3]建立：齐王建在位。不受兵：没有遭受他国军事攻击。 [4]遗（wèi）：送。

玉连环：多个连在一起的玉环。　[5]知：即"智"，智者，聪明人。　[6]而：能。不：即"否"。　[7]引椎（chuí）椎破之：拿来捶击工具敲破它。引，拿取。前一"椎"字指捶击工具，后一"椎"字谓捶击。　[8]谢：告。　[9]谨：敬。以：同"已"。

及君王后病且卒[1]，诫建曰[2]："群臣之可用者某[3]。"建曰："请书之[4]。"君王后曰："善。"取笔牍受言[5]，君王后曰："老妇已亡矣[6]！"

君王后死，后后胜相齐[7]，多受秦间金玉[8]，使宾客入秦，皆为变辞[9]，劝王朝秦[10]，不修攻战之备[11]。

> 孺子不可教也！此事只能谨记于心中，岂可明示于人？

[注释]

[1]且：将。卒：死。金正炜《战国策补释》认为"卒"当作"革"，因字形相似而误，革，急。可备一说。　[2]诫：告诫。　[3]群臣之可用者某：谓群臣中可用的有某某人等。　[4]请书之：请让我写下来。书，写。　[5]牍：用于书写的版牍。受言：接受遗言。　[6]亡：即"忘"，忘记。　[7]后胜：齐臣，身世不详。鲍彪注："疑即后之族。"认为可能是君王后的族人。　[8]间：间谍。　[9]变辞：巧变诡诈之辞。　[10]王：齐王。朝：朝见。　[11]修：修整，置备。

[点评]

本章以记事为主，从齐闵王被杀，到太子继位为齐襄王，一直记载到齐国末代君王齐王建的末期，前后时间跨度较大，但始终是以被称为"君王后"的齐襄王夫人为中心。这位太史家的奇女子，不囿于藩篱，敢于打破常规，有胆识，有智慧。她有识人的眼光，善待落难的太子，不经媒妁就勇敢地和太子私定终身，此可谓勇；父亲因她不守礼制便终身不见，她也毫无怨言，一直以儿女之礼侍奉，此可谓孝；和他国处理好关系，使齐国四十多年免遭兵祸，此可谓贤；病重临死之前头脑清楚不糊涂，此可谓智。

楚

荆宣王问群臣

荆宣王问群臣曰[1]:"吾闻北方之畏昭奚恤也[2],果诚何如[3]?"群臣莫对。江一对曰[4]:"虎求百兽而食之[5],得狐。狐曰:'子无敢食我也。天帝使我长百兽[6],今子食我,是逆天帝命也[7]。子以我为不信,吾为子先行,子随我后,观百兽之见我而敢不走乎[8]?'虎以为然,故遂与之行。兽见之皆走。虎不知兽畏己而走也,以为畏狐也。今王之地方五千里,带甲百万[9],而专属之昭奚恤[10],故北方之畏奚恤也,其实畏王之甲兵也,犹百兽之畏虎也。"

"狐假虎威"就出自这里。

[注释]

[1]荆宣王:楚宣王,公元前369年—前340年在位。楚也称为荆,或因楚建国于荆山之地。 [2]北方:指北方诸侯国。昭奚恤:楚国令尹,姓昭,名奚恤。 [3]果诚何如:到底怎么样。果诚,果真,到底。 [4]江一:人名,又作江乙、江乞、江

尹。 [5]求：寻找。 [6]长百兽：作百兽之长。 [7]是：这。逆：违反。 [8]走：逃走。 [9]带甲：士兵。 [10]专：单独。属：托付。

[点评]

《楚策》有多篇记载江一和昭奚恤之间存在矛盾。本章江一用"狐假虎威"的寓言，揭示了为他人所畏惧的臣子、下属，有时只不过是借用了主上的威风而已。历史上有很多这样的人，往往会觉得自己很威风厉害，其实不过是仗势欺人罢了；一旦失势，其实啥也不是。正如鲍彪所说："人臣见畏者，君威也；君不用，而威亡矣。"这个故事告诉我们，有的表象可能是一种假象，不要被这种假象所迷惑，要透过表象看实质。

江乙说于安陵君

江乙说于安陵君曰[1]："君无咫尺之地、骨肉之亲[2]，处尊位，受厚禄，一国之众，见君莫不敛衽而拜[3]，抚委而服[4]，何以也[5]？"曰："王过举而已[6]。不然，无以至此。"江乙曰："以财交者，财尽而交绝；以色交者[7]，华落而爱渝[8]。是以嬖女不敝席[9]，宠臣不避轩[10]。今君擅楚国之势[11]，而无以深自结于王[12]，窃为君危之。"安陵君曰："然则奈何[13]？""愿君必请从死[14]，以身为殉[15]，如是必长得重于楚国。"曰："谨受令[16]。"

三年而弗言[17]。江乙复见曰："臣所为君道[18]，至今未效[19]。君不用臣之计，臣请不敢复见矣[20]。"安陵君曰："不敢忘先生之言，未得间也[21]。"

[注释]

[1]说（shuì）：游说。安陵君：楚王宠臣，名坛，后封于安陵，即鄢陵，在今河南郾城。　[2]咫（zhǐ）尺：此形容地方狭小。周制八寸为咫，十寸为尺。　[3]敛衽（rèn）：整饬衣襟，表示恭敬。敛，收束。衽，衣襟。　[4]抚：抚正。委：同"緌（ruí）"，下垂的冠带。服：同"伏"，拜伏。　[5]何以也：凭什么这样呢？以，凭。　[6]过举：误加提拔。过，误。举，举用，提拔。　[7]色：美色。　[8]华：即"花"。华落谓容颜衰老。渝：改变。　[9]嬖（bì）女不敝席：席子还没破旧，受宠的女子便已不再受宠。指受宠不会长久。嬖，宠爱。敝，破旧。　[10]宠臣不避轩：马车还没更换，受宠的臣子便已不再受宠。避，退，换。姚宏谓"避"即"敝"，谓马车尚未破旧，亦通。轩，车。　[11]擅：专，独占。势：权势。　[12]自结：主动攀附、缔交。　[13]奈何：怎么办。　[14]必：一定。请：向楚王请求。从死：跟随楚王死去。　[15]殉：殉葬。　[16]受令：受教。　[17]弗言：谓安陵君不向楚王言说殉葬一事。　[18]道：言说。　[19]未效：没

有结果。效,结果。 [20]复:再。 [21]得间:得到机会。得,得到。间,时机。

> 描写绘声绘色,有景有情,铺采摛文,气势恢弘,很有现场感。

于是[1],楚王游于云梦[2],结驷千乘[3],旌旗蔽日[4],野火之起也若云蜺[5],兕虎嗥之声若雷霆[6],有狂兕牂车依轮而至[7],王亲引弓而射[8],壹发而殪[9]。王抽旃旄而抑兕首[10],仰天而笑曰:"乐矣,今日之游也!寡人万岁千秋之后[11],谁与乐此矣[12]?"安陵君泣数行而进曰[13]:"臣入则编席[14],出则陪乘[15]。大王万岁千秋之后,愿得以身试黄泉[16],蓐蝼蚁[17],又何如得此乐而乐之[18]。"王大说[19],乃封坛为安陵君。

君子闻之曰:"江乙可谓善谋,安陵君可谓知时矣[20]。"

[注释]

[1]于是:在这时。 [2]云梦:古云梦泽,在湖北江陵以东。 [3]结:连。驷:四匹马拉的车。 [4]蔽:遮蔽。 [5]野火之起也若云蜺(ní):野火烧起来像云彩霓虹。"蜺"同"霓",霓虹。 [6]兕(sì):兕牛。嗥(háo):吼叫。霆:霹雳。 [7]牂(xiáng):触撞。依:靠。 [8]引:拉。 [9]壹发:一射。殪(yì):

杀死。　[10]抽：拔。旃（zhān）旄（máo）：指各种旗帜。抑：按，压。　[11]万岁千秋之后：指死后。　[12]谁与乐此：你会和谁这样一起乐。此楚王问宠臣安陵君。　[13]进：上前。　[14]入：回到宫中。编席：紧挨楚王席旁。编，连接，挨着。　[15]出：外出。陪乘：陪伴楚王乘车。　[16]试：尝试。　[17]蓐（rù）蝼蚁：当草垫来抵御蝼蚁。蓐，草垫子。　[18]又何如得此乐而乐之：又怎能得此游猎之乐而乐之。谓自己必殉楚王。又，何如谓何若，怎么能像，怎么比得上；得此乐谓得与王同葬之乐，亦通。　[19]说：同"悦"，高兴。　[20]知时：懂得时机。

[点评]

本章讲了两个重要问题，一是君宠不可恃，因为它不长久，须臾即逝；二是"知时"，即要懂得何时才是好时机，时机不合适，也许事倍功半，而不抓住好时机，也许稍纵即逝，正如司马迁所说："时者难得而易失也！时乎时，不再来。"安陵君在适当的时候，用适当的言行，大大感动了楚王。对君主的跪舔奉承，也许巩固了安陵君当时的势位，但却遭到了后世之人如鲍彪的鄙夷："此非君子之言也。安陵君，妾妇也。江乙为之谋，又其卑者。安有君子而美此流哉！"

苏秦为赵合从说楚威王

苏秦为赵合从[1]，说楚威王曰："楚，天下之强国也。大王，天下之贤王也[2]。楚地西有黔　　此晓之以理。

中、巫郡[3]，东有夏州、海阳[4]，南有洞庭、苍梧[5]，北有汾陉之塞、郇阳[6]。地方五千里，带甲百万，车千乘，骑万匹，粟支十年，此霸王之资也。夫以楚之强与大王之贤，天下莫能当也[7]。今乃欲西面而事秦，则诸侯莫不南面而朝于章台之下矣[8]。秦之所害于天下莫如楚[9]，楚强则秦弱，楚弱则秦强，此其势不两立。故为王至计[10]，莫如从亲以孤秦[11]。大王不从亲，秦必起两军：一军出武关[12]，一军下黔中。若此，则鄢郢动矣[13]。臣闻治之其未乱[14]，为之其未有也[15]；患至而后忧之，则无及已[16]。故愿大王之早计之。

[注释]

[1]合从：即"合纵"，东方六国联合起来抗秦的策略。　[2]王：或说乃"主"字之误。　[3]黔中：指今湖南西、北和贵州东部一带。巫郡：地名，在今重庆市巫山县。　[4]夏州：在楚国东部。海阳：在楚国东南部。　[5]洞庭：在今湖南。苍梧：在今广西。　[6]汾陉之塞：楚北部与韩相接的边塞。郇（xún）阳：在今陕西。　[7]当：敌。　[8]诸侯莫不南面："南面"或当如《史记·苏秦列传》作"西面"。章台：在秦国咸阳，此代指秦。　[9]害：怕，担忧。　[10]至计：极至之计，最上之策。一说"至"为"王"字误衍，当作"为王计"。　[11]从：即"纵"。纵亲即合纵。孤：孤立。　[12]武关：秦国南边的关隘，在今陕

西商南县东南。　[13]鄢郢：楚国都城。动：震动。　[14]治之其未乱：在未乱之前就要着手治理。　[15]为之其未有：在未有之前就要有所作为。　[16]已：句末语气词，相当于"矣"。

"大王诚能听臣，臣请令山东之国，奉四时之献[1]，以承大王之明制[2]，委社稷宗庙[3]，练士厉兵[4]，在大王之所用之。大王诚能听臣之愚计，则韩、魏、齐、燕、赵、卫之妙音美人[5]，必充后宫矣[6]。赵代良马橐他[7]，必实于外厩[8]。故从合则楚王[9]，横成则秦帝[10]。今释霸王之业[11]，而有事人之名[12]，臣窃为大王不取也。

此诱之以利。

[注释]

[1]奉：奉上。四时：四季。献：贡品。　[2]承：奉行，接受。制：诏令。　[3]委：托付于楚。　[4]练士：训练士卒。厉兵：磨利兵器。"厉"即"砺"，磨砺。　[5]妙音美人：能歌会唱的美人。[6]充：满。　[7]代：代地。橐（luò）他：骆驼。[8]厩（jiù）：饲养牲畜的棚圈。　[9]从合：合纵达成。王：称王。　[10]横成：连横成功。西边的秦和东方诸侯国的联合为连横。帝：称帝。　[11]释：放下，弃置。业：功业。　[12]事人：谓事奉秦王。

"夫秦，虎狼之国也[1]，有吞天下之心。秦，天下之仇雠也[2]，横人皆欲割诸侯之地以事秦[3]，此所谓养仇而奉雠者也。夫为人臣而割其主之地，以外交强虎狼之秦[4]，以侵天下，卒有秦患[5]，不顾其祸。夫外挟强秦之威[6]，以内劫其主[7]，以求割地，大逆不忠，无过此者。故从亲，则诸侯割地以事楚；横合，则楚割地以事秦。此两策者，相去远矣，有亿兆之数[8]。两者，大王何居焉[9]？故弊邑赵王[10]，使臣效愚计[11]，奉明约[12]，在大王命之。"

[注释]

[1]虎狼之国：比喻秦国贪婪凶狠。 [2]仇雠：仇敌。"雠"同"仇"。 [3]横人：连横的人。 [4]交：结交，交往。 [5]卒：同"猝"，突然。 [6]挟：依仗。 [7]劫：胁迫。 [8]"相去远矣"两句：谓两者相差太远，数量有亿兆之大。 [9]居：处，指选择。 [10]弊邑：谦称，犹敝国。苏秦代表赵国出使，故有此称。 [11]效：献上。 [12]奉：奉上。明约：即盟约。"明"同"盟"。

楚王曰："寡人之国，西与秦接境，秦有举巴蜀、并汉中之心[1]。秦，虎狼之国，不可亲也。而韩、魏迫于秦患，不可与深谋，恐反人以入于秦[2]，故谋未发而国已危矣[3]。寡人自料[4]，以楚当秦[5]，未见胜焉。内与群臣谋，不足恃也[6]。

寡人卧不安席，食不甘味，心摇摇如悬旌[7]，而无所终薄[8]。今君欲一天下[9]，安诸侯，存危国[10]，寡人谨奉社稷以从[11]。"

最终游说合纵成功。

[注释]

[1]举：攻下。并：吞并。　[2]恐反人以入于秦：恐怕反而人家韩、魏会入秦告密。一说"人"字为衍文，一说"反人"指背反之人，谓韩、魏。　[3]发：行。　[4]料：估量，料想。　[5]当：敌。　[6]恃：依靠。　[7]心摇摇如悬旌：心神不定，就像悬起的旗帜一样摇晃不定。旌，旗。　[8]无所终薄：最终也无所依附。终，最终。薄，依附。　[9]君：对苏秦的尊称。一：合一，联合。天下：指东方各国。　[10]危国：危亡之国。　[11]从：跟随，听从。

[点评]

　　此章亦为虚拟之辞，所述人、事多与实际不符，据马王堆汉墓出土的《战国纵横家书》可知，苏秦乃燕昭王、齐闵王时人，此时约当楚顷襄王时，非文中楚威王时。司马迁在编写战国史时，由于可资参考的材料不多，所以也把这章的内容采入到了《史记》之中。本章托苏秦之口，分析了当时楚国在地理、军事、政治上的形势，力主楚国与东方各国联合，采取合纵策略来对抗虎视眈眈的秦国。虽然本篇策谋为虚拟，但历史的发展证明其分析是正确的，纵横家不徒有口舌之利，部分人确实也胸怀天下，有大谋略。

张仪为秦破从连横

先言秦国之强、合纵之弊。

张仪为秦破从连横[1]，说楚王曰[2]："秦地半天下[3]，兵敌四国[4]，被山带河[5]，四塞以为固[6]。虎贲之士百余万[7]，车千乘，骑万疋[8]，粟如丘山[9]。法令既明，士卒安难乐死[10]。主严以明[11]，将知以武[12]。虽无出兵甲，席卷常山之险，折天下之脊[13]，天下后服者先亡[14]。且夫为从者[15]，无以异于驱群羊而攻猛虎也。夫虎之与羊，不格明矣[16]。今大王不与猛虎而与群羊[17]，窃以为大王之计过矣[18]。

[注释]

[1]张仪：魏国人，曾为秦相，主张连横。其事可参《史记·张仪列传》。 [2]楚王：楚怀王，公元前328年—前299年在位。 [3]地半天下：土地有天下的一半。 [4]四国：四方之国。指众诸侯国。 [5]被山带河：四境有山还有黄河围绕。被山，以山为衣。带河，以河为带。 [6]四塞以为固：四边都有关塞可以固守。 [7]虎贲(bēn)：勇士。勇如猛虎之奔，故称虎贲。 [8]疋(pǐ)：即"匹"。 [9]粟：谷子，此泛指粮食。 [10]安难乐死：安于危难，乐于赴死。 [11]主严以明：君主威严而贤明。以，而。 [12]将知以武：将帅聪明而勇武。"知"即"智"。 [13]"虽无出兵甲"三句：王念孙说"虽"同"惟"，句谓秦惟不出兵，出兵则席卷而破恒山险阻，切断天下之脊。恒山，在今河北曲阳西

北,即北岳,后因避汉文帝刘恒之讳而更名常山。恒山在太行山脉,占据恒山则犹如切断了天下的脊梁。　[14]后服者先亡:谁后臣服秦国,就先灭亡它。　[15]为从者:从事合纵的。　[16]不格:不敌,斗不过。格,斗。　[17]与:亲附。　[18]过:错。

"凡天下强国,非秦而楚[1],非楚而秦。两国敌侔交争[2],其势不两立。而大王不与秦,秦下甲兵[3],据宜阳[4],韩之上地不通[5];下河东[6],取成皋[7],韩必入臣于秦[8]。韩入臣,魏则从风而动[9]。秦攻楚之西,韩、魏攻其北,社稷岂得无危哉[10]?

"且夫约从者[11],聚群弱而攻至强也。夫以弱攻强,不料敌而轻战[12],国贫而骤举兵[13],此危亡之术也[14]。臣闻之,兵不如者[15],勿与挑战;粟不如者,勿与持久。夫从人者[16],饰辩虚辞[17],高主之节行[18],言其利而不言其害,卒有楚祸[19],无及为已[20],是故愿大王之熟计之也[21]。

进一步阐明秦国的强大,以及合纵给楚国带来的不利。

[注释]

[1]而:则,即。　[2]敌侔(móu):匹敌,指力量对等。交争:交相争斗。　[3]下甲兵:发兵东下。　[4]据:占据。宜阳:

在今河南宜阳。　[5]上地：指上党之地。　[6]下河东：兵下河东。河东在今山西西南部。　[7]取成皋：攻取成皋。成皋在今河南荥阳。　[8]入臣：归顺为臣。　[9]从风而动：指魏国会迅速归顺臣服秦国。从风，风之跟从，比喻迅速。　[10]社稷：指楚之国家。　[11]约从：相约合纵。　[12]料：估量。轻：轻易。　[13]骤：屡次。　[14]术：方法，手段。　[15]不如：比不上。　[16]从人：合纵的人。　[17]饰辩虚辞：花言巧语。饰，装扮，伪装。虚，不实，虚伪。王念孙《读书杂志》认为"虚辞"当作"曼辞"，即华美之辞。　[18]高：赞扬，拔高。节行：节操品行。　[19]卒有楚祸：突然有秦伐楚之祸。"卒"即"猝"，突然。"楚"字姚宏校一本作"秦"，其义更明了。　[20]无及为已：来不及处理了。已，句末语气词，同"矣"。　[21]熟：仔细，周密。计：考虑。

"秦西有巴蜀[1]，方船积粟[2]，起于汶山[3]，循江而下[4]，至郢三千余里[5]。舫船载卒[6]，一舫载五十人与三月之粮，下水而浮，一日行三百余里，里数虽多，不费马汗之劳[7]，不至十日而距扞关[8]；扞关惊[9]，则从竟陵已东尽城守矣[10]，黔中、巫郡非王之有已[11]。秦举甲出之武关，南面而攻，则北地绝[12]。秦兵之攻楚也，危难在三月之内[13]，而楚恃诸侯之救[14]，在半岁之外[15]。此其势不相及也[16]。夫恃弱国之救，而忘强秦之祸，此臣之所以为大王之患也[17]。且大王尝与吴人五战三胜而亡之[18]，陈卒尽矣[19]，有偏守新城[20]，而居民苦矣。臣闻之，攻大者易危[21]，而民弊者怨于上[22]。夫守易危之功[23]，而逆强秦之心[24]，臣窃为大王危之。

[注释]

[1]有：占有。 [2]方船：并行两船。积：堆。 [3]起：出发。汶（mín）山：即岷山。 [4]循：沿着。江：长江。 [5]郢：曾为楚国都城，在今湖北江陵县。 [6]舫船：同上"方船"。 [7]马汗：马出汗，比喻劳苦。 [8]至：到。距：至，抵达。扞（hàn）关：关口名，在今湖北宜昌西。一说此"扞关"为"扜（yū）关"之误。 [9]惊：惊动。 [10]竟陵：楚邑，在今湖北潜江县西北。已：即"以"。尽城守：没有了城守之人。尽，空。 [11]已：同"矣"。 [12]北地：楚国北部边地。绝：断绝。 [13]危难在三月之内：谓三月之内楚的形势就处于危难之中了。 [14]恃：依赖。一说此句和下面"夫恃弱国之救"中"恃"字均当依《史记》作"待"。 [15]在半岁之外：在半年之后。 [16]不相及：来不及，赶不上。 [17]患：担忧。"之患"二字，《史记》此句无"之"字；一说二字误倒，当作"患之"。 [18]亡之：灭亡吴人。公元前473年越灭吴，占有吴地，故此"吴人"实指越人。金正炜《战国策补释》谓"亡之"即"王之"，"王"误为"亡"，可备一说。 [19]陈卒：士卒。"陈"即"阵"。尽：空。 [20]有：通"又"。偏：远。新城：新攻得之城。或谓灭越所得之城。 [21]攻：同"功"，功绩。灭亡他国虽为大功，但自己兵民也会受损减少，故

易危。　[22]弊：疲敝，困乏。于：其。　[23]守：持守。　[24]逆：违背。

说明二虎相争的危害。强强联合则是连横的主旨。

"且夫秦之所以不出甲于函谷关十五年以攻诸侯者[1]，阴谋有吞天下之心也[2]。楚尝与秦构难[3]，战于汉中。楚人不胜，通侯、执珪死者七十余人[4]，遂亡汉中[5]。楚王大怒，兴师袭秦，战于蓝田[6]，又郤[7]。此所谓两虎相搏者也。夫秦、楚相弊[8]，而韩、魏以全制其后[9]，计无过于此者矣[10]，是故愿大王熟计之也。

[注释]

[1]出甲：出兵。　[2]阴谋：暗地里谋划。　[3]构难：交战。　[4]通侯：即彻侯，是秦国二十等爵中的最高一级。汉代为避汉武帝刘彻之讳，改彻侯为通侯。执珪：为楚国最高爵位名。　[5]亡：丢失。　[6]蓝田：在今陕西蓝田西。　[7]郤（què）：同"却"，败退。　[8]弊：毁，损。和下面的"全"的意义相反。　[9]全：完整无损。制：控制，牵制。　[10]过：错，误。

以"连横"之利诱之，并攻讦"合纵"的主事者苏秦，谓合纵必败。

"秦下兵攻卫阳晋[1]，必关扃天下之匈[2]，大王悉起兵以攻宋[3]，不至数月而宋可举[4]。举宋而东指[5]，则泗上十二诸侯[6]，尽王之有已。

"凡天下所信约从亲坚者苏秦[7]，封为武安君而相燕[8]，即阴与燕王谋破齐共分其地。乃佯有罪[9]，出走入齐，齐王因受而相之[10]。居二年而觉[11]，齐王大怒，车裂苏秦于市。夫以一诈伪反覆之苏秦，而欲经营天下[12]，混一诸侯[13]，其不可成也亦明矣。

[注释]
[1]阳晋：在今山东郓城西。　[2]关：关闭。"关"底本原作"开"，依《史记》、鲍彪本及王念孙《读书杂志》改。扃（jiōng）：锁闭。匈：同"胸"，胸膛。　[3]悉：全。　[4]举：攻下。　[5]东指：向东进攻。　[6]泗上：泗水两岸。在今江苏西北部，为楚国北边之地。　[7]从亲：指六国合纵。坚：坚定，坚决。　[8]封为武安君：被赵封为武安君。　[9]佯：佯装，假装。　[10]相之：让苏秦在齐为相。　[11]觉：察觉，发现。　[12]经营：规划治理。　[13]混一：统一。

"今秦之与楚也，接境壤界[1]，固形亲之国也[2]。大王诚能听臣，臣请秦太子入质于楚[3]，楚太子入质于秦，请以秦女为大王箕帚之妾[4]，效万家之都[5]，以为汤沐之邑[6]，长为昆弟之国[7]，终身无相攻击。臣以为计无便于此者[8]。故敝邑秦王[9]，使使臣献书大王之从车下风[10]，须以决事[11]。"

[注释]

[1]接境壤界:境相连,界相接。壤,接壤。 [2]固:原本,本来。形亲之国:在自然形势上相亲近的邻国。 [3]质:为质,当人质。 [4]箕:畚箕。箒:同"帚",扫帚。二者均为清洁扫除工具。 [5]效:献。都:都邑。 [6]汤沐之邑:汤沐邑,诸侯、封君的封邑。 [7]昆弟:兄弟。 [8]无便于此:没有比这更有利的。便,利。 [9]敝邑:敝国,指秦国。 [10]大王之从车下风:楚王左右侍从。此表谦敬,故不直称楚王而以其左右侍从代之。从车,随从之车。下风,指下面卑位之人。 [11]须:等待。决:决断,决定。

最终游说连横成功。

楚王曰:"楚国僻陋,托东海之上[1]。寡人年幼,不习国家之长计[2]。今上客幸教以明制[3],寡人闻之,敬以国从。"乃遣使车百乘,献鸡骇之犀、夜光之璧于秦王[4]。

[注释]

[1]托:依托。上:上游。 [2]习:熟悉,通晓。长计:长远大计。 [3]上客:尊客,指张仪。幸:有幸。明:英明。制:裁制,决策。 [4]鸡骇之犀、夜光之璧:二者均为珍宝。鸡骇之犀,犀角之名,《抱朴子·登涉》记载:"通天犀角有一赤理如线,有自本彻末。以角盛米,置群鸡中,鸡欲啄之,未至数寸,即惊却退,故南人或名通天犀为骇鸡犀。"

[点评]

本章所言人、事与实际历史多不相符,例如其中记载张仪说苏秦被齐国车裂而死,实际上张仪乃先于苏秦而死,可见其为虚拟之辞。此章当和上一章"苏秦为赵合从说楚威王"对比来读,就明显可以发现二者之间的呼应关系,一纵一横,相互对立,分别陈说,各自有理,可谓纵横说辞的典型范本,无疑是用来学习纵横游说之术绝好的指导材料。

楚怀王拘张仪

楚怀王拘张仪,将欲杀之。靳尚为仪谓楚王曰[1]:"拘张仪,秦王必怒[2]。天下见楚之无秦也[3],楚必轻矣[4]。"又谓王之幸夫人郑袖曰[5]:"子亦自知且贱于王乎[6]?"郑袖曰:"何也?"尚曰:"张仪者,秦王之忠信有功臣也。今楚拘之,秦王欲出之[7]。秦王有爱女而美,又简择宫中佳丽好玩习音者[8],以欢从之[9];资之金玉宝器[10],奉以上庸六县为汤沐邑[11],欲因张仪内之楚王[12]。楚王必爱[13],秦女依强秦以为重[14],挟宝地以为资[15],势为王妻以临于楚[16]。王惑于虞乐[17],必厚尊敬亲爱之而忘子,子益贱

国君宠臣,对争宠自然熟稔,把宫中政治玩得十分顺手。

而日疏矣[18]。"郑袖曰："愿委之于公[19]，为之奈何？"曰："子何不急言王[20]，出张子。张子得出，德子无已时[21]，秦女必不来，而秦必重子。子内擅楚之贵[22]，外结秦之交，畜张子以为用[23]，子之子孙必为楚太子矣，此非布衣之利也[24]。"郑袖遽说楚王出张子[25]。

[注释]

[1]靳尚：楚怀王宠臣，他与张仪关系好。　[2]秦王：秦昭王。　[3]天下：指其他东方五国。楚之无秦：楚国失去秦国。秦王怒楚王拘张仪，则不亲楚国。　[4]轻：受轻视。　[5]幸：宠爱。郑袖：楚怀王宠姬，或为郑国挥袖善舞的女子，故有此名。　[6]子：对郑袖的尊称。且：将。贱于王：被楚王轻视。　[7]出之：从楚国救出。　[8]简：选。佳丽：美女。底本原作"佳玩丽"，据吴师道《补正》删"玩"字。好（hào）玩：善做游戏。习音：熟悉音乐。　[9]以欢（huān）从之：让这些人跟随秦王爱女使她高兴。欢，高兴。　[10]资：给与，送给。　[11]奉：给。上庸：在今湖北竹山县。　[12]因：依靠，凭借。内：即"纳"，进献。　[13]爱：宠爱。一说为"受"字之误，接受。　[14]依：依凭。　[15]挟：仗恃。　[16]势：势必。临君：君临。　[17]虞：同"娱"。　[18]疏：疏远。　[19]委：交托给。　[20]急：赶快，马上。言：言说。　[21]德子无已时：对您感恩不尽。德，感恩，感谢。已，止，尽。　[22]擅：专，独占。　[23]畜：即"蓄"，养。张子：张仪。　[24]布衣：一般平民。利：好处，利益。　[25]遽（jù）：迅速。

[点评]

本章所载楚王宠臣靳尚,可算是权谋高手,他深谙纵横术的"借势"大法,一借楚王宠幸的郑袖去说服楚王,二借远方的秦王爱女去说服郑袖。然而,似乎谁也不能确知那位秦王的爱女是否真的存在,完全可能就是靳尚虚拟出来的,毕竟这番密谈只存在靳尚和郑袖二人之间,要忽悠这样一位深居宫中的醋意女子并利用她,确实有很高的成功率。游说的成功基于道理,而道理又基于人性。把握了人性,离成功的游说也就不远了。

楚襄王为太子之时

楚襄王为太子之时[1],质于齐[2]。怀王薨[3],太子辞于齐王而归[4],齐王隘之[5]:"予我东地五百里[6],乃归子[7]。子不予我,不得归。"太子曰:"臣有傅[8],请追而问傅[9]。"傅慎子曰[10]:"献之。地,所以为身也[11];爱地不送死父[12],不义。臣故曰献之便[13]。"太子入,致命齐王曰[14]:"敬献地五百里。"齐王归楚太子。

[注释]

[1]楚襄王:名横,为楚怀王之子,又称楚顷襄王,公元前298年—前263年在位。 [2]质:为人质。 [3]薨(hōng):

诸侯死称薨。　[4]齐王:齐闵王。　[5]隘(è):同"阨",阻止。　[6]予:给。东地:楚国东部之地。这里与齐接壤。　[7]归:回。　[8]傅:教导、辅佐太子的老师的名称。　[9]追:召。　[10]慎子:其人不详。　[11]所以为身:用来安身。　[12]爱:吝惜,舍不得。送:送葬。　[13]便:利。　[14]致命:复命。

太子归,即位为王。齐使车五十乘来取东地于楚。楚王告慎子曰:"齐使来求东地,为之奈何?"慎子曰:"王明日朝群臣[1],皆令献其计。"

上柱国子良入见[2]。王曰:"寡人之得求反王坟墓、复群臣、归社稷也[3],以东地五百里许齐。齐令使来求地,为之奈何?"子良曰:"王不可不与也[4]。王身出玉声[5],许强万乘之齐而不与[6],则不信[7],后不可以约结诸侯[8]。请与而复攻之。与之信,攻之武[9]。臣故曰与之。"

[注释]

[1]朝:朝见。　[2]上柱国:楚国武官名,为最高军事长官。子良:楚国大夫。　[3]得:能。求:向齐王求告。反王坟墓:谓返至楚王丧葬。"反"同"返"。复群臣:让群臣各复其职。归社稷:使社稷之主各归其位。谓为君执政于楚国。或说"求"当作"来",来反指回到楚国;又"王坟墓"当作"主坟墓",指主持丧

葬,亦可资参考。 [4]与:给。 [5]身出玉声:指亲口答应。身,亲自。玉声,玉言,"玉"为敬词,表贵重之义。 [6]强万乘之齐:万乘之强齐。万乘,万辆兵车,形容大国。 [7]不信:不守信诺。 [8]约:约信。结:结盟。 [9]武:显国威。

子良出,昭常入见[1]。王曰:"齐使来求东地五百里,为之奈何?"昭常曰:"不可与也。万乘者,以地大为万乘。今去东地五百里[2],是去战国之半也[3],有万乘之号而无千乘之用也[4],不可。臣故曰勿与。常请守之[5]。"

昭常出,景鲤入见[6]。王曰:"齐使来求东地五百里,为之奈何?"景鲤曰:"不可与也。虽然,楚不能独守[7]。王身出玉声,许万乘之强齐也而不与,负不义于天下。楚亦不能独守,臣请西索救于秦[8]。"

[注释]
[1]昭常:楚国大夫。 [2]去:割去。 [3]战国:作战之国,此指楚国。一说"战"字为衍文;一说"战国"当作"东国",即文中"东地",东国地方千里,五百里为其一半。 [4]号:名号。用:实用。 [5]常:昭常自称其名。守:守卫其地而不给齐国。 [6]景鲤:楚怀王宠臣,楚国大夫。 [7]独守:凭一己之力保守东地。 [8]索:求。

景鲤出，慎子入，王以三大夫计告慎子曰："子良见寡人曰：'不可不与也，与而复攻之。'常见寡人曰：'不可与也，常请守之。'鲤见寡人曰：'不可与也，虽然，楚不能独守也，臣请索救于秦。'寡人谁用于三子之计[1]？"慎子对曰："王皆用之。"王怫然作色[2]，曰："何谓也？"慎子曰："臣请效其说[3]，而王且见其诚然也[4]。王发上柱国子良车五十乘，而北献地五百里于齐。发子良之明日[5]，遣昭常为大司马[6]，令往守东地。遣昭常之明日，遣景鲤车五十乘，西索救于秦。"王曰："善。"乃遣子良北献地于齐。遣子良之明日，立昭常为大司马，使守东地。又遣景鲤西索救于秦。

不知楚何以让秦出兵攻齐？虎狼之秦的胃口难道不如齐国？

[注释]

[1]寡人谁用于三子之计：三子之计，寡人用谁？ [2]怫（fú）然作色：面显愤怒。怫然，生气的样子。色，脸色。 [3]效：献。 [4]诚然：确实如此。 [5]明日：第二天。 [6]大司马：主管军事之官。

子良至齐，齐使人以甲受东地[1]，昭常应齐使曰[2]："我典主东地[3]，且与死生[4]。悉五尺至六十[5]，三十余万弊甲钝兵，愿承下尘[6]。"齐王谓子良曰："大夫来献地，今常守之何如[7]？"子良曰："臣身受命弊邑之王，是常矫也[8]。王攻之。"齐王大兴兵，攻东地，伐昭常。未涉疆[9]，秦以五十万临齐右壤[10]，曰："夫隘楚太子弗出，不仁；又欲夺之东地五百里，不义。其缩甲则可[11]，不然，则愿待战[12]。"齐王恐焉。乃请子良南道楚[13]，西使秦，解齐患[14]。士卒不用[15]，东地复全。

[注释]

[1]以：带领。甲：甲兵，指军队。受东地：去接收东地。 [2]应：回应。 [3]典主：负责守卫。典，掌管。 [4]且与死生：将与东地共存亡。 [5]悉五尺至六十：征集从童子到老人的所有人。悉，全部。五尺，五尺身高，指童子。六十，年龄六十，指老人。 [6]愿承下尘：愿与齐军作战的委婉说法。表明不把东地交给齐国。承，接。尘，扬尘。鲍彪注："凡人相趋则有尘，战亦有尘。" [7]何如：怎么办。 [8]矫：矫命，假托楚王之命与齐战。 [9]未涉疆：未进入东地境内。涉，入。 [10]临：到达。齐右壤：齐国西部地区。背北面南，右为西。 [11]缩甲：收兵，退兵。缩，收，退。 [12]待战：等待作战。 [13]道楚：回到楚国。道，取道。 [14]齐患：秦攻齐之患。 [15]士卒不用：楚国不用一兵一卒。

[点评]

鲍彪说本章中为楚襄王献策的慎子、子良、昭常、景鲤四人,都算得上是国士,如果没有这些人的帮助,楚王岂能回到楚国,还保全自己的国土。而慎子则是四人之中的佼佼者,竟将多种策谋全部施行,环环相扣,可谓智勇双全。有人推测此慎子可能是战国时期著名的慎到,但也并没有切实的证据。慎子实施的策谋,漏洞还是有的,那就是秦国为何会应楚请求去劳师攻齐?本章大概也是策士所拟游说之辞,如果明白了这一点,那就对此疑问不必苛求了。

苏子谓楚王

苏子谓楚王曰[1]:"仁人之于民也,爱之以心,事之以善言[2]。孝子之于亲也[3],爱之以心,事之以财。忠臣之于君也,必进贤人以辅之。今王之大臣父兄,好伤贤以为资[4],厚赋敛诸臣百姓[5],使王见疾于民[6],非忠臣也。大臣播王之过于百姓[7],多赂诸侯以王之地[8],是故退王之所爱[9],亦非忠臣也。是以国危。臣愿无听群臣之相恶也[10],慎大臣父兄[11],用民之所善[12],节身之嗜欲以百姓[13]。人臣莫难于无妒而进贤。

用贤与进贤,古往今来都很难。

为主死易，垂沙之事[14]，死者以千数。为主辱易[15]，自令尹以下[16]，事王者以千数。至于无妒而进贤，未见一人也。故明主之察其臣也，必知其无妒而进贤也。贤之事其主也[17]，亦必无妒而进贤。夫进贤之难者，贤者用[18]，且使己废；贵[19]，且使己贱，故人难之[20]。"

[注释]
[1]苏子：苏秦。但此章之言，与纵横策士之说不大一样，有人认为"苏子"二字为衍文，当删。楚王：或为楚怀王。　[2]事之以善言：用善言去对待他们。　[3]亲：父母。　[4]好伤贤以为资：喜欢中伤贤人并借此抬高自己。资，资借，凭借。　[5]厚：重。　[6]见疾于民：被人民怨恨。见，被。疾，恨。　[7]播：传播，宣扬。过：过错。　[8]多赂诸侯以王之地：以王之地多赂诸侯。赂，贿赂。　[9]退：消减。王之所爱：指王之名声、土地。　[10]愿：希望。相恶：彼此中伤。恶，诋毁。　[11]慎：指慎重使用。　[12]用民之所善：行用人民所称善的人。　[13]节：节制。身：自身。嗜：爱好。欲：欲望。以：与，给。　[14]垂沙之事：指公元前301年齐、魏、韩三国联军在垂沙大败楚军一事。垂沙，在今河南唐河县西南。　[15]为主辱易：指辱居于君主之下也很容易。　[16]令尹：楚国最高执政官，一人之下，万人之上。　[17]贤：鲍彪本作"贤臣"。　[18]用：被任用。　[19]贵：被尊贵。　[20]难之：以之为难。

[点评]

本章内容甚为特别,主要讲什么样的人才算是忠臣,那就是不顾自己的利益得失而向君主进用贤臣的人。对于已高居其位的臣下来说,进贤尤其不易,因为贤者被重用,往往会使自己就没有那么重要了。正因为如此,作为君主,要考察臣下是否尽忠,就看他是否因忌妒而不推荐比自己贤能的人。文中还提出,君主要慎用父兄大臣,而要"用民之所善",用人不仅看他是否进贤尽忠,还要看他在人民那里是否有好的名声,难怪鲍彪盛赞本章主旨乃"人主所当先务,人臣之上节也"。

张仪之楚

此以"舍人怒而归"为本章引子。

张仪之楚,贫[1],舍人怒而归[2]。张仪曰:"子必以衣冠之敝[3],故欲归。子待我为子见楚王[4]。"当是之时[5],南后、郑袖贵于楚[6]。张子见楚王[7],楚王不说[8]。张子曰:"王无所用臣,臣请北见晋君[9]。"楚王曰:"诺。"张子曰:"王无求于晋国乎?"王曰:"黄金、珠玑、犀象出于楚[10],寡人无求于晋国。"张子曰:"王徒不好色耳[11]?"王曰:"何也?"张子曰:"彼郑、周之女[12],粉白墨黑[13],立于衢间[14],非知而见之者以为神[15]。"楚王曰:"楚,僻陋之国也,未尝见中国之女如此其美也[16]。寡人之独何为不好色也?"乃资之以珠玉[17]。

[注释]

[1]贫:未得楚王重用,故贫。 [2]舍人:个人私属的低级办事人员之称。此谓张仪之舍人。归:离开回去。鲍彪本"归"前有"欲"字,义顺。 [3]以:因。敝:破旧。 [4]楚王:楚怀王。 [5]是:此。 [6]南后:楚怀王王后。郑袖:楚怀王宠姬。贵:受尊贵,受宠。 [7]张子:张仪。 [8]说(yuè):即"悦",高兴,喜欢。 [9]晋君:晋地之君。韩、赵、魏称三晋,亦可称晋。 [10]珠玑:指各类美珠。圆者为珠,不圆者为玑。犀象:犀角、象牙。 [11]徒:竟,乃。色:美色。 [12]郑:郑被韩所灭,地属于韩,故韩可称为郑。周:地近于韩。 [13]粉白墨黑:面白眉黑。粉用于搽脸,墨用于画眉。一本"墨黑"作"黛黑"。 [14]衢间:街巷。 [15]非知而见之者以为神:不知道的一见还以为是神女。 [16]中国:中原诸侯国。 [17]资:给与。

南后、郑袖闻之大恐,令人谓张子曰:"妾闻将军之晋国[1],偶有金千斤[2],进之左右[3],以供刍秣[4]。"郑袖亦以金五百斤[5]。

张子辞楚王曰[6]:"天下关闭不通[7],未知见日也[8],愿王赐之觞[9]。"王曰:"诺。"乃觞之[10]。张子中饮[11],再拜而请曰:"非有他人于此也[12]，愿王召所便习而觞之[13]。"王曰："诺。"乃召南后、郑袖而觞之。张子再拜而请曰："仪有死罪于大王。"王曰："何也？"曰："仪行天下遍矣，未尝见人如此其美也。而仪言得美人，是欺王也。"王曰："子释之[14]。吾固以为天下莫若是两人也[15]。"

[注释]

[1]之：往，去。 [2]偶：身，义同"我"。 [3]进之左右：献给您的左右之人。 [4]刍秣（mò）：喂养牛马的草谷饲料。此乃委婉谦词。 [5]以：与，给。 [6]辞：辞别。 [7]关闭：关口不开。鲍彪本作"闭关"。 [8]未知见日也：不知哪天再能见到。 [9]觞（shāng）：酒杯，此指酒。 [10]觞之：赐他酒喝。 [11]中饮：饮酒中间。一说谓半醉半醒之中。 [12]于此：在此。 [13]便（pián）习：谓亲昵之人。便，便嬖。习，近习熟人。 [14]释之：放下心来。释，放下。 [15]是：此。

[点评]

本章所记，后人多据此斥责张仪之为人卑劣低下，为了利益而欺蒙拐骗无所不用。张仪为人，固不如苏秦，但本章大概还是虚拟之策，并非实录，不过借张仪、楚王、郑袖一干人等，编撰故事，置于合理的历史情境之中，使人贵其策谋，信其果效，彰显纵横游说之重要。编撰者洞悉人性，文笔生动，想象合理，但显然，人物道德、品行并不是他关注的重点,这一点多被后世批评。

魏王遗楚王美人

魏王遗楚王美人[1],楚王说之[2]。夫人郑袖知王之说新人也,甚爱新人[3],衣服玩好,择其所喜而为之[4];宫室卧具,择其所善而为之,爱之甚于王。王曰:"妇人所以事夫者[5],色也[6];而妒者,其情也[7]。今郑袖知寡人之说新人也,其爱之甚于寡人,此孝子之所以事亲、忠臣之所以事君也。"

[注释]
[1]楚王:从"夫人郑袖"知为楚怀王。遗(wèi):赠送。 [2]说(yuè):即"悦",喜欢。 [3]甚爱新人:郑袖很喜爱这位新来的美人。 [4]为:置办,准备。 [5]事:侍奉。 [6]色:美色。 [7]情:真实情况,常情。

郑袖知王以己为不妒也,因谓新人曰:"王爱子美矣。虽然[1],恶子之鼻[2]。子为见王[3],则必掩子鼻[4]。"新人见王,因掩其鼻。王谓郑袖曰:"夫新人见寡人,则掩其鼻,何也?"郑袖曰："妾知也。"王曰："虽恶必言之[5]。"郑袖曰："其似恶闻君王之臭也[6]。"王曰："悍哉[7]！"令劓之[8]，无使逆命[9]。

[注释]

[1]虽然：即便这样。 [2]恶（wù）：厌恶，不喜欢。 [3]为：如果，若。 [4]掩：遮掩。 [5]虽：即便。恶（è）：不好。 [6]恶（wù）：厌恶。臭：气味。 [7]悍：凶。谓胆大妄为。 [8]劓（yì）：割鼻。 [9]逆命：违令。

[点评]

臣下向君主"无妒而进贤"甚难，君主甚至可以把这个作为忠臣的考察标准；后宫宠妃要向君主进献美色而无妒则更难，大概君主也可以把这个作为"后妃之德"的评判准则了，难怪楚怀王对宠姬郑袖善待新进美人赞为"此孝子之所以事亲、忠臣之所以事君也"。但是楚怀王受骗了，郑袖此前的行为只是伪装，用来骗取楚怀王对她不妒的信任，以便不露痕迹地对新进美人下狠手。"妒者，其情也"，正是绝大多数常人之态，是人性中难以去除的常见之恶，多少恶谋坏事都起因于此！

有献不死之药于荆王者

有献不死之药于荆王者[1]，谒者操以入[2]。

中射之士问曰[3]："可食乎？"曰："可。"因夺而食之。王怒，使人杀中射之士。中射之士使人说王曰："臣问谒者，谒者曰可食，臣故食之。是臣无罪，而罪在谒者也。且客献不死之药，臣食之而王杀臣，是死药也。王杀无罪之臣，而明人之欺王[4]。"王乃不杀。

[**注释**]

[1]荆王：楚王。 [2]谒者：负责通报宾客来访事宜的人。操：持，拿。 [3]中射之士：宫中的侍卫。鲍彪注："射人之在中者。"中，宫廷。 [4]明人之欺王：还向人表明了大王被人所欺骗。

[**点评**]

战国时，在一些国家已渐生求仙不死之风，齐国、燕国的君主派人入海寻找神山，楚王也不甘落后欲求不死之药，此风一直漫延至秦汉。《战国策》的许多篇章（包括本章）为虚拟之辞，其细节并非实有，但所依据的背景和一些基本史实，大概也是存在的，否则其说辞会大打折扣。本章鲍彪和吴师道的评论都很有趣，鲍彪说："此谩上，乃不可不杀。荆王赦之，以不能答之也。于答是也何有？谒者曰'可食'，非谓'汝可食'也。药之能不死者，平人耳，非能使刑者不死。且人以献王，何与汝？而问之，是安得无罪也。"吴师道却说："人献药于王，夺而食之，固不得为无罪，而罪不至于死者。世岂有不死之药哉？明臣之欺王，此士之欲以悟王也，其志则忠矣。鲍谓不可不杀，悖哉！"角度不同，看法大不一样。

客说春申君

客说春申君曰[1]："汤以亳[2]，武王以鄗[3]，皆不过百里，以有天下。今孙子[4]，天下贤人也，君籍之以百里势[5]，臣窃以为不便于君[6]。何如[7]？"春申君曰："善。"于是使人谢孙子[8]。孙子去之赵[9]，赵以为上卿。

客又说春申君曰："昔伊尹去夏入殷[10]，殷王而夏亡[11]。管仲去鲁入齐[12]，鲁弱而齐强。夫贤者之所在，其君未尝不尊，国未尝不荣也。今孙子，天下贤人也。君何辞之[13]？"春申君又曰："善。"于是使人请孙子于赵。

对决策者最大的挑战，就是决策本身。

[注释]

[1]春申君：楚人，姓黄，名歇，楚顷襄王时为太子之傅，太子继位为楚考烈王，以之为相，封春申君。 [2]汤：商汤。以：依凭，凭借。亳（bó）：商汤所都之地。汤灭夏之前所居之亳，其地所在，古今争论纷纭，或即河南郑州市偏东的郑州商城遗址所

在之地。　[3]武王：周武王。鄗（hào）：周武王所都之地，亦作"镐"，在今陕西西安西南。　[4]孙子：即荀况，赵国人，又称荀卿、荀子，因避汉宣帝刘询讳，汉代改称孙卿、孙子。荀子曾任楚国兰陵令。　[5]籍：同"藉"，借，助。百里势：百里之势。鲍彪本"百里"下有"之"字。　[6]不便于君：不利于君。谓荀子将借百里之势坐大而不利于春申君。　[7]何如：奈何，怎么办。　[8]谢：辞去。　[9]去：离开。之：到。　[10]伊尹：名挚（zhì），先被汤推荐给夏桀而不被所用，后从夏回到商辅佐商汤灭夏，为商初重要大臣。去：离开。　[11]王：称王天下。　[12]管仲：名夷吾，春秋时人，最初在鲁国侍奉逃到这里的齐国公子纠，后到齐国辅佐齐桓公称霸。　[13]辞：辞退。

孙子为书谢曰[1]："疠人怜王[2]，此不恭之语也。虽然，不可不审察也。此为劫弑死亡之主言也[3]。夫人主年少而矜材[4]，无法术以知奸，则大臣主断图私[5]，以禁诛于己也[6]，故弑贤长而立幼弱，废正適而立不义[7]。《春秋》戒之曰[8]：'楚王子围聘于郑[9]，未出竟[10]，闻王病，反问疾[11]，遂以冠缨绞王杀之[12]，因自立也。齐崔杼之妻美[13]，庄公通之[14]。崔杼帅其君党而攻[15]，庄公请与分国，崔杼不许；欲自刃于庙[16]，崔杼不许。庄公走出[17]，踰于外墙[18]，射中其股[19]，遂杀之，而立其弟景公[20]。'近代所见：李兑用赵[21]，饿主父于沙丘[22]，百日而杀之；淖齿用齐[23]，擢闵王之筋[24]，县于其庙梁[25]，宿夕而死[26]。夫厉虽痈肿胞疾[27]，上比前世，未至绞缨射股；下比近代，未至擢筋而饿死也。夫劫弑死亡之主也，心之忧劳，形之困苦，必甚于厉矣。由此观之，厉虽怜王可也。"因为赋曰："宝珍隋珠[28]，不知佩兮[29]。襂布与丝[30]，不知异兮[31]。间姝子奢[32]，莫知媒兮[33]。嫫母求之[34]，又甚喜之兮。以瞽为明[35]，以聋为聪，以是为非，以吉为凶。呜呼上天，曷惟其同[36]！"《诗》曰[37]："上天甚神[38]，无自瘵也[39]。"

> 此赋也隐含了自己怀才不遇的感叹。其内容亦见于《荀子·赋篇》之末"其小歌曰"之下，文字略有出入。

[注释]

[1]书：信。 [2]疠（lì）人怜王：有疠疾的病人可怜那些惨杀的君王。此当时谚语，谓被劫杀而惨死的君王，还比不上生疠疾的活人；人虽有疠疾，然犹胜于惨死的君王，故怜王。疠，通"癞"。 [3]为：替。劫：挟持。弑（shì）：下杀上。 [4]矜材：自傲有才。矜，自夸，自傲。"材"同"才"。 [5]主断：专断。图私：图谋私利。"图"底本原误作"国"，据《韩诗外传》"大臣以专断图私"改。 [6]禁诛：禁令、诛罚，指法令。于己：归给自己。 [7]正適：正妻所生嫡子。"適"即"嫡"，与"庶"相对。不义：不当继承君位者。 [8]《春秋》：此指《左传》，所引

见《左传》鲁昭公元年。　[9]王子围：春秋时楚共王之子，楚康王之弟，《左传》中称公子围。聘：聘问，到他国访问。　[10]竟：即"境"，国境。　[11]反：即"返"，返回。　[12]冠缨：系冠的带子。绞：绞缠，绞勒。　[13]崔杼（zhù）：春秋时齐国大夫。　[14]庄公：齐庄公，名光，公元前553年—前548年在位。通：私通。　[15]君党：群党。　[16]自刃：自杀。　[17]走：逃跑。　[18]踰（yú）：同"逾"，越过，翻过。　[19]股：大腿。　[20]景公：齐景公，名杵臼，公元前547年—前490年在位。　[21]李兑：赵国权臣。用赵：在赵国受重用而掌权。　[22]主父：赵武灵王，公元前325年—前299年在位，后在沙丘被李兑军队包围。沙丘：在今河北巨鹿县东南。　[23]淖（zhuō）齿：楚人，在齐受到齐闵王的重用而为相，后杀死齐闵王。　[24]擢（zhuó）：抽。闵王：齐闵王，名地，齐宣王之子，公元前301年—前284年在位。　[25]县：即"悬"，悬挂。　[26]宿夕：一昼夜。　[27]厉：同"疠"。痈肿：肿疮。胞（pào）疾：脓疱。　[28]隋珠：隋侯之珠，或即琉璃珠。此代指宝珠。　[29]不知佩兮：谓有宝珠却不懂其珍贵，故不知佩戴。　[30]襍（zá）：即"杂"，混杂。"襍"底本原误作"袆"，据姚宏校及王念孙《读书杂志》改。　[31]异：区别。　[32]闾姝：美女。或以为魏惠王之美女。子奢：美男子。或即春秋时郑国子都。　[33]莫知媒兮：无人知其美而为之做媒。一说"知"同"之"，亦通。　[34]嫫（mó）母求之：反而去寻求丑女嫫母。嫫母，古之丑女，相传为黄帝妃子。　[35]瞽（gǔ）：盲人。　[36]曷惟其同：为什么都这样相同。曷，何。　[37]《诗》曰：《诗经·小雅·菀柳》曰："上帝甚蹈，无自瘵焉。"　[38]上天甚神：谓上天神明，甚为可畏。神，神明。　[39]无自瘵（zhài）也：不要自己祸害自己。瘵，害。

[点评]

有献策者，便有决策者。其实决策有时比献策还难：完全不顾臣下之策而仅凭一己之意来决定，这叫独裁；全部听从众人意见而被控制摆布，又成傀儡。这两个极端上的君主，在历史上都不鲜见。人主处于高位然而也处于危位，正如《周易》中所比喻的"亢龙有悔"，若恃才傲物，又无知奸任贤之术，则最终会将自己陷于危险之中，到时后悔不及，悲惨结局，比生有疥疾恶疮的普通人都还不如呢。为人主者，不可不慎哉！本章鲍彪评论说："春申君之愚昏甚矣！人惟不知贤，故不能用。岂有知之，以一人言去之，又以一人言召之，其持操安在也？……（荀）卿，礼义人也，使卿而在楚，春申必无李园之祸。"

天下合从

天下合从[1]。赵使魏加见楚春申君曰[2]："君有将乎？"曰："有矣，仆欲将临武君[3]。"魏加曰："臣少之时好射[4]，臣愿以射譬之[5]，可乎？"春申君曰："可。"加曰："异日者[6]，更羸与魏王处京台之下[7]，仰见飞鸟。更羸谓魏王曰：'臣为王引弓虚发而下鸟[8]。'魏王曰：'然则射可至此乎？'更羸曰：'可。'有间[9]，雁从东方

"惊弓之鸟"的典故出于此。

来，更羸以虚发而下之[10]。魏王曰：'然则射可至此乎？'更羸曰：'此孽也[11]。'王曰：'先生何以知之？'对曰：'其飞徐而鸣悲[12]。飞徐者，故疮痛也[13]；鸣悲者，久失群也。故疮未息而惊心未去也[14]。闻弦音，引而高飞[15]，故疮陨也[16]。'今临武君，尝为秦孽[17]，不可为拒秦之将也[18]。"

[注释]

[1]合从：即"合纵"。 [2]魏加：人名，鲍彪注："赵人。"春申君：其事参见本书176页"客说春申君"章注释[1]。 [3]仆：自谦之称。将：任命为将。临武君：人名，姓名不详。 [4]少：年少。 [5]譬：譬喻，打比方。 [6]异日：往日。 [7]更羸：人名，古之善射者。底本原作"更羸"，据于邵《战国策注》说及他书所引改。京台：高台。鲍注："京，高也。" [8]引：拉。虚发：不带箭拉空弓而射。下鸟：射下飞鸟。 [9]有间：一会儿。 [10]下：射落。 [11]孽（niè）：伤。谓受伤害之鸟。 [12]徐：缓慢。 [13]故疮：旧伤。 [14]息：消。谓痊愈。去：离去。底本原作"至"，据鲍彪本及文义改。 [15]引：谓用力张翅。 [16]故疮陨也：鲍彪注："以疮痛而坠。" [17]尝：曾经。为：被。孽：伤害。此曾谓被秦打败。 [18]拒：抵抗。

[点评]

虚张声势也是一种势，常常会吓到不明真相的人，更何况不明就里在天空中失群孤飞的一只受伤的鸟。"惊弓之鸟"的譬喻，也揭示了在遭受伤害和失败之后的心态、精神，其影响是何其巨大。

楚考烈王无子

楚考烈王无子[1]，春申君患之[2]，求妇人宜子者进之[3]，甚众[4]，卒无子[5]。

赵人李园，持其女弟[6]，欲进之楚王，闻其不宜子[7]，恐又无宠。李园求事春申君为舍人。已而谒归[8]，故失期[9]。还谒[10]，春申君问状[11]，对曰："齐王遣使求臣女弟[12]，与其使者饮，故失期。"春申君曰："聘入乎[13]？"对曰："未也。"春申君曰："可得见乎？"曰："可。"于是园乃进其女弟，即幸于春申君[14]。知其有身[15]，园乃与其女弟谋。

[注释]

[1]楚考烈王：楚顷襄王之子熊完，公元前262年—前238年在位。 [2]春申君：楚考烈王之相。患：担忧。 [3]求：寻求。妇人宜子者：适合生孩子的妇女。进：献。 [4]众：多。 [5]卒：终。 [6]持：携。女弟：妹妹。 [7]其：楚考烈王。不宜子：谓

楚王无生育能力。 [8] 已而：不久。谒归：谒请回家。 [9] 故：故意。失期：误期。指迟归。 [10] 还：从赵国回来。谒：谒见春申君。 [11] 问状：询问失期情况。状，情形，情况。 [12] 臣：自我谦称。 [13] 聘：聘礼。入：同"纳"，接纳。 [14] 幸：宠幸。 [15] 有身：怀孕。

园女弟承间说春申君曰[1]："楚王之贵幸君[2]，虽兄弟不如[3]。今君相楚王二十余年，而王无子，即百岁后将更立兄弟[4]。即楚王更立[5]，彼亦各贵其故所亲[6]，君又安得长有宠乎？非徒然也[7]，君用事久[8]，多失礼于王兄弟[9]，兄弟诚立[10]，祸且及身，奈何以保相印、江东之封乎[11]？今妾自知有身矣，而人莫知。妾之幸君未久，诚以君之重而进妾于楚王[12]，王必幸妾。妾赖天而有男[13]，则是君之子为王也，楚国封尽可得[14]，孰与其临不测之罪乎[15]？"春申君大然之[16]。乃出园女弟谨舍[17]，而言之楚王。楚王召入，幸之。遂生子男，立为太子[18]，以李园女弟立为王后。楚王贵李园[19]，李园用事[20]。

李园既入其女弟为王后，子为太子，恐春申

君语泄而益骄[21]，阴养死士[22]，欲杀春申君以灭口，而国人颇有知之者。

[注释]

[1]承间：找机会。 [2]贵：尊重。幸：宠爱。 [3]虽兄弟不如：即便是兄弟也比不上。 [4]即：则。百岁后：指死后。 [5]即：若。 [6]故：旧。鲍彪本无此"故"字。 [7]非徒然也：不只如此。徒，仅，只。 [8]用事：指执政当权。 [9]多失礼于王兄弟：对楚王的兄弟多有不恭。 [10]诚：果真。立：即位。 [11]奈何：如何。江东之封：春申君江东封地，有十二县。 [12]以君之重：借助您的威重。重，威重，威望。 [13]赖：依赖，依靠。男：男孩。 [14]封：四封，四境，谓全国。尽：全。 [15]孰与其临不测之罪乎：与遭到不测之罪相比哪个更好呢？ [16]大然之：大以为然。 [17]出：从春申君住处送出。谨舍：派人严守李园女弟所住的馆舍。谨，严加看守。[18]太子：即后来的楚幽王。 [19]贵：看重，尊贵。 [20]用事：指执政当权。 [21]语泄：言语泄漏。 [22]阴：暗地里。死士：敢死之士。

春申君有这样有勇有谋的门客而不知用，看来鲍彪斥其为"愚昏"确有道理。

春申君相楚二十五年，考烈王病。朱英谓春申君曰[1]："世有无妄之福[2]，又有无妄之祸。今君处无妄之世，以事无妄之主，安不有无妄之人乎？"春申君曰："何谓无妄之福？"曰："君相楚二十余年矣，虽名为相国，实楚王也，五子皆相诸侯[3]。今王疾甚，旦暮且崩[4]。太子衰弱，疾而不起[5]，而君相少主，因而代立当国[6]，如伊尹、周公[7]。王长而反政[8]，不即遂南面称孤[9]，因而有楚国。此所谓无妄之福也。"春申君曰："何谓无妄之祸？"曰："李园不治国，王之舅也[10]，不为兵将[11]，而阴养死士之日久矣。楚王崩，李园必先入，据本议制断君命[12]，秉权而杀君以灭口[13]。此所谓无妄之祸也。"春申君曰："何谓无妄之人？"曰："君先仕臣为郎中[14]，君王崩，李园先入，臣请为君剚其胸杀之[15]。此所谓无妄之人也。"春申君曰："先生置之[16]，勿复言已[17]。李园，软弱人也，仆又善之[18]，又何至此？"朱英恐，乃亡去。

[注释]

[1]朱英：春申君门客。　[2]无妄：谓不可预计，出乎意料。　[3]五子皆相诸侯：详情不知。《史记·春申君列传》无此句。　[4]旦暮且崩：旦暮之间就将死去。旦，早晨。暮，晚上。且，将。崩，君王死称崩。　[5]疾而不起：谓楚考烈王病倒不起。　[6]代立当国：摄位执政。　[7]伊尹：名挚。伊尹辅佐汤获得天下，汤崩以后，伊尹曾摄政。周公：名旦，周文王之子，周武王兄弟。周武王崩后，周成王年幼，周公曾摄政。　[8]王：

指少主。长：长大。反政：归还政权。"反"即"返"。　[9]不：否。即：则。孤：王、侯自谦而称孤。　[10]王：指少主。少主之母为李园之妹。　[11]为：担任。　[12]据：依据。本议：原本制定的计策。谓杀春申君以灭口的阴谋。制断君命：假托君主之令以专制独断。　[13]秉：执掌。　[14]先：预先。仕：任用。郎中：王宫中的武装侍卫。　[15]剚（chōng）：击刺。　[16]置：放弃。　[17]已：句末语气词，同"矣"。　[18]仆：自我谦称。善：善待。

后十七日，楚考烈王崩，李园果先入，置死士，止于棘门之内[1]。春申君后入，止棘门。园死士夹刺春申君，斩其头，投之棘门外。于是使吏尽灭春申君之家。而李园女弟，初幸春申君有身，而入之王所生子者，遂立为楚幽王也[2]。

是岁，秦始皇立九年矣。嫪毐亦为乱于秦[3]，觉[4]，夷三族[5]，而吕不韦废[6]。

[注释]

[1]止：停留。一说"止"为"之"之误，至，亦通。棘（jí）门：宫门。　[2]楚幽王：名悍，公元前237年—前228年在位。　[3]嫪（lào）毐（ǎi）：本为秦相吕不韦舍人，后与秦始皇母私通，专权作乱。　[4]觉：被发觉。　[5]夷：诛灭。三族：说法不一，一说父族、母族、妻族。　[6]吕不韦：本为商人，助秦庄襄王回到秦国即位。或说他也曾将自己有身孕的宠姬献给秦庄

襄王,后来宠姬所生之子即秦始皇。吕不韦在秦始皇即位后被称为仲父,在秦掌权多年,后被秦始皇免相,在贬迁到蜀的路上自杀。

[点评]

与本章相似的内容,也见于《史记·春申君列传》;此外《越绝书》也有相关记载,但与此有一些不同,例如书中记载楚考烈王有子多人,春申君为楚幽王所杀,读者可以参照阅读。本章读后,会让人再次感叹春申君在决策上的愚昧:采纳了不该采纳的计策,赶走了贤人荀子;没有采纳应该采纳的策谋,使自己丢失了性命。正所谓一策可以兴邦,一策也可以灭国。这正是《战国策》这些篇章想要表达的中心思想,当然今天读来,也让人警醒。

赵

知伯帅赵韩魏而伐范中行氏

知伯帅赵、韩、魏而伐范、中行氏[1],灭之。休数年,使人请地于韩[2]。韩康子欲勿与[3],段规谏曰[4]:"不可。夫知伯之为人也,好利而鸷复[5],来请地不与,必加兵于韩矣[6],君其与之[7]。与之,彼狃[8],又将请地于他国,他国不听,必乡之以兵[9];然则韩可以免于患难,而待事之变。"康子曰:"善。"使使者致万家之邑一于知伯[10]。知伯说[11],又使人请地于魏,魏宣子欲勿与[12]。赵葭谏曰[13]:"彼请地于韩,韩与之。请地于魏,魏弗与,则是魏内自强[14],而外怒知伯也。然则其错兵于魏必矣[15]!不如与之。"宣子曰:"诺。"因使人致万家之邑一于知伯。知伯说,又使人之赵[16],请蔺、皋狼之地[17],赵襄子弗与[18]。知伯因阴结韩、魏[19],将以伐赵。

《韩非子·十过》其五曰:"贪愎喜利,则灭国杀身之本也。"智伯之行为,可谓最佳注脚。

[注释]

[1]知伯：即"智伯"，名瑶，又称智氏，因封邑于智，故以邑为氏。晋国执政之六卿为智、范、中行、韩、赵、魏六氏，他们又称六晋，其中智氏最强。帅：率。范：范氏，晋六卿之一。晋国士会封邑于范，后以邑为氏，称范氏。中行（háng）氏：晋国荀林父在军中为中行之将，故后以官为氏。与本章基本相同的内容，又见于《韩非子·十过篇》。　[2]请：求。　[3]韩康子：名虎，为韩景侯祖父。与：给。　[4]段规：韩康子谋臣。　[5]鸷复（bì）：凶狠。鸷，猛鸟，此谓凶狠。"复"即"愎"，狠。　[6]加兵：谓发动战争，以军队进攻。　[7]君其与之：您就给他吧。其，语气助词。　[8]狃（niǔ）：骄。　[9]乡：即"向"，去，前往。　[10]致：献，送。万家之邑：大邑。　[11]说：即"悦"，高兴。　[12]魏宣子：名驹，即魏桓子，为魏文侯之祖父。　[13]赵葭（jiā）：魏宣子之臣。　[14]自强：自恃其强。　[15]错兵：用兵。"错"同"措"，用。必：一定。　[16]之：到，前往。　[17]蔺：底本原误作"蔡"，据鲍彪本改。蔺在今山西吕梁离石区西。皋狼：地在今山西吕梁离石区西北。　[18]赵襄子：名无恤，其兄伯鲁之孙赵浣为赵献侯。　[19]阴：暗地里。结：联合，结盟。

赵襄子召张孟谈而告之曰[1]："夫知伯之为人，阳亲而阴疏[2]，三使韩、魏而寡人弗与焉[3]，其移兵寡人必矣，今吾安居而可[4]？"张孟谈曰："夫董阏于[5]，简主之才臣也[6]，世治晋阳[7]，而尹泽循之[8]，其余政教犹存[9]，君其定居晋阳。"君曰[10]："诺。"乃使延陵生将车骑先之晋

董阏于可谓有长远之见！若无此根据地，也就没有赵了。

阳[11]，君因从之。至，行城郭[12]，案府库[13]，视仓廪[14]，召张孟谈曰："吾城郭之完[15]，府库足用，仓廪实矣[16]，无矢奈何[17]？"张孟谈曰："臣闻董子之治晋阳也[18]，公宫之垣[19]，皆以荻蒿苦楚廧之[20]，其高至丈余，君发而用之[21]。"于是发而试之，其坚则箘簬之劲不能过也[22]。君曰："足矣，吾铜少若何[23]？"张孟谈曰："臣闻董子之治晋阳也，公宫之室，皆以炼铜为柱质[24]，请发而用之，则有余铜矣。"君曰："善。"号令以定[25]，备守以具[26]。

[注释]

[1]张孟谈：赵襄子谋臣。 [2]阳：表面上。亲：亲近。疏：疏远。 [3]三使韩、魏而寡人弗与焉：多次派使者到韩、魏，而我都未参与其中。与，参与。 [4]今吾安居而可：现在我到何处居守才可以？安，何。而，则。 [5]董阏（yān）于：人名，赵襄子父亲赵简子的家臣。"阏"下底本原衍"安"字，今删。阏、安为一字，故同为一人，《韩非子》《淮南子》等作"董阏于"，而《吕氏春秋》《史记》《汉书》则作"董安于"。 [6]简主：谓赵简子，名鞅。主，大夫的家臣称大夫为主。 [7]治：治理。晋阳：在今山西太原。 [8]尹泽：即他书之"尹铎"，赵简子家臣。循：依循延续。 [9]余政教：犹"余教"，余泽。《韩非子·十过篇》中作"余教"无"政"字。 [10]君：赵襄子。 [11]延陵生：

赵襄子家臣。底本原作"延陵王",《韩非子》作"生",生、王形似而误,今改为"生"。将:率领。 [12]行:巡行。城郭:用于防守。 [13]案:检查。府库:物资放置之所。 [14]视:查看。仓廪:粮草储藏之处。 [15]之:已。完:修筑。 [16]实:充实。 [17]矢:箭。 [18]董子:董阏于。 [19]垣(yuán):墙。 [20]萩(qiū)蒿苦(hù)楚:底本原作"狄蒿苦楚",据王引之《经义述闻》改。四者均为有杆茎植物,其杆可用作箭杆。"苦"即"楛"。楚,荆类植物。廧(qiáng):通"墙",筑墙。 [21]发:拿出来。 [22]坚:坚实。箘(jùn)簬(lù):一种质地坚劲的竹子,是古代制作箭杆的良材。劲:强。过:超过。 [23]铜:此用于制作各类兵器。 [24]柱质:柱础。"质"同"礩(zhì)",垫在房屋柱子下的石头。 [25]以:同"已"。 [26]具:备办,准备。

三国之兵乘晋阳城[1],遂战,三月不能拔[2],因舒军而围之[3],决晋水而灌之[4]。围晋阳三年,城中巢居而处[5],悬釜而炊[6],财食将尽,士卒病羸[7]。襄子谓张孟谈曰:"粮食匮[8],城力尽[9],士大夫病[10],吾不能守矣。欲以城下[11],何如?"张孟谈曰:"臣闻之,亡不能存[12],危不能安[13],则无为贵知士也[14]。君释此计[15],勿复言也。臣请见韩、魏之君。"襄子曰:"诺。"

[注释]

[1]乘：进攻。　[2]拔：攻下。　[3]舒军：散开军队。　[4]决：决口。晋水：在晋阳城之南，为汾水支流。　[5]巢居而处：人们像鸟一样居处在树上。晋阳城被淹，已无房屋可住。　[6]悬釜而炊：把锅悬吊起来做饭。　[7]羸（léi）：瘦弱。　[8]匮：匮乏，缺少。　[9]城力：城中之力。《韩非子》和鲍彪本作"财力"。　[10]病：疲困。　[11]下：降。　[12]亡不能存：灭亡之时却不能存之。　[13]危不能安：危难之时却不能安之。　[14]无为：不算是。又"无为"一说即"何为"，为何；"贵知士"当作"贵知（智）"，"士"为衍文，"无为贵知"谓为何要敬重有才智的人。可资参考。　[15]释：放下。

张孟谈于是阴见韩、魏之君曰："臣闻唇亡则齿寒，今知伯帅二国之君伐赵，赵将亡矣，亡则二君为之次矣。"二君曰："我知其然。夫知伯为人也，麤中而少亲[1]，我谋未遂而知[2]，则其祸必至，为之奈何？"张孟谈曰："谋出二君之口，入臣之耳，人莫之知也。"二君即与张孟谈阴约三军，与之期日[3]，夜遣入晋阳[4]。张孟谈以报襄子，襄子再拜之。

[注释]

[1]麤（cū）中：内里粗疏。"麤"同"粗"，疏，与下"亲"相对。　[2]遂：成。知：被智伯知道。　[3]期：约。日：日期。

"曰"底本原作"日"，据《韩非子》及吴师道说改。　[4]遣：遣张孟谈。

张孟谈因朝知伯而出[1]，遇知过辕门之外[2]。知过入见知伯曰："二主殆将有变[3]。"君曰[4]："何如？"对曰："臣遇张孟谈于辕门之外，其志矜[5]，其行高[6]。"知伯曰："不然。吾与二主约谨矣[7]，破赵三分其地。寡人所亲之[8]，必不欺也。子释之[9]，勿出于口。"知过出，见二主，入说知伯曰："二主色动而意变，必背君，不如令杀之[10]。"知伯曰："兵箸晋阳三年矣[11]，旦暮当拔之而飨其利[12]，乃有他心？不可，子慎勿复言。"知过曰："不杀则遂亲之[13]。"知伯曰："亲之奈何？"知过曰："魏宣子之谋臣曰赵葭，康子之谋臣曰段规，是皆能移其君之计[14]。君其与二君约[15]，破赵则封二子者各万家之县一，如是则二主之心可不变，而君得其所欲矣。"知伯曰："破赵而三分其地，又封二子者各万家之县一，则吾所得者少，不可。"知过见君之不用也，言之不听，出[16]，更其姓为辅氏，遂去不见[17]。

知过真是智力过人！

[**注释**]

[1] 朝：见。《韩非子》此处作"二君以约遣张孟谈，因朝知伯而出"，其义更完整。 [2] 知过：人名，知瑶之弟。辕门：军营之门。 [3] 二主：韩、魏二主。殆：必，一定。 [4] 君：此指知伯。 [5] 其志矜：他意志骄矜。 [6] 其行高：谓趾高气扬。 [7] 约谨：即"约结"，相约结盟。结、谨可通。 [8] 寡人所亲之：韩、魏为寡人所亲。 [9] 释之：放下此事。 [10] 令：下令。一说"令"当作"今"。 [11] 兵箸（zhuó）晋阳：谓军队包围晋阳。"箸"即"著"，附。《孙子兵法·谋攻篇》有"将不胜其忿而蚁附之"，蚁附谓士兵像蚁虫一样爬附攻城。 [12] 当：将。飨（xiǎng）：同"享"，享用。 [13] 亲：亲近，谓拉拢。 [14] 移：改变。计：计策。 [15] 二君：赵葭、段规。约：相约。 [16] 出：出走。 [17] 去：离开。

张孟谈闻之，入见襄子曰："臣遇知过于辕门之外，其视有疑臣之心，入见知伯，出，更其姓。今暮不击[1]，必后之矣[2]。"襄子曰："诺。"使张孟谈见韩、魏之君，曰夜期杀守堤之吏[3]，而决水灌知伯军。知伯军救水而乱，韩、魏翼而击之[4]，襄子将卒犯其前[5]，大败知伯军而禽知伯[6]。

知伯身死，国亡地分，为天下笑，此贪欲无厌也[7]。夫不听知过，亦所以亡也。知氏尽灭，

可见决策者洞察力、应变力之重要。

"夫不听知过，亦所以亡也"，强调了"听者，存亡之机"，乃纵横家崇计尚谋思想的体现。

唯辅氏存焉[8]。

[注释]

[1]今暮：今晚。 [2]后：落后，迟后。 [3]曰夜期：说以当夜为期。 [4]翼而击之：从两翼夹击。 [5]将卒：率领士卒。犯：进犯，进攻。 [6]禽：即"擒"。 [7]厌：满足。 [8]辅氏：知过之族。

[点评]

智氏、三晋均有智士，用与不用，结果有天壤之别，故鲍彪感叹说："士岂非天下之重宝乎？……智伯惟没于利，故昏于智。"若在利益面前不能保持清醒，眼中只有利益，头脑便会发昏，"利令智昏"用来说智氏，真是太恰当了！其实韩、魏也都在为了自己的利益着想，但为了保全自己敢于忍痛割地，这是失小利得大利；而智伯连别人的一点土地也舍不得分给他人，结果不但没有得着别人的土地，反而连自己的命和土地都丢了。本章最后对此总结得好："知伯身死，国亡地分，为天下笑，此贪欲无厌也。"

晋毕阳之孙豫让

晋毕阳之孙豫让[1]，始事范、中行氏而不说[2]，去而就知伯[3]，知伯宠之。及三晋分知氏[4]，赵襄子最怨知伯[5]，而将其头以为饮器[6]。豫让遁逃山中[7]，曰："嗟乎！士为知己者死，女为悦己者容[8]。吾其报知氏之雠矣。"

乃变姓名，为刑人[9]，入宫涂厕[10]，欲以刺襄子。襄子如厕[11]，心动[12]，执问涂者[13]，则豫让也，刃其杅[14]，曰："欲为知伯报雠！"左右欲杀之。赵襄子曰："彼义士也，吾谨避之耳[15]。且知伯已死，无后，而其臣至为报雠，此天下之贤人也。"卒释之[16]。

[注释]

[1]毕阳：春秋时期晋国义士，其事可参《国语·晋语五》。豫让：毕阳之孙，智氏家臣。其事又见《史记·刺客列传》。 [2]说（yuè）：同"悦"，喜悦。 [3]去：离开。就：归向。知伯：即智伯。 [4]三晋分知氏：韩、赵、魏灭知氏而分其地。 [5]赵襄子：名无恤。 [6]饮器：饮酒之器。 [7]遁：逃。 [8]容：化妆，打扮。 [9]刑人：服刑之人。服刑之人往往会从事劳役，做苦工。 [10]宫：谓赵襄子住所。涂：涂抹。 [11]如：去，往。 [12]动：惊。 [13]执：拘捕。 [14]刃其杅（wū）：将涂抹工具加上锋刃。杅：又作"杇"，涂饰墙壁的工具，又称"杅刀"，今谓之抹刀、抹子。"杅"底本原作"扞"，据金正炜《战国策补释》改。 [15]谨：小心。 [16]卒：最后。释：释放。

豫让又漆身为厉[1]，灭须去眉[2]，自刑以变其容[3]，为乞人而往乞[4]，其妻不识，曰："状貌不似吾夫，其音何类吾夫之甚也[5]。"又吞炭为哑变其音。其友谓之曰："子之道甚难而无功，谓子有志则然矣，谓子智则否。以子之才，而善事襄子，襄子必近幸子[6]；子之得近而行所欲[7]，此甚易而功必成。"豫让乃笑而应之曰："是为先知报后知[8]，为故君贼新君[9]，大乱君臣之义者无此矣[10]。凡吾所谓为此者，以明君臣之义，非从易也[11]。且夫委质而事人[12]，而求弑之[13]，是怀二心以事君也。吾所为难[14]，亦将以愧天下后世人臣怀二心者[15]。"

豫让此言此行，令多少人惭愧！

[注释]

[1]漆身为厉（lài）：身上涂漆使生癞病。"厉"同"癞"，癞病，癞疮。　[2]灭须：割掉胡须。去眉：剃去眉毛。　[3]自刑以变其容：自我施刑来改变容颜。　[4]乞人：乞讨之人。　[5]类：类似，像。　[6]近：亲近。幸：宠幸。　[7]行所欲：实现想法，谓杀赵襄子。　[8]是为先知报后知：这是为了先前的知己，而报复后来的知己。　[9]贼：害，杀。　[10]无此：无过于此。　[11]非从易也：不是依照容易的来做。　[12]委质：求仕时向君主献礼以委身。　[13]弑：下杀上。　[14]所：所以。为难：做难做的事。　[15]愧：羞。

居顷之[1]，襄子当出[2]，豫让伏所当过桥下。襄子至桥而马惊。襄子曰："此必豫让也。"使人问之，果豫让。于是赵襄子面数豫让曰[3]："子不尝事范、中行氏乎[4]？知伯灭范、中行氏，而子不为报雠，反委质事知伯。知伯已死，子独何为报雠之深也？"豫让曰："臣事范、中行氏，范、中行氏以众人遇臣[5]，臣故众人报之[6]；知伯以国士遇臣，臣故国士报之。"襄子乃喟然叹泣曰："嗟乎，豫子[7]！子之为知伯[8]，名既成矣[9]；寡人舍子[10]，亦以足矣[11]。子自为计[12]，寡人不舍子[13]。"使兵环之[14]。豫让曰："臣闻明主不掩人之义[15]，忠臣不爱死以成名。君前已宽舍臣[16]，天下莫不称君之贤。今日之事，臣故伏诛[17]，然愿请君之衣而击之[18]，虽死不恨[19]。非所望也[20]，敢布腹心[21]。"于是襄子义之[22]，乃使使者持衣与豫让[23]。豫让拔剑三跃，呼天击之，曰："而可以报知伯矣[24]。"遂伏剑而死[25]。死之日，赵国之士闻之，皆为涕泣。

豫让成襄子之贤，襄子成豫让之义。

[注释]

[1] 居顷之：过了不久。　[2] 当：将。　[3] 面：当面。数：斥责。　[4] 尝：曾经。　[5] 众人：一般人。遇：对待。　[6] 臣故众人报之：臣故以众人报之。　[7] 豫子：对豫让的尊称。　[8] 子：底本原作"豫子"，据姚宏校、鲍彪本删"豫"字。　[9] 名：名声。　[10] 舍：释放。　[11] 以：已。足：够。　[12] 计：考虑。　[13] 寡人不舍子：我这次不释放你了。　[14] 环：包围。　[15] 掩：掩盖。　[16] 宽舍：宽免。　[17] 故：固，本当。伏诛：认罪受罚。　[18] 击：击刺。　[19] 虽：即使。恨：憾。　[20] 非所望也：不敢有所希望。　[21] 敢布腹心：只大胆说出心里话。布，披露。　[22] 义之：以之为义。认为他说得有道理。　[23] 与：给。　[24] 而：同"汝"，你。此豫让自谓。《史记》"而"作"吾"。　[25] 伏剑而死：用剑自杀而死。

[点评]

豫让的行为，历史上有两种截然不同的评判，谨抄录于此，已无需我在此多作点评。《韩非子·奸劫弑臣》评论说："豫让为智伯臣也，上不能说人主使之明法术、度数之理，以避祸难之患；下不能领御其众，以安其国。及襄子之杀智伯也，豫让乃自黔劓，败其形容，以为智伯报襄子之仇。是虽有残形杀身以为人主之名，而实无益于智伯若秋毫之末。此吾之所下也，而世主以为忠而高之。"完全瞧不起豫让，认为他的行为对国家、人主没有一丁点帮助。而鲍彪的评论是："襄子、豫子皆千载人也。豫子能报旧君，能厉天下后世之为臣。使他人为之，必一失于此矣。或以其无成事为空自苦。夫壮士能行其志而已，成不成则有命焉，吾何以必之哉！"对豫让作了高度评价，不像《韩非子》那样看重的是结果，而是强调豫让这一行为的过程及其本身的价值。

魏文侯借道于赵攻中山

魏文侯借道于赵攻中山[1]。赵侯将不许[2]。赵利曰[3]："过矣[4]。魏攻中山而不能取，则魏必罢[5]，罢则赵重[6]。魏拔中山，必不能越赵而有中山矣。是用兵者，魏也；而得地者，赵也。君不如许之，许之大劝[7]，彼将知赵利之也[8]，必辍[9]；君不如借之道，而示之不得已[10]。"

[注释]

[1]魏文侯：名斯，为魏国第一位国君，公元前445年—前396年在位。中山：中山国，初在今河北定州东北，被魏所灭；后复国，定都灵寿，在今河北平山东北，为赵武灵王所灭。 [2]赵侯：赵烈侯，名籍，为赵国第一位国君，公元前408年—前387年在位。 [3]赵利：赵国之臣。 [4]过：错。 [5]罢（pí）：同"疲"，疲敝，衰弱。 [6]赵重：赵国的重要性上升。 [7]大：同"太"。劝：勉力，尽力。 [8]彼将知赵利之也：魏国将知道赵国是在利用他。"赵"底本原作"矣"，据鲍彪本改。《韩非子·说林上》"矣"作"君"。 [9]辍：停止。谓停止攻打中山。 [10]示

之不得已：向魏示意此乃不得已而为之，非赵本意。

[点评]

本章的内容，又可参见于《韩非子·说林上》。历史上，诸侯国一国借道以攻伐他国，成功和失败的例子都有，例如春秋时晋国向虞国借道去攻伐虢国就是成功的例子，晋灭虢后返回途中还把虞一起灭掉了，此事见载于《左传》，并留下"唇亡齿寒"这一富于鉴戒意义的成语；而秦国借道晋国去进攻郑国则是一个失败的例子，秦军不仅没能成功偷袭郑国，反而在返回的路上经过晋国崤地时被晋军伏击，全军灭亡，致使秦穆公痛哭流涕深刻反省，记录在《尚书·秦誓》中以儆后人。可见同样是借道和被借道，策略是否可行，关键还在于彼此的形势、实力的对比。魏若灭亡中山，如果能拥有中山，便对赵构成巨大的威胁；如果不能实际拥有中山，则对赵有利。最终的事实是，魏确实灭了中山，但中山后来复国，赵最终灭了中山。

张仪为秦连横说赵王

张仪为秦连横，说赵王曰[1]："弊邑秦王使臣敢献书于大王御史[2]。大王收率天下以傧秦[3]，秦兵不敢出函谷关十五年矣。大王之威，行于天下山东[4]。弊邑恐惧慑伏[5]，缮甲厉兵[6]，饰车骑[7],习驰射[8],力田积粟[9],守四封之内[10],愁居慑处[11],不敢动摇[12],唯大王有意督过之也[13]。今秦以大王之力[14],西举巴蜀[15],并汉中[16],东收两周而西迁九鼎[17],守白马之津[18]。秦虽辟远[19],然而心忿悁含怒之日久矣[20]。今寡君有微甲钝兵[21],军于渑池[22],愿渡河踰漳[23],据番吾[24],迎战邯郸之下[25]。愿以甲子之日合战[26],以正殷纣之事[27]。敬使臣先以闻于左右[28]。

[注释]

[1]赵王:可能为赵武灵王。此章为虚拟策士之辞,对于此赵王、下面秦王究竟为谁,不必深究。 [2]弊邑:即"敝邑",谦称,吾国。秦王:可能为秦惠王。御史:国君下面传达命令的小官。此不便直称国君,故用"大王御史"来指代。 [3]收:联合。率:率领。傧(bìn):同"摈",排斥。 [4]天下山东:六国。其实此"天下""山东"同义,均指东方六国,这里不当重复。故一本无"山东",而《史记·张仪列传》无"天下"。 [5]慑伏:即"慑服"。 [6]缮:修缮。厉:同"砺",磨砺。兵:兵器。 [7]饰:同"饬",整修。 [8]习:练习。 [9]力田:努力耕种。 [10]四封:四境。 [11]愁居慑处:谓不敢安居。慑,害怕。 [12]不敢动摇:谓不敢轻举妄动。动摇,有所动作。 [13]唯:即"惟",思。督过:责备,此谓攻打秦国,故秦守国备战。 [14]今秦以大王之力:现在秦国托大王您的威力。此谦虚之辞。以,借,托。 [15]举:

攻下。　[16]并：吞并。　[17]收：占取，收取。两周：西周、东周。　[18]守：驻守。白马之津：白马津，黄河渡口，在今河南滑县东北。　[19]辟：同"僻"。　[20]忿悁（yuān）：气愤。悁，忿怒。　[21]寡君：谦称。"寡"底本原误作"宣"，因形近而误，今据鲍彪本改。微：敝破。　[22]军：驻军。渑池：在今河南渑池西。　[23]河：黄河。踰：越过。漳：漳河。　[24]据：占据。番吾：在今河北邯郸南。　[25]邯郸：赵国都城，在今河北邯郸市。　[26]合战：会战。　[27]正：合。殷纣之事：谓周武王在甲子这天战败商纣一事。　[28]闻于左右：告知大王左右。此不便直称君王，故谦称"左右"代之。闻，告知。

"凡大王之所信以为从者[1]，恃苏秦之计[2]。荧惑诸侯[3]，以是为非，以非为是，欲反覆齐国而不能[4]，自令车裂于齐之市[5]。夫天下之不可一亦明矣[6]。今楚与秦为昆弟之国[7]，而韩、魏称为东蕃之臣[8]，齐献鱼盐之地[9]，此断赵之右臂也。夫断右臂而求与人斗，失其党而孤居，求欲无危，岂可得哉？今秦发三将军，一军塞午道[10]，告齐使兴师度清河[11]，军于邯郸之东；一军军于成皋[12]，驱韩、魏而军于河外[13]；一军军于渑池。约曰：四国为一以攻赵，破赵而四分其地。是故不敢匿意隐情[14]，先以闻于左右。臣切为大王计[15]，莫如与秦遇于渑池[16]，面相

此三路人马其实是空中人马，但把他们说的跟真的一样，这就是游说的本事。

见而身相结也[17]。臣请案兵无攻[18]，愿大王之定计[19]。"

[注释]

[1]凡：大抵。从：同"纵"，合纵。 [2]恃：仗恃。一说"恃"同"待"，即"特"，但，只不过。 [3]荧（yíng）惑：眩惑。鲍彪注："荧，火光也，犹眩。" [4]反覆：颠覆。 [5]令：使。金正炜《战国策补释》认为"令"当作"全"，属上句："欲反覆齐国而不能自全。"谓苏秦不能自全其身。可资参考。 [6]一：联合，此指合纵。 [7]昆弟：兄弟。 [8]东蕃：东边藩守。"蕃"同"藩"。 [9]鱼盐之地：指齐国土地。齐地产鱼盐。 [10]塞：扼塞。午道：地名，在赵国之东、齐国之西。约在今山东聊城西北。 [11]度：同"渡"，渡过。清河：即济水。 [12]成皋：在今河南荥阳。 [13]河外：此指黄河之南。 [14]匿：隐藏。 [15]切：即"窃"，私下。计：考虑。 [16]遇：相会。 [17]身：亲自，亲身。结：结交。 [18]案：即"按"，止。 [19]之：其。

赵王曰："先王之时，奉阳君相[1]，专权擅势，蔽晦先王[2]，独制官事[3]，寡人宫居，属于师傅[4]，不能与国谋[5]。先王弃群臣[6]，寡人年少，奉祠祭之日浅[7]，私心固窃疑焉[8]。以为一从不事秦[9]，非国之长利也，乃且愿变心易虑[10]，剖地谢前过以事秦[11]。方将约车趋行[12]，而适闻使者之明诏[13]。"于是乃以车三百乘入朝渑池，割河间以事秦[14]。

[注释]

[1]奉阳君：赵国权臣李兑。相：为相。 [2]蔽晦：蒙蔽。 [3]制：控制，掌握。 [4]属(zhǔ)：寄托。师傅：太子老师。其中有师有傅。 [5]与：参与。国谋：关于国事的谋划。 [6]弃群臣：指死去。 [7]奉祠祭之日浅：指为国当政的时间短。祠，祭祀。浅，短。 [8]固：本来，原本。疑：困惑。 [9]一从：指合纵。"从"即"纵"。 [10]乃且：才将，正要。变心易虑：改变心意。 [11]剖地：割地。 [12]约车：束结车马。约，束，结。趋：急。 [13]适：恰巧。明诏：英明的诏示。 [14]河间：其地在今河北河间东南。

[点评]

本章托张仪之口，从连横的角度虚拟说辞，说服赵国放弃合纵策略而与强秦联合，由于重在游说的练习，故往往剪裁史实，前后颠倒，并多夸张之词。游说的效果，当然最后都是大获成功，这基本已成这类说辞的套路，不必较真。今天阅读这类篇章，主要看作者游说切入的角度，看分析问题的思路和能力，在各国之间施行什么样的外交策略来达到某一目的。故虽为虚拟之辞，但也不无借鉴意义，由此亦可领略其辩辞华丽横肆的文风。

赵燕后胡服

赵燕后胡服[1]，王令让之曰[2]："事主之行，竭意尽力[3]，微谏而不哗[4]，应对而不怨[5]，不逆上以自伐[6]，不立私以为名[7]。子道顺而不拂[8]，臣行让而不争[9]。子用私道者家必乱[10]，臣用私义者国必危[11]。反亲以为行[12]，慈父不子[13]；逆主以自成[14]，惠主不臣也[15]。寡人胡服，子独弗服，逆主罪莫大焉。以从政为累[16]，以逆主为高[17]，行私莫大焉[18]。故寡人恐亲犯刑戮之罪[19]，以明有司之法[20]。"

赵燕再拜稽首曰："前吏命胡服[21]，施及贱臣[22]，臣以失令过期[23]，更不用侵辱教[24]，王之惠也[25]。臣敬循衣服[26]，以待今日[27]。"

[注释]

[1]赵燕：赵国公族。后：落后，拖后。胡服：穿胡人衣服。 [2]让：责备。 [3]竭意尽力：竭心尽力。 [4]微：暗中。谏：谏言。哗：喧哗，大声宣扬。 [5]应对而不怨：受到国君的怒斥而不埋怨国君。应，受。"对"同"憝（duì）"，怨恨。 [6]逆：违背。自伐：自夸有功。 [7]立私：即"立己"，造就自己。立，造就，建立。私，自己，个人。名：名声，名誉。 [8]子道：儿女的原则。顺：顺从。拂（fú）：违背。 [9]臣行：臣下的行事。

让：谦让。争：争强。　[10]子用私道：谓不用子道，而以己意妄行。　[11]臣用私义：谓不遵臣道，而以私意妄为。　[12]反亲：违反父母。　[13]不子：不把他当作儿女。　[14]逆主：背逆君主。自成：自成其功。　[15]惠主：仁厚的君主。不臣：不把他当作臣下。　[16]从政：服从政令。此指胡服。累：负担，麻烦。　[17]高：高行。　[18]行私：怀着私心行事。莫大焉：莫大于此。　[19]恐：担忧，恐怕。亲：你亲身。　[20]明：严明。有司：相关部门。此指司法部门。　[21]前：此前。　[22]施（yì）及：延及。此指传令到。　[23]以：已。　[24]更：当依姚宏校作"史"，同"使"。不用侵辱教：不因为冒犯君命而受到法令的惩处。侵，犯令。辱教，辱于教令。　[25]惠：恩惠，宽惠。　[26]敬：敬请。循：遵令，依从。衣（yì）服：穿胡服。　[27]待：即"侍"，承。今日：可能即"令甲"之误，指第一道法令，此泛指法令。"以侍令甲"谓赵燕最终表示将依法行事。

[点评]

赵武灵王推行胡服骑射，遭到不少臣下的反对。君主之令，臣下自当接受，但本章却要从君主的角度，让君主也来对臣下"说服"一番，虽然实际上是一通责备，但也要讲道理，让人口服；虽然也用君威压人，但也要让人心服。毕竟在改穿胡服这个问题上，赵燕并不是唯一的反对者，他后面还有一批反对胡服的人，所以做好相关人员的工作，让改革措施平稳顺利推行，这番"说服"的辞令就相当重要了。

魏使人因平原君请从于赵

魏使人因平原君请从于赵[1]。三言之,赵王不听[2]。出遇虞卿曰[3]:"为人必语从[4]。"虞卿入,王曰:"今者平原君为魏请从,寡人不听。其于子何如[5]?"虞卿曰:"魏过矣[6]。"王曰:"然,故寡人不听。"虞卿曰:"王亦过矣。"王曰:"何也?"曰:"凡强弱之举事[7],强受其利,弱受其害。今魏求从,而王不听,是魏求害,而王辞利也[8]。臣故曰,魏过,王亦过矣。"

> 先赞同,再提意见,这已成为现代公认的沟通技巧之一。

[注释]

[1] 因:借由,通过。平原君:赵胜,赵惠文王之弟,在赵惠文王和赵孝成王时为相。从:同"纵",合纵。 [2] 赵王:赵孝成王,名丹,为赵惠文王之子,公元前265年—前245年在位。 [3] 虞卿:战国游说之士,赵孝成王时为上卿。《史记》有《虞卿列传》。 [4] 为:若。 [5] 其于子何如:对于您来说意见如何? [6] 过:错,误。 [7] 举事:行事。举,行。 [8] 辞:让。

[点评]

合纵本为联合弱国,本章却从强弱异势故利害不同的角度,来劝说强国赵国加入合纵。战国七雄纷争,各国都想吞并别国,而不想被别国所吞,但却形势复杂,关系微妙。邻国坐大,自然危险,但邻国被别国吞并,则更危险。正道当然是自己强大，但自己强大又谈何容易，于是更多的时候，需要外交与联合，需要借力打力，别人衰弱，也就是自己强大了。不管是连横还是合纵，各国无不从自己的利益出发去考虑，所以这使得不管哪一种联合，参与国最终都不能做到一心齐力，不久也就瓦解了。只有那真正自身强大的国家，才最终能一统天下。

秦攻赵于长平

秦攻赵于长平[1]，大破之，引兵而归。因使人索六城于赵而讲[2]。赵计未定，楼缓新从秦来[3]，赵王与楼缓计之曰[4]："与秦城何如，不与何如[5]？"楼缓辞让曰："此非人臣之所能知也。"王曰："虽然[6]，试言公之私[7]。"楼缓曰："王亦闻夫公甫文伯母乎[8]？公甫文伯官于鲁，病死，妇人为之自杀于房中者二八[9]。其母闻之，不肯哭也[10]。相室曰[11]：'焉有子死而不哭者乎？'其母曰：'孔子，贤人也，逐于鲁[12]，是人不随[13]。今死，而妇人为死者十六人。若是者，其于长者薄[14]，而于妇人厚[15]。'故从母言之，之为贤母也[16]；从妇言之，必不免为妒妇也。

公甫文伯母亲的贤惠，又可参《国语》中的相关记载。

故其言一也，言者异[17]，则人心变矣[18]。今臣新从秦来，而言勿与[19]，则非计也[20]；言与之，则恐王以臣之为秦也。故不敢对[21]。使臣得为王计之，不如予之。"王曰："诺。"

[注释]

[1]长平：在今山西高平西北。公元前260年秦大败赵于长平。 [2]索：索要。讲：讲和。 [3]楼缓：赵人，在秦做官。 [4]赵王：赵孝成王。 [5]"与秦城何如"两句：何如，怎么样。王念孙《读书杂志》说"不与"下"何如"为衍文，当作"与秦城何如不与"，意思是给秦城和不给相比如何。 [6]虽然：即便如此。 [7]公：对楼缓的尊称，您。私：个人意见。 [8]公甫文伯：春秋时鲁国大夫，为季孙氏之族。其事可参《国语·鲁语下》等。 [9]二八：十六人。一说"二八"为"二人"之误。 [10]不肯哭也：不肯为公甫文伯之死而哭。 [11]相室：大夫家管理家务的人，男称家老，女称傅母，通称为家臣。 [12]逐于鲁：被鲁国赶走。 [13]是人：这人。指公甫文伯。鲍彪注："称'是人'，不子之也。"谓如此称呼，已不把公甫文伯看作自己儿子了。不随：不跟随孔子而走。 [14]薄：薄情。 [15]厚：厚爱。 [16]之：是。《史记》《新序》中"之"作"是"。 [17]言者异：说的人身份不同。 [18]则人心变矣：则所表之意有了变化。心，意。 [19]而：若。勿与：不给秦城。 [20]非计：不算是替您考虑。计，谋划，考虑。 [21]对：回答。

虞卿闻之，入见王，王以楼缓言告之。虞卿

曰："此饰说也[1]。"秦既解邯郸之围，而赵王入朝，使赵郝约事于秦，割六县而讲[2]。王曰："何谓也？"虞卿曰："秦之攻赵也，倦而归乎[3]？王以其力尚能进[4]，爱王而不攻乎？"王曰："秦之攻我也，不遗余力矣，必以倦而归也[5]。"虞卿曰："秦以其力攻其所不能取，倦而归。王又以其力之所不能攻以资之[6]，是助秦自攻也。来年秦复攻王，王无以救矣。"

[注释]

[1]饰说：花言巧语。 [2]"秦既解邯郸之围"四句：据鲍彪、吴师道等人之说，当为错简于此，当删。 [3]倦：疲倦。归：撤军回去。 [4]以：以为。王引之《经传释词》认为"王以其"当作"亡其"，还是，抑或。 [5]以：因为。 [6]资之：助秦。谓割城给秦。

王又以虞卿之言告楼缓。楼缓曰："虞卿能尽知秦力之所至乎[1]？诚知秦力之不至[2]，此弹丸之地犹不予也[3]，令秦来年复攻王[4]，得无割其内而媾乎[5]？"王曰："诚听子割矣[6]，子能必来年秦之不复攻我乎[7]？"楼缓对曰："此非臣之所敢任也[8]。昔者三晋之交于秦相善也[9]，今秦释韩、魏而独攻王[10]，王之所以事秦必不如韩、魏也。今臣为足下解负亲之攻[11]，启关通敝[12]，齐交韩、魏[13]。至来年，而王独不取于秦[14]，王之所以事秦者必在韩、魏之后也。此非臣之所敢任也。"

[注释]
[1]能尽知秦力之所至乎：能全部知道秦国兵力所能到达的限度吗？尽，全部。至，及，到达。 [2]诚：真，果真。 [3]弹丸之地：小地方。犹：若。 [4]令：假使。 [5]得无：能不。割其内：割内地。谓不止割边地六城。媾（gòu）：媾和，讲和。 [6]割：谓割六城。 [7]必：肯定。 [8]任：担保。 [9]三晋：韩、魏、赵。 [10]释：舍弃。 [11]解：解除。负亲之攻：指秦对赵的攻击。赵曾与韩、魏亲秦，但后来背叛秦国，导致秦国的攻击，故称"负亲之攻"。负，背。 [12]启：开。通敝：通使。"敝"指"币"，币帛礼物。 [13]齐交韩、魏：让赵与秦的交往，和韩、魏一样。齐，齐等，同等。 [14]而：若。取：同"趣"，趣向，亲近。

王以楼缓之言告虞卿，虞卿曰[1]："楼缓言不媾，来年秦复攻王，得无更割其内而媾。今媾，楼缓又不能必秦之不复攻也，虽割何益？来年复攻，又割其力之所不能取而媾也，此自尽之术也[2]。不如无媾。秦虽善攻，不能取六城；赵秦为虎狼之国，贪得无厌，这不仅是虞卿的看法，大概也是当时东方六国的共识。

虽不能守，而不至失六城[3]。秦倦而归，兵必罢[4]。我以五城收天下以攻罢秦[5]，是我失之于天下，而取偿于秦也，吾国尚利[6]，孰与坐而割地，自弱以强秦？今楼缓曰：'秦善韩、魏而攻赵者，必王之事秦不如韩、魏也。'是使王岁以六城事秦也[7]，即坐而地尽矣。来年秦复求割地，王将予之乎[8]？不与，则是弃前贵而挑秦祸也[9]；与之，则无地而给之。语曰：'强者善攻，而弱者不能自守。'今坐而听秦，秦兵不敝而多得地，是强秦而弱赵也[10]。以益愈强之秦[11]，而割愈弱之赵，其计固不止矣[12]。且秦虎狼之国也，无礼义之心。其求无已[13]，而王之地有尽。以有尽之地，给无已之求，其势必无赵矣。故曰：此饰说也。王必勿与。"王曰："诺。"

[注释]

[1]虞卿：此据鲍彪本补"虞卿"二字。 [2]自尽：自我消亡。 [3]而：亦。 [4]罢（pí）：同"疲"，疲敝，衰弱。 [5]我以五城收天下：我用五城收买五国诸侯。收，收买。罢秦：疲惫之秦。 [6]尚利：还是有利。 [7]岁：每年。 [8]予：给。 [9]贵：同"遗（wèi）"，给予。挑：挑起，挑动。祸：祸难。 [10]强秦而弱赵：使秦强而使赵弱。 [11]益：增大。愈：

愈加。 [12]其计固不止矣：这样的计谋一定不会消停。 [13]无已：不止。已，止。

楼缓闻之，入见于王，王又以虞卿言告之。楼缓曰："不然，虞卿得其一[1]，未知其二也。夫秦、赵构难[2]，而天下皆说[3]，何也？曰'我将因强而乘弱[4]'。今赵兵困于秦，天下之贺战胜者[5]，则必尽在于秦矣。故不若亟割地求和[6]，以疑天下[7]，慰秦心[8]。不然，天下将因秦之怒[9]，乘赵之敝而瓜分之[10]。赵且亡，何秦之图？王以此断之[11]，勿复计也[12]。"

[注释]

[1]得：知道，懂得。 [2]构难：交战。 [3]说：即"悦"。 [4]因：凭借。乘：欺凌，欺压。 [5]贺战胜者：祝贺战胜的人。底本原无"胜"字，据《史记》《新序》及鲍彪本补。 [6]亟(jí)：赶紧。 [7]以疑天下：疑此"以"同"已"，止，即止疑于天下，不使他国有疑惑。 [8]慰：安。 [9]怒：气势强盛。 [10]乘：底本原作"秦"，据姚宏校及鲍彪本改。 [11]断：决定。 [12]计：考虑。

虞卿闻之，又入见王曰："危矣，楼子之为秦也[1]！夫赵兵困于秦，又割地为和，是愈疑天下[2]，而何慰秦心哉？是不亦大示天下弱乎？且臣曰勿予者，非固勿予而已也。秦索六城于王，王以五城赂齐。齐，秦之深雠也，得王五城，并力而西击秦也，齐之听王，不待辞之毕也[3]。是王失于齐而取偿于秦，一举结三国之亲[4]，而与秦易道也[5]。"赵王曰："善。"因发虞卿东见齐王[6]，与之谋秦。虞卿未反[7]，秦之使者已在赵矣[8]。楼缓闻之，逃去。

《新序》评论："虞卿之谋行而赵霸。……故善谋之臣，其于国岂不重哉！"

[注释]

[1]"危矣"两句：楼缓是为了秦国，这太危险了。 [2]愈疑天下：不仅未能止疑于天下，还愈疑于天下。 [3]不待辞之毕：不等话说完。形容迫不及待。 [4]三国：齐、韩、魏。"一举结三国之亲"句前，据《史记》及《新序》，当有"而齐、赵之深仇可以报矣，而示天下有能为也。王以此发声，兵未窥于境，臣见秦之重赂至赵，而反媾于王也。从秦为媾，韩、魏闻之，必尽重王；重王，必出重宝以先于王。则是王"六十七字。 [5]易道：互易其道。谓局面反转。 [6]发：派遣。齐王：齐王建，齐襄王之子，公元前264年—前221年在位。最后被秦国俘虏，齐国被灭。 [7]反：即"返"，返回。 [8]秦之使者已在赵矣：秦国派出求和的使者已经来到了赵国。

[点评]

与本章相似的内容，又见于《史记·虞卿列传》和

《新序·善谋》。赵国在长平之战惨败之后,面临秦国来索求割地的使者楼缓,一直效力于赵国主张合纵的虞卿顶住压力,冷静分析形势,力劝赵孝成王不要割地给秦。不知如何是好的赵王,则给楼缓、虞卿二人提供了你来我往、针锋相对的机会,这使得本章的游说不再主要是一家之言,而成了一场辩论赛,可视作《战国策》书中彼此辩驳的典范。当然,仅仅在言辞上获胜远远不够,最终还需要有解决问题的方案策略,虞卿正是在这两方面都做到了,才使得楼缓逃去。故鲍彪说:"七国辩士,策必中,计必得,而不失其正,唯卿与陈轸有焉。贤矣哉!"

秦围赵之邯郸

秦围赵之邯郸[1]。魏安釐王使将军晋鄙救赵[2]。畏秦,止于荡阴[3],不进[4]。魏王使客将军新垣衍间入邯郸[5],因平原君谓赵王曰[6]:"秦所以急围赵者,前与齐湣王争强为帝[7],已而复归帝[8],以齐故[9]。今齐湣王已益弱[10]。方今唯秦雄天下[11],此非必贪邯郸,其意欲求为帝。赵诚发使尊秦昭王为帝[12],秦必喜,罢兵去。"平原君犹豫未有所决。

[注释]

[1]邯郸：赵国都城，在今河北邯郸。此次秦围邯郸在公元前259年—前257年。 [2]魏安釐（xī）王：名圉（yǔ），魏昭王之子，公元前276年—前243年在位。晋鄙：魏国将领。 [3]止：停留。荡阴：即汤阴，在今河南汤阴西南。 [4]进：前。 [5]客将军：非本国人作将军，称客将军。新垣衍：人名，新垣为复姓，也作"辛垣"。间（jiàn）入：由间道而入。间道，不为人熟知的偏僻小路。 [6]因：借由，通过。平原君：赵胜，赵惠文王之弟，为赵孝成王之相。赵王：赵孝成王。 [7]齐湣（mǐn）王：即齐闵王，名地，齐宣王之子，公元前301年—前284年在位。他与秦昭王曾在公元前288年一起称帝，秦为西帝，齐为东帝，但同年齐取消帝号，秦因此也取消帝号。 [8]已而：然后。归帝：归帝号，谓不称帝。 [9]以齐故：这是因为齐国取消了帝号的原故。 [10]今齐湣王已益弱：吴师道注："谓今之齐，视闵王已益弱。"此时齐湣王已死，为齐襄王在位。 [11]方今：当今。雄：称雄。 [12]诚：如果。

此时鲁仲连适游赵[1]，会秦围赵[2]，闻魏将欲令赵尊秦为帝，乃见平原君曰："事将奈何矣[3]？"平原君曰："胜也何敢言事[4]？百万之众折于外[5]，今又内围邯郸而不能去[6]。魏王使将军辛垣衍令赵帝秦，今其人在是[7]，胜也何敢言事？"鲁连曰："始吾以君为天下之贤公子也，吾乃今然后知君非天下之贤公子也[8]。梁客辛垣衍安在[9]？吾请为君责而归之[10]。"平原君曰："胜请召而见之于先生。"平原君遂见辛垣衍曰："东国有鲁连先生[11]，其人在此，胜请为绍介而见之于将军[12]。"辛垣衍曰："吾闻鲁连先生，齐国之高士也。衍，人臣也，使事有职[13]，吾不愿见鲁连先生也。"平原君曰："胜已泄之矣[14]。"辛垣衍许诺[15]。

[注释]

[1]鲁仲连：又称鲁连、鲁仲子，齐国人，善于替人排忧解难。《史记》有《鲁仲连传》。适：恰好。 [2]会：正好碰上。 [3]事将奈何矣：事情怎么样了？奈何，如何。 [4]胜：平原君赵胜自称其名。 [5]折：损。指赵国在长平之战损兵严重。 [6]去：离开。 [7]是：此。 [8]乃今：而今。 [9]梁：魏。魏从安邑徙都到大梁后，也称作梁。安在：何在，在哪里。 [10]责：斥责。归之：使他回魏国。 [11]东国：指齐国。 [12]绍介：介绍，引见。 [13]使事有职：出使办事，职务在身。 [14]泄之：指已经告诉了鲁仲连。泄，泄露，说出。 [15]许诺：表示同意。

鲁连见辛垣衍而无言[1]。辛垣衍曰："吾视居此围城之中者[2]，皆有求于平原君者也。今吾视先生之玉貌[3]，非有求于平原君者，曷为久居此围城之中而不去也[4]？"鲁连曰："世以鲍焦无从容而死者[5]，皆非也。今众人不知，则为一身[6]。彼秦者，弃礼义而上首功之国也[7]，权使其士[8]，虏使其民[9]。彼则肆然而为帝[10]，过而遂正于天下[11]，则连有赴东海而死矣[12]，吾不忍为之民也[13]！所为见将军者[14]，欲以助赵也。"辛垣衍曰："先生助之奈何[15]？"鲁连曰："吾将使梁及燕助之。齐、楚则固助之矣[16]。"辛垣衍曰："燕则吾请以从矣[17]。若乃梁[18]，则吾乃梁人也，先生恶能使梁助之耶[19]？"鲁连曰："梁未睹秦称帝之害故也，使梁睹秦称帝之害，则必助赵矣。"辛垣衍曰："秦称帝之害将奈何？"鲁仲连曰："昔齐威王尝为仁义矣[20]，率天下诸侯而朝周。周贫且微[21]，诸侯莫朝，而齐独朝之。居岁余，周烈王崩[22]，诸侯皆吊，齐后往[23]。周怒，赴于齐曰[24]：'天崩地坼[25]，天子下席[26]。东藩之臣田婴齐后至[27]，则斮之[28]。'威王勃然怒曰：'叱嗟[29]，而母婢也[30]！'卒为天下笑。故生则朝周[31]，死则叱之，诚不忍其求也[32]。彼天子固然[33]，其无足怪。"辛垣衍曰："先生独未见夫仆乎[34]？十

过去学者多以为是齐"卒为天下笑"，我以为乃周"卒为天下笑"。

人而从一人者[35]，宁力不胜智不若耶[36]？畏之也。"鲁仲连曰："然梁之比于秦若仆耶[37]？"辛垣衍曰："然。"鲁仲连曰："然吾将使秦王烹醢梁王[38]。"辛垣衍怏然不悦曰[39]："嘻，亦太甚矣先生之言也[40]！先生又恶能使秦王烹醢梁王？"

[注释]

[1]无言：不说话。　[2]此：底本原作"北"，据鲍彪本及《史记》改。　[3]玉貌：对他人容貌的敬称。　[4]曷（hé）为：即"何为"，为何。去：离去。　[5]世以鲍焦无从容而死：世人认为鲍焦是狭隘想不开而死。鲍焦：周时隐士，廉洁自守，耻居于浊世，抱树绝食而死。从容，宽宏大量，宽容。　[6]"今众人不知"二句：现在一般人也不懂得我为何不离去，这是因为大家都只为自身考虑才这样。一身，一己之身，自身。　[7]上首功：崇尚杀敌砍头立功。"上"同"尚"，崇尚，提倡。首，头，脑袋。根据秦法，斩敌首级愈多，功劳愈大。　[8]权使其士：用权诈役使士人。　[9]虏使其民：像对待俘虏一样奴役百姓。　[10]肆然：肆无忌惮的样子。　[11]过：甚，进一步。遂：竟。正：同"政"，为政。此指统治。　[12]连：鲁仲连自称其名。矣：耳。　[13]吾不忍为之民：指自己将和鲍焦一样。　[14]所为：所以。　[15]助之奈何：如何来助赵？　[16]固：本来。　[17]以：已。从：合纵。　[18]若乃：至于。　[19]恶（wū）：怎么，安，何。　[20]齐威王：名因齐，公元前356年—前320年在位。　[21]微：弱小。　[22]周烈王：名喜，公元前375年—前369年在

位。[23] 后往：晚去。[24] 赴：赴告，报丧。[25] 天崩地坼：指天子死去。坼（chè），裂。[26] 天子：指继位的周天子周显王。下席：因服丧而离开宫中而居于草席之上。[27] 田婴齐：齐威王，田氏，名因齐。"婴齐"即"因齐"。[28] 斮（zhuó）：同"斫"，斩杀。[29] 叱嗟（jiè）：叱骂之声。[30] 而：你。母：妈。婢：贱婢。[31] 生则朝周：周烈王活着时，齐国还朝见周室。[32] 诚不忍其求也：齐威王真的不能忍受周的过高欲求。[33] 彼天子固然：那作为天子的就会这样子。谓一旦为天子，就会蛮横无理。[34] 独：难道。仆：奴仆。[35] 从：听从。[36] 宁力不胜智不若耶：难道是力量比不过、智力跟不上吗？宁，难道。若，如。[37] 然：然则，那么。[38] 烹：煮。醢（hǎi）：剁成肉酱。[39] 怏然：不高兴的样子。[40] 太甚矣：太过分了。

鲁仲连曰："固也[1]，待吾言之。昔者，鬼侯、鄂侯、文王[2]，纣之三公也。鬼侯有子而好[3]，故入之于纣[4]，纣以为恶[5]，醢鬼侯。鄂侯争之急[6]，辨之疾[7]，故脯鄂侯[8]。文王闻之，喟然而叹，故拘之于牖里之车[9]，百日而欲舍之死[10]。曷为与人俱称帝王，卒就脯醢之地也[11]？齐闵王将之鲁[12]，夷维子执策而从[13]，谓鲁人曰：'子将何以待吾君[14]？'鲁人曰：'吾将以十太牢待子之君[15]。'维子曰[16]：'子安取礼而来待吾君[17]？彼吾君者，天子也。天子巡狩[18]，诸侯辟舍[19]，纳于筦键[20]，摄衽抱几[21]，视膳于堂下[22]，天子已食，退而听朝也[23]。'鲁人投其籥[24]，不果纳[25]。不得入于鲁，将之薛，假涂于邹[26]。当是时，邹君死，闵王欲入吊[27]。夷维子谓邹之孤曰[28]：'天子吊，主人必将倍殡柩[29]，设北面于南方[30]，然后天子南面吊也[31]。'邹之群臣曰：'必若此，吾将伏剑而死。'故不敢入于邹。邹、鲁之臣，生则不得事养[32]，死则不得饭含[33]，然且欲行天子之礼于邹、鲁之臣，不果纳。今秦万乘之国，梁亦万乘之国。俱据万乘之国[34]，交有称王之名[35]，睹其一战而胜[36]，欲从而帝之[37]，是使三晋之大臣不如邹、鲁之仆妾也[38]。且秦无已而帝[39]，则且变易诸侯之大臣[40]。彼将夺其所谓不肖[41]，而予其所谓贤[42]；夺其所憎，而与其所爱[43]。彼又将使其子女谗妾为诸侯妃姬处梁之宫[44]，梁王安得晏然而已乎[45]？而将军又何以得故宠乎[46]？"

齐闵王之臣夷维子，可谓坑其君王不商量！

鲁仲连分析帝秦之害，既责以大义，又晓以切身利害，理正词严，极具说服力，展示出高超的游说能力。

[注释]

[1]固：当然。　[2]鬼侯、鄂侯：均商代诸侯。"鬼侯"下底本原有"之"字，今据《史记》、鲍彪本删。文王：周文王。　[3]子：女儿。好：美丽。　[4]入：献纳。　[5]恶：丑。　[6]争：同"诤"，上谏。急：猛急，猛烈。　[7]辨：同"辩"，申辩。疾：痛切，急剧。　[8]脯（fǔ）：做成肉干。　[9]拘：囚。牖（yǒu）里：地名，又作"羑（yǒu）里"，在今河南汤阴县北。车：义同"居""舍"，此谓牢房。　[10]舍之死：置之死。舍，置，《史记》及鲍彪本"舍"作"令"。　[11]"曷为与人俱称帝王"二句：为何与人一起都尊称商纣为王，最后还是走向了死亡之所？曷，何。就，走向。　[12]齐闵王：名地，齐宣王之子，公元前301年—前284年在位。他与秦昭王曾在公元前288年一起称帝，秦为西帝，齐为东帝。后多国联合攻齐，闵王出逃。之：逃往。　[13]夷维子：齐闵王之臣，夷维为其封邑，故以为氏；子是对男子的尊称。策：马鞭。从：跟随。　[14]待：接待，招待。　[15]太牢：牛、羊、猪俱有为太牢。　[16]维子：即夷维子。　[17]子安取礼而来待吾君：你这是采自哪儿的礼节来这么接待我的君主？安，何。　[18]巡狩：天子视察诸侯。　[19]辟舍：让出自己的住所避居在外。"辟"同"避"，避让。　[20]纳于筦键：交纳钥匙。"筦键"即"管键"，钥匙和锁簧。　[21]摄衽：揽扎衣襟。抱几：搬置几案。谓服侍天子，干活服务。　[22]视膳于堂下：在堂下伺候天子用膳。　[23]"天子已食"二句：等天子吃完饭以后，诸侯才退下去处理朝政。　[24]投其籥（yuè）：关门下锁。指把齐王拒之门外。"籥"同"钥"。　[25]不果：未达成，不成功。纳：进入鲁国。　[26]假涂：借道。假，借。涂，道路。邹：小国，在今山东邹县。　[27]吊：吊唁。　[28]邹之孤：邹国死去国君之子。孤，父死则子称为孤。　[29]倍：同"背"，反。指将灵

枢位置从北移到南反过来。 [30]设北面于南方：在南边的灵柩设置成面向北边。北面，面向北。设，置放。 [31]南面：面向南。 [32]不得事养：不被事奉。此谓其贱。 [33]不得饭含：无玉可含。此谓其贫。富贵者死后，会将玉含塞其口。 [34]据：据有。 [35]交：俱，都。 [36]睹：通"睹"，看见。 [37]从：顺从。帝之：以秦为帝。 [38]邹、鲁之仆妾：指邹、鲁之臣。仆妾，奴仆臣妾。 [39]无已：吴师道谓："必欲为之而不止。"已，止。 [40]变易：更换。 [41]夺：夺官。 [42]予：授官。 [43]与：予，给。 [44]子女：指女子。谗妾：善于谗言的女人。妃：后妃。姬：姬妾。处：居处。 [45]晏然：安然。已：止。 [46]故宠：旧有的宠幸。

于是辛垣衍起[1]，再拜谢曰[2]："始以先生为庸人，吾乃今日而知先生为天下之士也。吾请去[3]，不敢复言帝秦。"

秦将闻之，为却军五十里[4]。适会魏公子无忌夺晋鄙军以救赵击秦[5]，秦军引而去[6]。

于是平原君欲封鲁仲连。鲁仲连辞让者三，终不肯受。平原君乃置酒，酒酣，起前以千金为鲁连寿[7]。鲁连笑曰："所贵于天下之士者[8]，为人排患、释难、解纷乱而无所取也。即有所取者[9]，是商贾之人也[10]，仲连不忍为也。"遂辞平原君而去，终身不复见。

[注释]

[1]起：起身。 [2]谢：告罪。 [3]去：离去。 [4]郄（què）：即"却"，退。 [5]适会：适逢。无忌：即魏国信陵君，魏安釐王异母弟，其姊为赵国平原君夫人。其事可参《史记·魏公子列传》。 [6]引而去：引兵而退。 [7]起：起身。前：上前。为鲁连寿：向鲁仲连祝酒献礼。 [8]所贵于天下之士者：被天下之士看作珍贵的。 [9]即：若。 [10]商贾（gǔ）之人：行商坐贾之人，指做买卖的人。

[点评]

看鲁仲连说"所贵于天下之士者，为人排患、释难、解纷乱而无所取也"，他就比其他那些以逐利为目的的策谋之士，不知高到哪里去了。帮强者易，帮弱者难。帮弱者排忧解难不受强者欺侮，且分毫不取，无疑就是侠义之士了。小至一人，大至一国，有时在危急时刻也要依赖这样的侠客义士来力挽狂澜，历史有时也因此而改变。面对强者，有人甘为臣妾，但真正的士人则持守正义，勇于反抗强暴。所以吴师道这样评论："愚谓仲连事皆可称，而不肯帝秦一节尤伟。战国之士，皆以势为强弱，而连独以义为重轻，此其所以异尔。"清代也有人盛赞鲁仲连"自是战国第一人"。

客见赵王

客见赵王，曰："臣闻王之使人买马也，有

之乎？"王曰："有之。""何故至今不遣[1]？"王曰："未得相马之工也[2]。"对曰："王何不遣建信君乎[3]？"王曰："建信君有国事，又不知相马。"曰："王何不遣纪姬乎[4]？"王曰："纪姬妇人也，不知相马。"对曰："买马而善[5]，何补于国[6]？"王曰："无补于国。""买马而恶[7]，何危于国？"王曰："无危于国。"对曰："然则买马善而若恶[8]，皆无危补于国。然而王之买马也，必将待工[9]。今治天下，举错非也[10]，国家为虚戾[11]，而社稷不血食[12]，然而王不待工，而与建信君[13]，何也？"赵王未之应也[14]。

[注释]

[1]遣：派遣。 [2]相马之工：有相马技能的人，指相马专家。 [3]建信君：赵王宠臣。 [4]纪姬：赵王宠姬。 [5]而：如。善：好。 [6]补：益。 [7]恶：不好。 [8]若：或。 [9]工：专家。 [10]举错：举措，措施。非：不对。 [11]虚戾：同"虚厉"，田舍荒废，人民灭绝。 [12]社稷不血食：社稷无人祭祀。谓政权灭亡。 [13]与：给。谓将国政交给不是治国专家的建信君。 [14]未之应：不回应他。

客曰："郭燕之法[1]，有所谓柔雍者[2]，王知之乎？"王曰："未之闻也。""所谓柔雍者，

"祸在于所爱",可谓至言。

便辟左右之近者[3],及夫人、优爱、孺子也[4]。此皆能乘王之醉昏,而求所欲于王者也。是能得之乎内[5],则大臣为之枉法于外矣。故日月晖于外[6],其贼在于内[7]。谨备其所憎[8],而祸在于所爱[9]。"

[注释]

[1]郭偃:人名,即郭偃。偃、偃通。底本原作"燕郭",今据姚宏校改。郭偃曾制定刑法之书。 [2]柔雍:即"柔痈",谓柔顺媚于国君的宠臣、宠姬,犹如国君身上的毒疮。痈,痈疽,毒疮。"柔"底本原误作"桑",今据姚宏校改。 [3]便(pián)辟:即"便嬖(bì)",君主宠爱的小臣。近:亲近。 [4]优爱:厚爱,溺爱。孺子:指年轻美女。 [5]得之乎内:得志于内。得,得意,心意达成。乎,于。 [6]日月晖于外:日月晕于外时。"晖"即"晕",日月晕谓日晕、月晕。 [7]其贼在于内:日月之蚀,晕于外而黑于内。贼,害。 [8]谨备其所憎:一般人会谨慎戒备他所憎恶的人。 [9]而祸在于所爱:但是祸害却在于他所宠爱的人。

[点评]

与本章类似的比喻和游说,又可参《齐四·先生王斗造门而欲见齐宣王》章和《赵三·建信君贵于赵》章,上述两章中的王斗、魏牟和本章之客,三人的游说策略和用词多有相同之处,像是同一个老师所教,或者说更像是掌握了一个技巧后,练习模拟了三篇不同背景下的游说习作。我更倾向于后者,认为本章亦为学习游说的模拟之作。即便如此，本章辞令说理畅快，逻辑环环相扣，类比恰当，总结精辟，不失为一篇优秀的讽谏之作，所以鲍彪说"有国有家者，宜置之座右"。

秦攻魏取宁邑

秦攻魏，取宁邑[1]，诸侯皆贺。赵王使往贺[2]，三反不得通[3]。赵王忧之，谓左右曰："以秦之强，得宁邑，以制齐、赵。诸侯皆贺，吾往贺而独不得通，此必加兵我，为之奈何？"左右曰："使者三往不得通者，必所使者非其人也。曰谅毅者[4]，辨士也[5]，大王可试使之。"

[注释]

[1]宁邑：即魏国安邑，在今山西夏县。古书中"宁""安"可通。　[2]赵王：赵惠文王，名何，赵武灵王之子，公元前298年—前266年在位。使：派使者。　[3]三反：三次往返。"反"即"返"。通：达，指面见秦王。　[4]曰：有。谅毅：善辩之士，其人身世不详。　[5]辨：通"辩"。

谅毅亲受命而往。至秦，献书秦王曰[1]："大王广地宁邑[2]，诸侯皆贺，敝邑寡君亦窃嘉之[3]，不敢宁居[4]，使下臣奉其币物三至王廷[5]，而使不得通[6]。使若无罪，愿大王无绝其欢[7]；若使有罪，愿得请之[8]。"秦王使使者报曰[9]："吾所使赵国者[10]，小大皆听吾言，则受书币[11]；若不从吾言，则使者归矣。"谅毅对曰："下臣之来，固愿承大国之意也[12]，岂敢有难[13]？大王若有以令之，请奉而行之[14]，无所敢疑。"

[注释]

[1]秦王：秦昭王，名则，又名稷，公元前306年—前251年在位。 [2]广地：扩张土地。 [3]敝邑：敝国。嘉：祝贺。 [4]宁：安。 [5]币物：礼物，通常有帛、皮、玉、马等。 [6]使：使者。 [7]绝：断绝。欢：情谊。 [8]请：请罪。 [9]报：回复。 [10]使：役使，要求。 [11]书币：相关文书、币帛礼物。 [12]承：尊奉。 [13]难：拒斥，对抗。 [14]奉而行之："而"下底本原衍"西"字，据鲍彪注、金正炜《战国策补释》等删。

于是秦王乃见使者，曰："赵豹、平原君[1]，数欺弄寡人。赵能杀此二人，则可。若不能杀，请今率诸侯受命邯郸城下[2]。"谅毅曰："赵豹、平原君，亲寡君之母弟也[3]，犹大王之有叶阳、泾阳君也[4]。大王以孝治闻于天下，衣服使之便于体[5]，膳啗使之嗛于口[6]，未尝不分于叶阳、

禽兽亦有同理同情之心，人若无有，岂不如禽兽？谅毅对秦王的游说，乃立足于对人性的深刻揣摩与把握。

泾阳君。叶阳君、泾阳君之车马衣服,无非大王之服御者[7]。臣闻之:'有覆巢毁卵,而凤皇不翔[8];刳胎焚夭[9],而骐骥不至[10]。'今使臣受大王之令以还报,敝邑之君畏惧不敢不行,无乃伤叶阳君、泾阳君之心乎?"秦王曰:"诺。勿使从政[11]。"谅毅曰:"敝邑之君有母弟不能教诲,以恶大国[12],请黜之[13],勿使与政事[14],以称大国[15]。"秦王乃喜,受其弊而厚遇之[16]。

[注释]

[1]赵豹、平原君:平阳君赵豹、平原君赵胜,二人均赵惠文王同母之弟。 [2]率诸侯受命邯郸城下:率领诸侯进攻邯郸城。此委婉说法。 [3]母弟:同母兄弟。 [4]叶阳、泾阳君:叶阳君名悝(kuī),又称高陵君;泾阳君名市(fú),二人均秦昭王同母之弟。 [5]便:适合。 [6]啖(dàn):吃,食。嗛(qiè):通"慊",快意,满足。 [7]无非:无不是。服:穿的衣。御:驾的车。 [8]凤皇:凤凰。为珍禽。翔:飞来。见其同类全部覆灭,故不来。 [9]刳(kū):剖开。胎:尚在腹中未出生的兽胎。夭:动植物之初生者。 [10]骐骥:麒麟。为灵兽。 [11]勿使从政:不要让赵豹、平原君参与政事。 [12]恶(wù):得罪,冒犯。大国:指秦国。 [13]黜(chù):罢免。 [14]与:参与。 [15]称(chèn):称心满意。 [16]弊:通"币",币帛礼物。厚遇之:隆重对待使者谅毅。遇,待。

[点评]

谅毅出使秦国并成功游说秦王,鲍彪称他"有专对之材",谓"是举也,不辱君命,不失秦之心"。谅毅不仅有辩才,善于应对,最终不辱君命,而且他能揣摩人心,实际上他的成功主要就是建立在对秦王心理的揣摩之上,知道何时该卑辞退让,何时该据理争取。那些不知进退,一味只从自己利益角度出发而不揣摩对手的,虽然意气之下敢于与大国直接冲突,动辄怒骂,但实在算不上是深谙外交的使臣。《战国策》真的值得古今从事外交的人读一读。

赵太后新用事

赵太后新用事[1],秦急攻之。赵氏求救于齐。齐曰:"必以长安君为质[2],兵乃出。"太后不肯,大臣强谏。太后明谓左右:"有复言令长安君为质者[3],老妇必唾其面[4]。"

左师触龙言愿见太后[5]。太后盛气而胥之[6]。入而徐趋[7],至而自谢曰[8]:"老臣病足[9],曾不能疾走[10],不得见久矣,窃自恕[11],而恐太后玉体之有所郄也[12],故愿望见太后。"太后曰:"老妇恃辇而行[13]。"曰:"日食饮得无衰

万事开头难。好的开始,是成功的基础。一见面叙家常,便让对方放松了警惕,"老妇已入老臣彀中"。

乎[14]？"曰："恃鬻耳[15]。"曰："老臣今者殊不欲食[16]，乃自强步[17]，日三四里，少益耆食[18]，知于身也[19]。"太后曰："老妇不能。"太后之色少解[20]。

[注释]

[1] 赵太后：即赵威后，为赵惠文王之妻，赵孝成王之母。用事：执政。　[2] 长安君：赵孝成王之弟，赵太后少子。质：人质。　[3] 复：再。　[4] 唾：吐唾沫。　[5] 左师：官名。"触龙言"底本原误作"触詟"，今据湖南长沙马王堆汉墓出土帛书《战国纵横家书》《史记·赵世家》等改。言：说。　[6] 盛气：气鼓鼓地。胥（xū）：通"须"，等待。"胥"字底本原误作"揖"，今据帛书《战国纵横家书》《史记·赵世家》等改。　[7] 徐趋：小步趋前。　[8] 谢：谢罪，致歉。　[9] 病足：脚有病。　[10] 曾：竟。疾走：快走。　[11] 窃：私自，私下。自恕：自我宽恕。"恕"字《战国纵横家书》作"赦"。　[12] 而：只，唯独。郄（jué）：同"卻"，即"御（jué）"，劳累。　[13] 恃：依靠。辇（niǎn）：人拉的车。　[14] 日：每天。"日"，金正炜《战国策补释》认为是衍文，《战国纵横家书》和《史记》均无"日"字。衰：减少。　[15] 鬻（zhōu）：即"粥"。　[16] 今者：近来。"今者"在《战国纵横家书》和《史记》中作"间者"，前些时候。殊：特别，很。　[17] 强：勉强。步：步行。　[18] 少：稍。益：渐。耆：即"嗜"，喜欢。　[19] 知：病愈恢复。底本原误作"和"，据《战国纵横家书》和《史记》改。　[20] 少：稍。解（xiè）：即"懈"，缓和，松懈。

父母怎样才算真正爱自己的儿女，这是一个问题。触龙认为应该"计深远"。

左师公曰："老臣贱息舒祺[1]，最少[2]，不肖[3]。而臣衰[4]，窃爱怜之[5]。愿令得补黑衣之数[6]，以卫王宫[7]，没死以闻[8]。"太后曰："敬诺。年几何矣？"对曰："十五岁矣。虽少，愿及未填沟壑而托之[9]。"太后曰："丈夫亦爱怜其少子乎[10]？"对曰："甚于妇人。"太后笑曰："妇人异甚[11]。"对曰："老臣窃以为媪之爱燕后贤于长安君[12]。"曰："君过矣[13]，不若长安君之甚。"左师公曰："父母之爱子，则为之计深远[14]。媪之送燕后也，持其踵为之泣[15]，念其远也[16]，亦哀之矣。已行[17]，非弗思也，祭祀必祝之[18]，祝曰：'必勿使反[19]。'岂非计久长有子孙相继为王也哉？"太后曰："然。"左师公曰："今三世以前至于赵之为赵[20]，赵主之子侯者[21]，其继有在者乎[22]？"曰："无有。"曰："微独赵[23]，诸侯有在者乎[24]？"曰："老妇不闻也。""此其近者祸及身，远者及其子孙[25]。岂人主之子侯则必不善哉[26]？位尊而无功，奉厚而无劳[27]，而挟重器多也[28]。今媪尊长安君之位，而封之以膏腴之地[29]，多予之重器[30]，而不及今令有功于国[31]。一旦山陵崩[32]，长安君何以自托于赵？老臣以媪为长安君计短也[33]，故以为其爱不若燕后。"太后曰："诺。恣君之所使之[34]。"于是为长安君约车百乘质于齐[35]。齐兵乃出。

子义闻之曰[36]："人主之子也，骨肉之亲也，犹不能恃无功之尊，无劳之奉，而守金玉之重也，而况人臣乎？"

[注释]

[1]贱息：我的儿子。此谦卑之称。息，子。舒祺：触龙儿子之名。 [2]少：年少。 [3]不肖：不成材。 [4]衰：老。 [5]爱怜：疼爱。 [6]补：补充。黑衣：谓宫廷卫士。 [7]宫：底本原误做"官"，今据姚宏校、《战国纵横家书》、《史记》改。 [8]没死：即"昧死"，冒死。"没"同"昧"。 [9]填沟壑：去世埋葬，指死去。托：托付，委托。 [10]丈夫：男子。 [11]妇人异甚：妇人们疼爱得更厉害。异，特别。 [12]媪（ǎo）：对老妇人的尊称。燕后：赵太后之女，嫁到燕国为王后。贤：胜。 [13]过：错，误。 [14]计：考虑，谋划。 [15]踵：足踵。 [16]念：想到，念想。"念"下底本原有"悲"字，今据《战国纵横家书》和《史记》删。 [17]已行：她走了之后。 [18]祝：祷祝，祷告。 [19]反：即"返"，被废弃而遣返回国。 [20]三世以前：指赵孝成王、赵惠文王、赵武灵王三代以前，即赵肃侯尚未称王的时候。赵之为赵：赵氏成为诸侯国赵国，指赵烈侯时。 [21]赵主：赵之君主。子：底本原作"子孙"，今据《战国纵横家书》和《史记》删"孙"字。侯：为侯。 [22]继：继位为侯。 [23]微

独：非独，不单是，不仅仅。　[24]诸侯有在者乎：谓其他诸侯之子为侯的还有在的吗？　[25]子孙：《战国纵横家书》作"孙"，无"子"字。　[26]侯：底本原作"孙"，今据鲍彪本、《战国纵横家书》和《史记》改。必：一定。　[27]奉：同"俸"，俸禄。劳：功劳。　[28]挟：持有。重器：金玉宝器等。　[29]膏腴（yú）之地：肥沃之地。　[30]予：给。　[31]不及：赶不上，比不上。　[32]山陵崩：喻赵太后去世。　[33]短：不长远。　[34]恣：任意。使：使用，派遣。　[35]约车：装束马车。约，束。质：作人质。　[36]子义：赵国贤士。

[点评]

　　本章内容，又见于根据湖南长沙马王堆汉墓出土帛书整理而成的《战国纵横家书》，彼此在文字上仅稍有出入，可以据此帛书改正《战国策》中的一些错误。本章无论是在辞令游说还是文章写作上，都堪称典范之作。这个故事，在《战国策》中还有一个简化版本，即《燕策》中的"陈翠合齐燕"章，章中主人公变成了燕太后和陈翠。不知是陈翠袭用了触龙的智谋，还是一事两传。类似的情况，其实在《战国策》中还有存在。

秦使王翦攻赵

　　秦使王翦攻赵[1]，赵使李牧、司马尚御之[2]。李牧数破走秦军[3]，杀秦将桓齮[4]。王翦恶之[5]，乃多与赵王宠臣郭开等金[6]，使为反间[7]，曰：

"李牧、司马尚欲与秦反赵，以多取封于秦。"赵王疑之，使赵葱及颜聚代将[8]，斩李牧，废司马尚。后三月，王翦因急击，大破赵，杀赵军，虏赵王迁及其将颜聚，遂灭赵[9]。

[注释]

[1]王翦：秦国大将，助秦王政统一六国。《史记》有《王翦列传》可参，据《史记·秦始皇本纪》《廉颇蔺相如列传》，王翦攻赵在赵王迁七年，公元前229年。 [2]李牧：赵国大将。《史记》有《李牧列传》可参。司马尚：赵将。御：抵御。 [3]数：数次，多次。破：击败。走：逃。 [4]桓齮（yǐ）：秦国将领。 [5]恶（wù）：畏惧。 [6]与：给。赵王：名迁，赵悼襄王之子，公元前235年—前228年在位。 [7]反间：间谍离反。 [8]赵葱（cōng）：赵国将领。"葱"同"葱"。颜聚（zuì）：赵国将领。"聚"同"最"。 [9]灭赵：秦灭赵在公元前228年。

[点评]

本章虽无长篇游说辞令，但强调的仍是策谋的重要：秦将王翦在攻战上失利，不得不求助于反间之策，而赵王在如此危急的情况下被离间，换掉打胜仗的大将，因为他相信了郭开等人的游说。王翦用策谋击破赵军，赵王信游说而亡国，策谋、游说还真事关生死存亡。

魏

韩赵相难

韩、赵相难[1]。韩索兵于魏曰[2]:"愿得借师以伐赵。"魏文侯曰[3]:"寡人与赵兄弟,不敢从[4]。"赵又索兵以攻韩,文侯曰:"寡人与韩兄弟,不敢从。"二国不得兵[5],怒而反[6],已乃知文侯以讲于己也[7],皆朝魏。

[注释]

[1]相难:彼此交战。 [2]索:求。 [3]魏文侯:名斯,为魏国第一位国君,公元前445年—前396年在位。 [4]从:听从。 [5]不得兵:未能借到军队。 [6]反:同"返",返回。 [7]已乃知文侯以讲于己也:过后明白魏文侯实际已经与自己讲和了。不借给敌国军队,就是对己国的支持与和解。"以"同"已",已经。讲,讲和,和解。

[点评]

三角关系最难处。魏文侯的处理,可谓以"无为"而达到了"无不为"的效果,左右都以韩、赵为兄弟,难怪韩、赵最后都以魏为大哥。

乐羊为魏将而攻中山

乐羊为魏将而攻中山[1],其子在中山,中山之君烹其子而遗之羹[2],乐羊坐于幕下而啜之[3],尽一盃[4]。文侯谓睹师赞曰[5]:"乐羊以我之故,食其子之肉。"赞对曰:"其子之肉尚食之[6],其谁不食!"乐羊既罢中山[7],文侯赏其功而疑其心。

[注释]

[1]乐羊:魏文侯大将。中山:中山国,初在今河北定州东北,被魏所灭;后复国,定都灵寿,在今河北平山东北,为赵武灵王所灭。 [2]遗(wèi):送。羹:肉羹。 [3]啜(chuò):吃,喝。 [4]尽:吃完。盃(bēi):同"杯"。 [5]文侯:魏文侯。睹师赞:人名,睹师为姓氏,赞为名。 [6]尚:尚且。 [7]罢:罢兵,结束战争。谓灭中山。

[点评]

隐忍之人,有时固然能成就大事,但有时也令人害怕。但本章的重点不在于此,而在于睹师赞利用了这一点,说出的一句话,这句话犹如暗中的利刃,且杀人于无血。魏国大将乐羊率军浴血奋战于外的战功,被内廷之臣这一句话顷刻之间消减大半。这句话,还给君主心中留下了阴影，为乐羊埋下了祸根。臣要慎言，君要慎听。为君、臣者，不可不慎哉！乐氏将门，先仕于魏，后被迫逃走仕于燕，又后来被迫逃走仕于赵，身为良将，可悲可叹！

文侯与虞人期猎

文侯与虞人期猎[1]。是日[2]，饮酒乐，天雨[3]。文侯将出，左右曰："今日饮酒乐，天又雨，公将焉之[4]？"文侯曰："吾与虞人期猎，虽乐[5]，岂可不一会期哉[6]！"乃往[7]，身自罢之[8]。魏于是乎始强。

[注释]

[1]文侯：魏文侯。虞人：掌山林川泽的官。期猎：约定时间打猎。期，约。 [2]是：这。 [3]雨：下雨。 [4]焉：哪里。之：去。 [5]乐：饮酒快乐。 [6]岂可不：岂能不。一：语气助词。会期：赴约。 [7]往：去。 [8]身：亲身，亲自。罢之：取消打猎的约定。

[点评]

君主尤其需要讲信，可以说信是立国之本。春秋时齐桓公不违背自己在柯之会上被迫许下的承诺，晋文公也不改变自己定下的攻打原这个地方的期限，为天下所称道，先后成为春秋的霸主。然而更难的是大人而守小信，魏文侯身为一国之主，仍然对自己下面的一个低级官吏讲信诺，也算是千乘之诺了。难怪古人说一言九鼎，一诺千金。

苏子为赵合从说魏王

苏子为赵合从说魏王曰[1]："大王之垆[2]，南有鸿沟、陈、汝南[3]，有许、鄢、昆阳、邵陵、舞阳、新郪[4]；东有淮、颍、沂、黄、煮枣、海盐、无疏[5]；西有长城之界[6]；北有河外、卷、衍、燕、酸枣[7]，垆方千里。垆名虽小，然而庐田庑舍[8]，曾无所刍牧牛马之地[9]。人民之众，车马之多，日夜行不休已，无以异于三军之众[10]。臣窃料之[11]，大王之国，不下于楚。然横人谋王外交强虎狼之秦[12]，以侵天下，卒有国患[13]，不被其祸[14]。夫挟强秦之势[15]，以内劫其主[16]，罪无过此者。且魏，天下之强国也；大王，天下之贤主也。今乃有意西面而事秦[17]，称东藩[18]，筑帝宫[19]，受冠带[20]，祠春秋[21]，臣窃为大王愧之[22]。

地广人多

[**注释**]

[1] 苏子：苏秦。合从：即"合纵"。魏王：魏惠王，名䓪（yīng），为魏文侯之孙，魏武侯之子，公元前369年—前319年在位。　[2] 坔：即"地"字。章中坔、地并用，姑且保持原貌。　[3] 鸿沟：古运河名。陈：在今河南淮阳。汝南：在今河南汝南。　[4] 有：同"又"。一说"有"字为衍文。许：在今河南许昌东。鄢：在今河南鄢陵。昆阳：在今河南叶县北。邵陵：即召（shào）陵，在今河南郾城东。舞阳：在今河南舞阳。新郪（qī）：在今安徽阜阳。　[5] 淮：淮水。颖：颖水。"颖"在《史记》中作"颍"。沂（yí）：沂水。黄：黄沟河。煮枣：在今山东菏泽。海盐、无疏：二地不详。　[6] 西有长城之界：西边有长城和秦国分界隔开。　[7] 河外：此指今河南郑州以东的黄河以南地区。卷：在今河南原阳北。衍：在今河南郑州北。燕：南燕，在今河南封丘北。一本无"燕"字。酸枣：在今河南延津。　[8] 庐田庑舍：曾巩校本、《史记·苏秦列传》作"田舍庐庑"。谓地上遍布各类房屋庐舍。　[9] 曾无所刍牧牛马之地：竟然没有喂牧牛马的地儿。曾，竟。刍，用草喂牲口。牧，牧养。　[10] 无以异于：无异于。此指不少于三军之众，言其众多。　[11] 料：估量。　[12] 横人：主张连横的人。谋：王念孙《读书杂志》说当依鲍彪本作"诛（xù）"，诱导胁迫。　[13] 卒：终。患：祸难。　[14] 不被其祸：谓连横的人却不遭受祸难。　[15] 挟：依仗，凭借。　[16] 劫：逼迫，威胁。　[17] 乃：竟然。　[18] 东藩：东面的藩属之国。　[19] 筑帝宫：为秦修筑帝王之宫。指筑宫备秦巡狩之用。　[20] 受冠带：接受秦王封赏的冠带。指接受秦国的衣服、制度。　[21] 祠春秋：春秋都要贡奉以助秦祭祀。祠，祭祀。　[22] 魄（kuì）：即"愧"，羞愧。

此言其利而不言其弊，言其长而不言其短，即"捭阖"之"捭"术，长之、利之，以倡导"纵"。

"臣闻越王勾践以散卒三千[1]，禽夫差于干遂[2]；武王卒三千人[3]，革车三百乘[4]，斩纣于牧之野[5]。岂其士卒众哉？诚能振其威也[6]。今窃闻大王之卒，武力二十余万[7]，苍头二十万[8]，奋击二十万[9]，厮徒十万[10]，车六百乘，骑五千疋[11]。此其过越王勾践、武王远矣！今乃劫于辟臣之说[12]，而欲臣事秦。夫事秦必割地效质[13]，故兵未用而国已亏矣。凡群臣之言事秦者，皆奸臣，非忠臣也。夫为人臣，割其主之垒以求外交，偷取一旦之功而不顾其后[14]，破公家而成私门[15]，外挟强秦之势，以内劫其主以求割垒，愿大王之熟察之也[16]。

[注释]

[1]勾践：越王允常之子，公元前497年—前465年在位。可参《史记·越王勾践世家》。散卒：散兵。"散"字《史记·苏秦列传》作"敝"，疲惫。 [2]禽：即"擒"。夫差：吴王阖闾之子，公元前495年—前473年在位。干遂：即干隧，在今江苏苏州。 [3]武王：周武王。 [4]革车：兵车。 [5]纣：商纣，商代最后一位君主。牧之野：牧野，在今河南淇县南。 [6]振：奋。 [7]武力：武装力士，即武卒。"武力"《史记·苏秦列传》作"武士"。 [8]苍头：青巾裹头的战士，以区别于普通士兵。"二十万"，底本原作"二千万"，据鲍彪本及《史记·苏秦列传》

改。　[9]奋击：敢于奋勇杀敌的士卒。　[10]厮徒：从事其他杂役的人。　[11]疋(pǐ)：即"匹"。　[12]劫：胁迫。辟臣：即"嬖臣"，受宠幸的近臣。一说当从鲍彪本、《史记》作"群臣"，"辟"为"群"之误。　[13]效质：献上人质。一说"质"当依姚宏校、《史记》作"实"，实谓财宝。　[14]偷：苟且。取：获取。一旦：一时。　[15]破公家而成私门：损害国家土地财宝而成就个人功名。　[16]熟：仔细，周密。

"《周书》曰[1]：'绵绵不绝，缦缦奈何[2]；毫毛不拔，将成斧柯[3]。'前虑不定[4]，后有大患，将奈之何？大王诚能听臣，六国从亲[5]，专心并力，则必无强秦之患。故敝邑赵王使使臣献愚计[6]，奉明约[7]，在大王诏之[8]。"魏王曰："寡人不肖，未尝得闻明教[9]。今主君以赵王之诏诏之[10]，敬以国从。"

[注释]

[1]《周书》：今又称《逸周书》，相传为孔子编定《尚书》后所余篇章的汇集。下面引文出自《周书·和寤》。　[2]"绵绵不绝"二句：谓弱小时不除掉，蔓延茂盛后就无可奈何了。绵绵，薄弱细小的样子。绝，去除，根绝。缦缦，长大茂盛的样子。　[3]"毫毛不拔"二句：谓细小时不拔除，将来会长成斧柄。毫毛，指树之萌芽，比喻细小。拔，拔除，伐除。柯，斧柄。　[4]前虑不定：前面的谋虑不果断。　[5]从亲：指结成合纵联盟。"从"即

"纵"。　[6]赵王：赵肃侯。　[7]奉：奉上。明约：即盟约。"明"同"盟"。　[8]在：由，听凭。诏：教导。　[9]明教：高明指导。　[10]主君：对苏秦的尊称。当时卿大夫可称主、称君。

[点评]

本章借苏秦之口的合纵游说，实际仍是虚拟的策士之词，它和下一章"张仪为秦连横说魏王"章合起来可以看作是一场对台戏，不妨对照来读。本章对魏国地理、人口、军事的描述虽有一些夸饰，但也不得不佩服作者对当时魏国的实际情况还是有所掌握的。作为一名合格的纵横家，不仅要善于计谋，也要有好的口才，还要有充分的各类知识储备，对古今历史掌故了如指掌，将天下地理人口装在心中，这些确实需要有教材来学习、有老师作指导才行。

张仪为秦连横说魏王

这一段，可与上一章第一段对照而读。此言其弊而不言其利，即用"捭阖"之"阖"术言其短、言其弊，以倡导"横"。故纵横捭阖之术亦名"长短"术。

张仪为秦连横说魏王曰："魏地方不至千里[1]，卒不过三十万人。垒四平[2]，诸侯四通[3]，条达辐凑[4]，无有名山大川之阻。从郑至梁[5]，不过百里；从陈至梁[6]，二百余里。马驰人趋[7]，不待倦而至梁[8]。南与楚境[9]，西与韩境，北与赵境，东与齐境，卒戍四方[10]，守亭障者参列[11]。粟粮漕庾[12]，不下十万。魏之墬势，故战场也[13]。魏南与楚而不与齐[14]，则齐攻其东；东与齐而不与赵，则赵攻其北；不合于韩[15]，则韩攻其西；不亲于楚，则楚攻其南。此所谓四分五裂之道也[16]。

[**注释**]

[1]不至：不到。 [2]墬四平：土地四面平坦。"墬"即"地"。 [3]诸侯四通：与诸侯四面相通。 [4]条达：如树木枝条四方延伸。辐凑：如车轮辐条集凑车轴。 [5]郑：韩国首都新郑，在今河南新郑。梁：魏国首都大梁，在今河南开封。 [6]陈：楚国陈邑，在今河南淮阳。 [7]驰：快跑。趋：快行。 [8]待：等。倦：疲惫劳累。 [9]境：接壤。 [10]卒戍四方：戍卒守卫四方。 [11]亭障：指边境驻兵守卫的亭楼城堡。参列：散布排列。 [12]粟粮：粮食。漕：水路运输。庾（yǔ）：粮仓。 [13]故通"固"，本来，原本。 [14]与：亲附。 [15]合：联合。 [16]道：道途。

"且夫诸侯之为从者[1]，以安社稷、尊主、强兵、显名也[2]。合从者[3]，一天下、约为兄弟、刑白马以盟于洹水之上以相坚也[4]。夫亲昆弟，同父母，尚有争钱财。而欲恃诈伪反覆苏秦之余谋[5]，其不可以成亦明矣。

[注释]

[1]为从：进行合纵的。"从"即"纵"。　[2]显名：扬显功名。　[3]合从：即"合纵"。《史记·张仪列传》"合"作"今"。　[4]一天下：联合六国。刑：杀。洹（huán）水：在今河南北部，源出今河南林县，经安阳至内黄流入卫水。坚：巩固。　[5]恃：仗恃。余谋：小谋略。

"大王不事秦，秦下兵攻河外[1]，拔卷、衍、燕、酸枣[2]，劫卫取阳晋[3]，则赵不南[4]；赵不南，则魏不北；魏不北，则从道绝[5]；从道绝，则大王之国欲求无危不可得也。秦挟韩而攻魏[6]，韩劫于秦，不敢不听。秦、韩为一国，魏之亡可立而须也[7]，此臣之所以为大王患也[8]。为大王计[9]，莫如事秦，事秦则楚、韩必不敢动；无楚、韩之患，则大王高枕而卧，国必无忧矣。

[注释]

[1]河外：指今河南郑州以东的黄河以南地区。　[2]卷：在今河南原阳北。衍：在今河南郑州北。燕：南燕，在今河南封丘北。酸枣：在今河南延津。　[3]劫：威逼，胁迫。阳晋：在今山东郓城西。"阳晋"底本原误作"晋阳"，据《史记》改。　[4]不南：不能南下。　[5]从道：合纵之道。绝：不通。　[6]挟：挟持。　[7]须：等待。　[8]患：忧虑。　[9]计：考虑，谋划。

"且夫秦之所欲弱莫如楚[1]，而能弱楚者莫若魏。楚虽有富大之名，其实空虚；其卒虽众多，言而轻走易北[2]，不敢坚战[3]。魏之兵南面而伐，胜楚必矣。夫亏楚而益魏，攻楚而适秦[4]，内嫁祸安国[5]，此善事也。大王不听臣，秦甲出而东[6]，虽欲事秦而不可得也。

[注释]
[1]弱：消弱。 [2]言而：即"然而"。鲍彪本及《史记》作"然而"。轻：轻易。走：逃跑。北：败。 [3]坚战：坚持作战。 [4]适：悦。 [5]内：读作"乃"。嫁祸：指"亏楚""攻楚"。安国：指"益魏""适秦"。 [6]甲：兵。东：向东攻伐魏国。

"且夫从人多奋辞而寡可信[1]，说一诸侯之王，出而乘其车[2]；约一国而反，成而封侯之基[3]。是故天下之游士，莫不日夜搤腕瞋目切齿以言从之便[4]，以说人主。人主览其辞[5]，牵其说[6]，恶得无眩哉[7]？臣闻积羽沈舟[8]，群轻折轴[9]，众口铄金[10]，故愿大王之熟计之也。"

魏王曰："寡人蠢愚[11]，前计失之。请称东藩[12]，筑帝宫，受冠带，祠春秋，效河外[13]。"

纵横之士，出口便成章。

[**注释**]

[1] 从人：主张合纵的人。奋：骄夸。寡：少。 [2] "说一诸侯之王"二句：说服一位诸侯王合纵，事成便有车可乘。出，成，成功。 [3] "约一国而反"二句：约好一个国家反秦，便成就其封侯之业。后一"而"字，其。基，基业。 [4] 搤（è）腕：即扼腕，握住手腕。瞋（chēn）目：瞪着眼睛。切齿：咬牙。以言从之便：来大讲合纵的好处。便，利。 [5] 览：同"揽"，采纳，接受。 [6] 牵其说：被其理论所牵制。 [7] 恶（wū）得：怎能。眩：迷惑。 [8] 积羽沈舟：羽毛堆积多了也能压沉船。"沈"即"沉"。 [9] 群轻折轴：轻的东西多了也能压断车轴。折，断。 [10] 众口铄（shuò）金：说的坏话多了也能熔毁金属。铄，销熔。 [11] 蠢愚：愚蠢。 [12] "称东藩"以下四句：参见上一章注解。 [13] 效：进献。

[**点评**]

本章以张仪之口对魏王进行连横游说，无论从游说思路、字词使用、行文结构，都与上一章苏秦为赵合从说魏王类似，此外本章中所记述的一些情况，也与史实不合，可见本章也是拟写的策士之辞。本章一开始便说"魏地方不至千里"，然而上一章则说魏乃"地方千里"，可见游说目的不同，同样的事实便在游士的口中呈现出不同的面貌，因此面对他人这样或那样的说法，君主自己应该有清楚的认识、冷静的判断，否则人云亦云，就会像上面两章中的魏王一样，一会儿说"寡人不肖"就听从合纵之策，一会儿又说"寡人蠢愚"而采用连横之计。

张仪欲以魏合于秦韩

张仪欲以魏合于秦、韩而攻齐、楚[1]。惠施欲以魏合于齐、楚以案兵[2]。人多为张子于王所[3]。

惠子谓王曰[4]:"小事也,谓可者谓不可者正半[5],况大事乎?以魏合于秦、韩而攻齐、楚,大事也,而王之群臣皆以为可。不知是其可也如是其明耶[6]?而群臣之知术也如是其同耶[7]?是其可也未如是其明也?而群臣之知术也又非皆同也?是有其半塞也[8]。所谓劫主者,失其半者也[9]。"

在大事上人皆同声,易遮盖不同意见,导致谋划不周。虽众口一词,但可能会出现鲍彪担心的"事不明而欲王必从,是劫王也"的情况。

[注释]

[1]合:联合。 [2]惠施(约前370—约前310):宋国人,为战国时哲学家、诸子中名家的代表人物,魏国之相。案兵:即按兵,停止战争。"案"同"按",停止,抑止。 [3]人多为张子于王所:在魏王之处人们大多帮张仪说话。为(wèi),帮助。张子,张仪。王,一说为魏惠王,一说为魏襄王。所,处。 [4]惠子:惠施。 [5]正:尚且。半:各占一半。 [6]不知是其可也如是其明耶:不知是这件事真的可行就像这样的明确?明,明确。 [7]而群臣之知术也如是其同耶:还是群臣的智谋就像这样的相同呢?而,抑或,还是。知术,智谋。"知"

同"智"。　[8]是有其半塞也：这样就是有一半人的意见被蔽塞而没有听到了。　[9]"所谓劫主者"二句：所谓的劫主，就是只能听到一半人的意见而失去了听另一半不同意见的君主。

[点评]

　　本章虽短，但讲了一个重要的大道理。惠施不是用常见的游说策谋之辞，而是用名家思辨的言说技巧，来提醒君主：那些所谓明确的结论，真的就那样明确吗？多数人同意的意见真的代表了正确吗？人们在小事上都会有不同的意见，在大事上就更应该重视不同的意见。不同意见，并不一定就是反对，而是不同角度、不同立场的看法而已。同意大部分人的意见是容易的，重视小部分人的不同意见是不容易的。聪明的君主，对小部分人不同意见的重视，应该超过大部分人那些一致的意见才对。如果君主总被大部分人的意见所裹挟，听不到不同意见，就有被劫的危险了。正所谓：兼听则明，偏听则暗。

魏惠王死

　　魏惠王死[1]，葬有日矣[2]，天大雨雪[3]，至于牛目[4]，坏城郭，且为栈道而葬[5]。群臣多谏太子者，曰："雪甚如此而丧行[6]，民必甚病之[7]，官费又恐不给[8]，请弛期更日[9]。"太子曰[10]：

"为人子，而以民劳与官费用之故[11]，而不行先王之丧，不义也。子勿复言。"

群臣皆不敢言，而以告犀首[12]。犀首曰："吾未有以言之也，是其唯惠公乎[13]！请告惠公。"

不知犀首是真不知如何谏说太子，还是故意推给惠施。

[注释]

[1]魏惠王死：魏惠王死于公元前319年。 [2]葬：下葬。有日：已定好日期。 [3]天大雨雪：天下大雪。雨，下。 [4]至于牛目：谓积雪高至牛之眼目。 [5]且：将。为：建造。栈道：铺设编连木板的道路。 [6]行：举行。 [7]病：困苦。 [8]费：财用，费用。给（jǐ）：充足。 [9]弛期更日：延缓时间更改葬日。弛，延缓。孙诒让《札迻》："弛者，易故期；更者，更择新日也。" [10]太子：魏惠王太子，后来继位即魏襄王，公元前318年—前296年在位。 [11]以：因。用：财用。 [12]犀首：指公孙衍，为著名纵横家。犀首为官名，公孙衍曾在魏国任犀首，故常以"犀首"代指公孙衍。 [13]是其唯惠公乎：这大概只有惠公能劝说了。惠公，惠施，魏国之相。

惠公曰："诺。"驾而见太子[1]，曰："葬有日矣？"太子曰："然。"惠公曰："昔王季历葬于楚山之尾[2]，滦水啮其墓[3]，见棺之前和[4]。文王曰：'嘻！先君必欲一见群臣百姓也夫[5]？故使滦水见之[6]。'于是出而为之张于朝[7]，百姓皆见之，三日而后更葬[8]。此文王之义也。今葬有日矣，而雪甚，及牛目，难以行，太子为及日之故[9]，得毋嫌于欲亟葬乎[10]？愿太子更日，先王必欲少留而扶社稷、安黔首也[11]，故使雪甚。因弛期而更为日，此文王之义也。若此而弗为，意者羞法文王乎[12]？"太子曰："甚善。敬弛期，更择日。"

惠子非徒行其说也[13]，又令魏太子未葬其先王而因又说文王之义。说文王之义以示天下，岂小功也哉！

[注释]

[1]驾：驾车。　[2]王季历：周文王之父，又称王季、季历。楚山：在今陕西户县之南。　[3]淶（luán）：漏流。啮（niè）：咬啃，侵蚀。　[4]见棺之前和：露出了棺材的前头。"见"同"现"，现出。和，棺材两头的突出部分。　[5]先君：周文王称死去的父亲季历。欲：想。　[6]见：出。　[7]张：张设帷幕。"张于朝"鲍彪本无"于"字，注："张幕帟（yì）如朝廷然。""张朝"即张幕设朝，以供臣民朝见。　[8]更：再。　[9]及日：及时，按时。　[10]得毋嫌于欲亟葬乎：是不是有想急着下葬的嫌疑呢？得毋，即"得无"，是不是。亟（jí），急，快。　[11]少留：稍微停留。扶：同"抚"，安抚。安：安慰。黔首：黎民百姓。　[12]意：猜测。羞：耻。法：效法。　[13]徒：仅，只。行其说：推行自己的主张。

[点评]

惠施真是会做思想工作的人。事情能不能做,其实有时不关事情本身,而关乎其背后的道理。一个合适的道理,往往就是事情能否进行的关键。不能因为下雪就不尽人子的义务不按期举行葬礼,这是魏太子的道理;而大雪后下葬劳民费财,这是魏国臣下希望缓期下葬的道理,但却不是魏太子认可的道理。要让魏太子改变想法,惠施就必须要讲出另外的道理:因下雪而缓葬,体现了死去的魏王希望在地上多停留一段时间的意志,这更是效仿历史上伟大的周文王已有的行为。这道理如此之大,竟然完全满足了整个魏国君、臣、人民三方面的需要,到这时事情做起来还有问题吗?

五国伐秦

五国伐秦[1],无功而还。其后,齐欲伐宋,而秦禁之[2]。齐令宋郭之秦[3],请合而以伐宋[4]。秦王许之[5]。魏王畏齐、秦之合也[6],欲讲于秦[7]。

谓魏王曰[8]:"秦王谓宋郭曰:'分宋之城,服宋之强者[9],大国也[10]。乘宋之敝,而与王争得者[11],楚、魏也。请为王毋禁楚之伐魏也,而王独举宋[12]。王之伐宋也,请刚柔而皆用之[13]。如宋者，欺之不为逆者[14]，杀之不为雠者也[15]。王无与之讲以取埊[16]，既已得埊矣，又以力攻之，期于啗宋而已矣[17]。"

[注释]

[1]五国：赵、魏、韩、燕、齐五国。 [2]禁：止，制止。 [3]宋郭：人名，身世不详。之：往，去。 [4]合：联合。 [5]秦王：秦昭王。 [6]魏王：魏昭王，名遫，魏襄王之子，公元前295年—前277年在位。 [7]讲：媾和。 [8]魏王：魏昭王。言于魏王者，当为苏秦，一说为苏代。 [9]服：降服。 [10]大国：指齐国。"大国"底本原作"六国"，今据何建章《战国策注释》说改。 [11]争得：争得宋国之地。 [12]举：攻下。 [13]刚柔而皆用之：即下句"欺之""杀之"一起使用。 [14]不为逆：不算违背情理。 [15]不为雠：不会被仇视怨恨。 [16]无与之讲：不要和宋国媾和。无，勿。讲，媾和。埊（dì）：即"地"。 [17]期：期望。啗（dàn）：吞，吃。

秦、齐联合是连横的关键，也是魏国最害怕的。

"臣闻此言，而窃为王悲，秦必且用此于王矣[1]。又必且曰王以求埊[2]，既已得埊，又且以力攻王。又必谓王曰使王轻齐[3]，齐、魏之交已丑[4]，又且收齐以更索于王[5]。秦尝用此于楚矣，又尝用此于韩矣，愿王之深计之也。秦善魏不可知也已[6]。故为王计，太上伐秦[7]，其次宾秦[8]，其次坚约而详讲[9]，与国无相离也[10]。秦、齐合，国不可为也已[11]。王其听臣也，必无与讲[12]。

[注释]

[1]且：将。 [2]又必且曰王以求垄：又一定将向大王开口索求土地。 [3]轻：轻看，鄙视，此谓绝交。 [4]交：关系。丑：恶。 [5]收：拉拢，联合。索：求地。 [6]不可知：不可预知结果。也已：句末语气词。 [7]太上：最上。伐：攻打。 [8]宾：同"摈"，排斥，抵制。 [9]坚约：坚持合纵联合之约。详讲：假装媾和。"详"同"佯"，假装。 [10]与国：同盟国。离：背离。 [11]为：治。 [12]必无与讲：一定不要和秦国讲和。

"秦权重魏[1]，魏冉明孰[2]，是故又为足下伤秦者不敢显也[3]。天下可令伐秦，则阴劝而弗敢图也[4]，见天下之伤秦也，则先鬻与国而以自解也[5]。天下可令宾秦[6]，则为劫于与国而不得已者[7]。天下不可[8]，则先去[9]，而以秦为上交以自重也[10]。如是人者[11]，鬻王以为资者也，而焉能免国于患[12]？免国于患者，必穷三节[13]，而行其上。上不可，则行其中。中不可，则行其下。下不可[14]，则明不与秦而生以残秦[15]，使秦皆无百怨百利[16]，唯已之曾安[17]。令足下鬻之以合于秦[18]，是免国于患者之计也，臣何足以当之[19]？虽然，愿足下之论臣之计也[20]。

此论东方各国合纵之不易。

[**注释**]

[1]秦权重魏:秦国的威势大于魏国。一说"魏"字重复,当删。权,威势。重,大。 [2]魏冉:秦昭王母亲宣太后之弟,封为穰侯,长期在秦国掌权。"冉"底本原作"再",今据鲍彪本改。明孰:明了熟悉局势政事。"孰"同"熟"。 [3]又:同"有"。伤:伤害,损伤。显:显露,公开。 [4]阴劝:暗中鼓励,背地里支持。图:公开图谋。 [5]鬻(yù):出卖。与国:同盟国。自解:自我开脱。鲍彪注:"言与国为之,非我也。" [6]宾:同"摈",排斥,抵制。 [7]为:谓,说是。劫:胁迫。 [8]不可:谓不伐秦、摈秦。 [9]去:离去。谓背离同盟之国。 [10]上交:最重要的盟国,最友好的关系。 [11]是:此。 [12]免国于患:使国家免除患难。 [13]穷:究,探究。三节:指上"太上伐秦,其次宾秦,其次坚约而详讲"三者。 [14]下不可:谓媾和不成,盟国背离。 [15]明:公开。不与秦而生:不与秦共存活,即你死我活。据姚宏校一本"而"作"两","不与秦两生"义更显。残:消灭,摧毁。 [16]使秦皆无百怨百利:使秦国没有百倍之怨也没有百倍之利。百,百倍,谓多。 [17]已:结束。谓完成灭秦。一说"已"当作"亡"。曾:则。 [18]令:使。鬻之:出卖其他盟国。合:联合,媾和。 [19]何足以当之:怎能够与之相比。 [20]论:考量。

"燕,齐雠国也[1];秦,兄弟之交也[2]。合雠国以伐婚姻[3],臣为之苦矣[4]。黄帝战于涿鹿之野[5],而西戎之兵不至[6];禹攻三苗,而东夷之民不起[7]。以燕伐秦,黄帝之所难也,而臣以致燕甲而起齐兵矣[8]。

[**注释**]

[1] 齐雠国:燕国在易王、昭王时,燕、齐彼此相攻,互为仇国。 [2] 兄弟之交:即婚姻之交。古称婚姻为兄弟。谓秦国是燕国的婚姻兄弟之国。 [3] 合雠国以伐婚姻:联合燕国的仇国齐国,和燕国一起来攻打燕国的婚姻之国秦国。指把齐、燕联合起来一起攻秦。 [4] 苦:艰难,艰苦。 [5] 黄帝战于涿鹿之野:谓黄帝与蚩尤战于涿鹿之野。涿鹿,在今河北涿鹿。 [6] 西戎之兵不至:西方戎人的军队不来相助。 [7] 东夷之民不起:东方夷人不起兵帮忙。起,兴兵,起兵。 [8] 以:同"已",已经。致燕甲:使燕出兵。起齐兵:使齐兴师。

"臣又偏事三晋之吏[1],奉阳君、孟尝君、韩呡、周冣、周、韩余为[2],徒从而下之[3],恐其伐秦之疑也。又身自丑于秦[4],初之请焚天下之秦符者[5],臣也;次传焚符之约者[6],臣也;欲使五国约闭秦关者[7],臣也。奉阳君、韩余为既和矣[8],苏修、朱婴既皆阴在邯郸[9],臣又说齐王而往败之[10]。天下共讲[11],因使苏修游天下之语[12],而以齐为上交,兵请伐魏[13],臣又争之以死[14],而果西因苏修重报[15]。臣非不知秦权之重也[16],然而所以为之者,为足下也。"

实际上,合纵非只为救魏国,也为救东方各国。

[注释]

[1]偏：同"徧（biàn）"，遍，全。事：事奉。三晋：韩、赵、魏。吏：官员。　[2]奉阳君：赵国权臣李兑。孟尝君：齐国田文。韩岷（mǐn）：韩国大臣，又作"韩珉"。周冣（zuì）：周武公之子。周："周"字或为衍文，或下有脱字。韩余为：即韩徐为，赵国大臣。　[3]徒：特，只。从：听从，依顺。下之：低下身段服事他们。　[4]身：亲身，亲自。丑：恶。　[5]初：一开始。"初"底本原作"扮"，黄丕烈《战国策札记》："'扮'当作'初'，形近之讹也。二句是一事，上云'初'，下云'次'，自为对文。"今据改。焚天下之秦符：谓使各国与秦绝交。　[6]次：接下来。传：传达，递送。　[7]闭秦关：闭关不与秦往来。　[8]和（hè）：应和，响应。　[9]苏修、朱婴：二人为连横之人。阴：暗地里。　[10]败之：败苏修、朱婴连横之谋。　[11]共讲：共同讲和联合抗秦。　[12]使苏修游天下之语：谓秦国派苏修向各国宣扬。游，宣扬。　[13]兵请伐魏：请齐国兴兵伐魏。　[14]争之以死：以死争之，请齐不伐魏。　[15]果：终于。西因苏修重报：鲍彪注："修在邯郸，齐之西也。报以齐不伐魏。"重，再。报，报告秦国。　[16]权：威势。"权"底本原作"劝"，据鲍彪本改。

[点评]

本章分析了东方各国的局势，深刻揭示了合纵之难。面对强大秦国的逼迫和不断东进，东方各国也知道应该合纵联合起来抗秦，才能阻止这一趋势，怎奈东方各国之间也是矛盾重重，有大国有小国，内部也是弱肉强食的状况，个别小国为自保，便准备随时投向虎狼之秦的怀抱，只为了图一时安稳。所以对于合纵，苏秦直叹"为之苦矣"，尽管如此他仍做了大量有成效的工作，希望魏国与秦死拼到底。只是即便魏国能如此,其他各国却难以猜度。所以真正意义上的六国合纵抗秦,也就只是说说罢了,六国最终也就被秦国一一攻灭。此一棋局,纵横家其实早已推演完成,然而仍见六国后来一一走向不归之路。历史的车轮就这样轰轰而过,完全不顾旁边惊讶的观者。

田需贵于魏王

田需贵于魏王,惠子曰[1]:"子必善左右[2]。今夫杨[3],横树之则生[4],倒树之则生,折而树之又生。然使十人树杨,一人拔之,则无生杨矣。故以十人之众,树易生之物,然而不胜一人者,何也?树之难而去之易也。今子虽自树于王[5],而欲去子者众[6],则子必危矣。"

[注释]

[1]惠子:惠施。 [2]善:善待。 [3]杨:杨柳。 [4]树:种植。 [5]自树于王:指在魏王面前尊贵。 [6]众:众多。

[点评]

君主的宠幸向来很难长久,更何况人人都在想方设法得到君主的重用,为了得势就会倾轧、争斗甚至流血。

因此惠子用种树作比,提醒田需居安思危,善待左右,毕竟有时推翻自己的往往就是身边的人。同时这也算是惠子对台上之人的政治诫勉了:上台可能很难,但下台却很容易。在台上之时,如果树敌太多,就会非常危险。本章中树杨与拔杨的比喻,揭示了"树之难而去之易"这一生活中的哲理,给人以深刻的启迪:建设艰难但毁坏容易。

庞葱与太子质于邯郸

庞葱与太子质于邯郸[1],谓魏王曰[2]:"今一人言市有虎[3],王信之乎?"王曰:"否。""二人言市有虎,王信之乎?"王曰:"寡人疑之矣。""三人言市有虎,王信之乎?"王曰:"寡人信之矣。"庞葱曰:"夫市之无虎明矣,然而三人言而成虎。今邯郸去大梁也远于市[4],而议臣者过于三人矣[5]。愿王察之矣[6]。"王曰:"寡人自为知[7]。"于是辞行,而谗言先至[8]。后太子罢质[9],果不得见[10]。

"三人成虎",谎言重复无数遍之后就变成了事实。

[注释]

[1]庞葱:人名,在《韩非子·内储说上》作"庞恭"。太子:魏国太子。邯郸:赵国都城,在今河北邯郸。 [2]谓魏王曰:庞

葱对魏惠王说。　[3]市：市场。　[4]去：距离。大梁：魏国都城，在今河南开封。　[5]议：议论，非议。　[6]察：明察。　[7]自为知：谓自己知道，不会相信别人。　[8]谗言先至：谓庞葱尚未至邯郸，而谗言已到了魏王那里。　[9]罢质：结束在赵国作人质回到魏国。　[10]果不得见：果然庞葱不得见魏王。谓魏王已听信谗言。

[点评]

当谎言成为一种武器，似乎就很难抵挡，即便纵横家的巧舌，也堵不上别人的嘴。不仅本章的庞葱如此，甚至连深受燕昭王信任的苏秦，也不得不写信给燕昭王为自己辩白以表忠心。儒家在道德上高举"信"的大旗，法家也提出"信"是治国纲要，然而谎言与欺骗仍然充斥在战国的君臣谋士之间，这使人不得不对当时的社会进行反思，对纵横家自身的言行及其影响进行反思。"三人成虎"的寓言启示我们，如果听信传言，而不做实际考察，则错误难免。

秦败魏于华魏王且入朝于秦

秦败魏于华[1]，魏王且入朝于秦[2]。周䜣谓王曰[3]："宋人有学者[4]，三年反而名其母[5]。其母曰：'子学三年，反而名我者，何也？'其子曰：'吾所贤者[6]，无过尧、舜[7]，尧、舜名。

> 晓以事理，言明轻重缓急，强化正当性，这是非常必要的。

吾所大者[8]，无大天地，天地名。今母贤不过尧、舜，母大不过天地，是以名母也。'其母曰：'子之于学者[9]，将尽行之乎[10]？愿子之有以易名母也[11]。子之于学也，将有所不行乎[12]？愿子之且以名母为后也[13]。'今王之事秦，尚有可以易入朝者乎[14]？愿王之有以易之，而以入朝为后。"魏王曰："子患寡人入而不出邪[15]？许绾为我祝曰[16]：'入而不出，请殉寡人以头[17]。'"周䜣对曰："如臣之贱也，今人有谓臣曰入不测之渊而必出，不出，请以一鼠首为女殉者[18]，臣必不为也。今秦，不可知之国也，犹不测之渊也；而许绾之首，犹鼠首也。内王于不可知之秦[19]，而殉王以鼠首，臣窃为王不取也。且无梁孰与无河内急[20]？"王曰："梁急。""无梁孰与无身急[21]？"王曰："身急。"曰："以三者[22]，身，上也；河内，其下也。秦未索其下[23]，而王效其上[24]，可乎？"

[注释]

[1]华：华阳，在今河南新郑东南。秦败魏于华阳在公元前273年。 [2]魏王：魏䖝（xī）王，名圉（yǔ），魏昭王之子，

公元前 276 年—前 243 年在位。且：将。 [3]周䜣（xīn）：魏国之臣。 [4]学：在外求学。 [5]反：同"返"，回。名其母：称母之名。 [6]贤：认为贤。 [7]无过：不超过。 [8]大：认为大。 [9]子之于学者：你对于你所学的。 [10]将尽行之乎：要全部都实行吗？尽，全，都。行，实行。 [11]愿子之有以易名母也：希望你有别的去实行，以代替称母之名。 [12]将有所不行乎：也有暂不实行的吗？ [13]愿子之且以名母为后也：希望你把称母之名排在后面。 [14]易：代替。 [15]患：担忧。入而不出：入秦而不能出秦。 [16]许绾（wǎn）：秦国之臣。祝（zhòu）：发誓，赌咒。 [17]殉：牺牲。 [18]女：即"汝"，你。 [19]内：纳，入。 [20]且无梁孰与无河内急：况且失去大梁和失去河内相比哪个更紧急？梁，大梁，魏国首都，在今河南开封。河内，指今河南东北部黄河以北地区。 [21]无身：失去自身，即魏王本人。 [22]以三者：此三者。 [23]索：求。 [24]效：献。

王尚未听也。支期曰[1]："王视楚王[2]，楚王入秦，王以三乘先之[3]；楚王不入，楚、魏为一[4]，尚足以捍秦[5]。"王乃止[6]。王谓支期曰："吾始已诺于应侯矣[7]，今不行者欺之矣。"支期曰："王勿忧也。臣使长信侯请无内王[8]，王待臣也[9]。"

[注释]

[1]支期：魏王之臣。 [2]王视楚王：王可视楚王而定。 [3]王以三乘先之：王就派人轻车简从先于楚王到达秦国。

三乘,三辆车,谓使者轻车简从。 [4]为一:团结一致。 [5]捍:抵御。 [6]止:停止往秦国去。 [7]诺:许诺,答应。应侯:范雎(jū),被秦封为应侯。 [8]长信侯:此人时任魏相,与秦应侯相善。内:纳,入。 [9]待:等。

支期说于长信侯曰:"王命召相国[1]。"长信侯曰:"王何以臣为[2]?"支期曰:"臣不知也,王急召君。"长信侯曰:"吾内王于秦者,宁以为秦邪[3]?吾以为魏也。"支期曰:"君无为魏计,君其自为计[4]。且安死乎[5]?安生乎?安穷乎?安贵乎?君其先自为计,后为魏计。"长信侯曰:"楼公将入矣[6],臣今从[7]。"支期曰:"王急召君,君不行,血溅君襟矣[8]!"

[注释]

[1]召:召请。 [2]王何以臣为:大王找我干什么? [3]宁:岂,难道。 [4]君其自为计:您还是先为自己考虑吧。 [5]安:宁愿,乐意。 [6]楼公:可能指楼缓,他主张与秦连横。入:入宫见魏王。 [7]今:则。 [8]血溅君襟矣:谓将杀死长信侯。襟,衣襟。

不忌讳以"伪病"行欺,展示了策士为达目的而不择手段的一面。

长信侯行,支期随其后。且见王[1],支期先入谓王曰:"伪病者乎而见之[2]。臣已恐之矣[3]。"

长信侯入见王，王曰："病甚奈何[4]！吾始已诺于应侯矣，意虽道死[5]，行乎？"长信侯曰："王毋行矣！臣能得之于应侯[6]，愿王无忧。"

[注释]

[1]且：将。 [2]伪病者乎而见之：伪装生病来接见长信侯。 [3]恐：恐吓。之：长信侯。 [4]病甚奈何：病得太厉害怎么办。 [5]意：思，考虑。道死：死于道途。 [6]得之于应侯：谓能说服应侯同意魏王不去秦国。

[点评]

魏国在华阳被秦国打败之后，魏王只好准备入秦称臣，但此去可能凶多吉少。本章记周䜣、支期二人先后劝说魏王不要入秦，周䜣用打比喻的方法，向魏王说明事情的轻重缓急，不要轻易将自己置于危险之中，可谓说理清晰；支期则利用恐吓手段，使亲秦的魏相长信侯支持魏王不往秦国。可以说二人缺一不可，若没有周䜣的理性分析，支期的行为便没有了正当性；但若没有支期的行为，周䜣的想法也难于实施。所以鲍彪说，没有这二人，魏王可能就会像楚王那样，落得一个到了秦国就被扣留的下场。

秦将伐魏

秦将伐魏。魏王闻之[1],夜见孟尝君[2],告之曰:"秦且攻魏[3],子为寡人谋,奈何?"孟尝君曰:"有诸侯之救,则国可存也。"王曰:"寡人愿子之行也[4]。"重为之约车百乘[5]。

盖孟尝君言"有诸侯之救",心中便已有数矣。

[注释]

[1]魏王:魏昭王,名遫,魏襄王之子,公元前295年—前277年在位。 [2]孟尝君:齐国田文,此时在魏国任相。 [3]且:将。 [4]行:出行。谓到各国求救。 [5]重:隆重。

孟尝君之赵谓赵王曰[1]:"文愿借兵以救魏[2]。"赵王曰:"寡人不能。"孟尝君曰:"夫敢借兵者,以忠王也[3]。"王曰:"可得闻乎?"孟尝君曰:"夫赵之兵,非能强于魏之兵;魏之兵,非能弱于赵也。然而赵之地不岁危[4],而民不岁死;而魏之地岁危,而民岁死者,何也?以其西为赵蔽也[5]。今赵不救魏,魏歃盟于秦[6],是赵与强秦为界也,地亦且岁危,民亦且岁死矣。此文之所以忠于大王也。"赵王许诺,为起兵十万,车三百乘。

[注释]

[1]之：往，至。赵王：赵惠文王，名何，赵武灵王之子，公元前298年—前266年在位。　[2]文：孟尝君田文自称其名。　[3]忠王：忠于赵王。　[4]岁：每年。　[5]以其西为赵蔽也：因为魏国在西边成为了赵国的屏障。谓秦、赵之间隔有魏国。蔽，屏障。　[6]歃(shà)盟：歃血相盟。歃，以血涂口。古者相盟时，以血涂口，以表诚意。

又北见燕王曰[1]："先日公子常约两王之交矣[2]。今秦且攻魏，愿大王之救之。"燕王曰："吾岁不熟二年矣[3]，今又行数千里而以助魏，且奈何[4]？"田文曰："夫行数千里而救人者，此国之利也。今魏王出国门而望见军[5]，虽欲行数千里而助人，可得乎？"燕王尚未许也。田文曰："臣效便计于王[6]，王不用臣之忠计，文请行矣[7]。恐天下之将有大变也。"王曰："大变可得闻乎？"曰："秦攻魏未能克之也[8]，而台已燔[9]，游已夺矣[10]。而燕不救魏，魏王折节割地[11]，以国之半与秦[12]，秦必去矣[13]。秦已去魏，魏王悉韩、魏之兵[14]，又西借秦兵，以因赵之众[15]，以四国攻燕，王且何利[16]？利行数千里而助人乎？利出燕南门而望见军乎[17]？则

一个"大变"，确实将局面改变。

道里近而输又易矣[18],王何利?"燕王曰:"子行矣,寡人听子。"乃为之起兵八万,车二百乘,以从田文。

[注释]

[1]燕王:燕昭王。 [2]先日:从前。常:同"尝",曾。约两王之交:相约两国交好。 [3]岁不熟:年成不好。熟,农作物丰收,有收成。 [4]且奈何:将如何是好? [5]军:秦军。 [6]效:献。便计:有利燕国的计策。 [7]行:离开。 [8]克:攻克。 [9]台已燔(fán):楼台已焚毁。燔,焚烧。 [10]游已夺:行宫已丧失。游,观游之所。夺,丧失。 [11]折节:屈身下人。 [12]与:给。 [13]去:离开。 [14]悉韩、魏之兵:率领全部韩、魏之兵。悉,全。 [15]因:凭借。 [16]且:尚。 [17]军:军队。谓魏、韩、秦、赵四国之军。 [18]道里近而输又易:此时燕国出兵倒是路途近而物资运输也容易。

魏王大说[1],曰:"君得燕、赵之兵甚众且亟矣[2]。"秦王大恐,割地请讲于魏[3]。因归燕、赵之兵,而封田文。

[注释]

[1]说:同"悦",高兴。 [2]众:多。亟(jí):快速。 [3]讲:媾和,讲和。

[点评]

孟尝君向赵、燕两国借兵以救魏,然而因为所处地理位置不同,赵、燕两国的态度与冷热也便不同,孟尝君为之也采用了不同的游说策略:对赵讲明唇亡齿寒的道理,赵国出兵救魏就是救自己,因为魏国被秦灭亡,赵国就再也不能躲在魏国背后而要直接面对强秦,这种局势一讲便明白;但燕国离魏国有千里之远,认为秦攻魏跟自己没什么利害关系,所以救魏就不积极了,但孟尝君一旦将魏败于秦之后将要发生的"大变"呈现给燕王时,燕王也不得不为之动容,立即起兵救魏。三国联合之势,便已足使秦国不战而退了。不过,"秦大恐"便割地讲和,也夸张了。

魏王欲攻邯郸

魏王欲攻邯郸[1],季梁闻之[2],中道而反[3],衣焦不申[4],头尘不谷[5],往见王曰:"今者臣来,见人于大行[6],方北面而持其驾[7],告臣曰:'我欲之楚[8]。'臣曰:'君之楚,将奚为北面[9]?'曰:'吾马良。'臣曰:'马虽良,此非楚之路也。'曰:'吾用多[10]。'臣曰:'用虽多,此非楚之路也。'曰:'吾御者善[11]。'此数者愈善,而离楚愈远耳。今王动欲成霸王[12],举欲信于天下[13]。

"南辕北辙",出处在此。

恃王国之大[14]，兵之精锐，而攻邯郸，以广地尊名，王之动愈数[15]，而离王愈远耳[16]。犹至楚而北行也。"

[注释]
[1]魏王：魏惠王。邯郸：赵国都城。 [2]季梁：魏国之臣。 [3]中道而反：中途而返。中道，半路。"反"即"返"，返回。 [4]焦：通"癄（qiáo）"，皱缩。申：通"伸"，伸展。 [5]谷（yù）：同"浴"，洗。"谷"字底本误作"去"，据王念孙《读书杂志》等改。 [6]大行：大道。行，道路。 [7]方：正要。北面：面向北。持其驾：驾着马车。 [8]之：去，往。 [9]奚：何。 [10]用：资用，盘缠。 [11]御者：驾车的人。 [12]动欲成霸王：一行动就想成就霸业王业。 [13]举欲信天下：一举事就想取信于天下。信，取信。 [14]恃：仗恃，凭借。 [15]动：举动。数（shuò）：频繁，多次。 [16]王：王业。

[点评]
为论证自己的理论或观点，在《战国策》中游说之士创作了许多精妙的比喻和寓言，其中不少已成为中华文化与语言宝库中的素材，或成为我们今天常用的成语。本章所讲"南辕北辙"的比喻就是其中之一。由此可见如果方向与路线错误，马再良，车再好，资用再多，车夫再好，只会在错误的路上越走越远，目的地也就越不可及。

魏王与龙阳君共船而钓

魏王与龙阳君共船而钓[1]，龙阳君得十余鱼而涕下[2]。王曰："有所不安乎？如是何不相告也[3]？"对曰："臣无敢不安也[4]。"王曰："然则何为涕出？"曰："臣为臣之所得鱼也[5]。"王曰："何谓也？"对曰："臣之始得鱼也，臣甚喜；后得又益大[6]，今臣直欲弃臣前之所得矣[7]。今以臣凶恶[8]，而得为王拂枕席[9]。今臣爵至人君[10]，走人于庭[11]，辟人于途[12]。四海之内，美人亦甚多矣，闻臣之得幸于王也，必褰裳而趋王[13]。臣亦犹曩臣之前所得鱼也[14]，臣亦将弃矣[15]，臣安能无涕出乎？"魏王曰："误[16]！有是心也，何不相告也？"于是布令于四境之内[17]，曰："有敢言美人者族[18]。"

[注释]

[1]龙阳君：魏王宠幸之人，或为魏王男宠。共：同。 [2]涕：眼泪。 [3]相告：告诉我。 [4]无敢：不敢。 [5]为：因为。臣之所得鱼：底本原作"王之所得鱼"，今据鲍彪本改。得，钓到的。 [6]益：更。 [7]直：只。 [8]凶恶：谓相貌丑陋。凶，丑。恶，丑。 [9]为王拂枕席：谓与魏王同床共卧。拂，铺设。 [10]爵至人君：谓高封爵位为龙阳君。 [11]走人于庭：

让人在庭前趋走致礼。走，趋走，小步快走。　[12]辟人于途：让人在路上避让。"辟"同"避"，避让。　[13]褰（qiān）：撩起，提起。趋：趋附，趋近。　[14]犹：犹如，好像。曩（nǎng）：此前。　[15]弃：被抛弃。　[16]误：王念孙说当作"诶（xī）"，因形近而误。诶为叹词。　[17]布令：发布命令。四境之内：全国。　[18]族：灭族。

指出给君主献上美人作内应，不是一条好路。聪明人应该避开此道。

由是观之，近习之人[1]，其挚谄也固矣[2]，其自篡繁也完矣[3]。今由千里之外，欲进美人，所效者庸必得幸乎[4]？假之得幸[5]，庸必为我用乎[6]？而近习之人相与怨[7]，我见有祸，未见有福；见有怨，未见有德，非用知之术也[8]。

[注释]

[1]近习：亲近。　[2]挚（zhì）：进。谄（chǎn）：谄媚。固：固然，本就如此。　[3]篡繁：谓密织关系。鲍彪本改"篡繁"为"幂繫"，谓自我保护。完：完备。　[4]效：献。庸：岂。　[5]假：假如。之：其。幸：宠幸。　[6]庸必为我用乎：谓即便受宠幸，也不一定能为我所用。　[7]怨：恨。　[8]非用知之术也：不是使用智慧的途径。"知"同"智"。

[点评]

　　龙阳君贵为魏王男宠，和魏王同住同玩同乐，爵至封君，所到之处人皆避让，但他仍然担心有朝一日失去宠爱遭到抛弃，为此以钓鱼为比喻，在魏王那里撒娇流泪，让魏王下令禁止进献美人。有人视此为中国历史上较早记载的同性之恋，但和其他的后宫争宠相比，似乎也没有什么特别的。比较特别的是最后一段关于"献美"的另行议论，竟然认真地讨论起献美的可行性和收益大小，结论是不确定性高，风险还大，不应该把聪明才智用在这上面。这段讨论完全和第一段没有直接关联，可能是当年编者加上的私货。

秦王使人谓安陵君

秦王使人谓安陵君曰[1]："寡人欲以五百里之地易安陵[2]，安陵君其许寡人[3]？"安陵君曰："大王加惠，以大易小，甚善。虽然，受地于先王[4]，愿终守之，弗敢易。"秦王不说[5]。安陵君因使唐且使于秦[6]。

"以大易小"，托词而已。

秦王谓唐且曰："寡人以五百里之地易安陵，安陵君不听寡人，何也？且秦灭韩亡魏[7]，而君以五十里之地存者，以君为长者[8]，故不错意也[9]。今吾以十倍之地，请广于君[10]，而君逆寡人者[11]，轻寡人与[12]？"唐且对曰："否，非若是也[13]。安陵君受地于先王而守之[14]，虽千里不敢易也，岂直五百里哉[15]？"

[注释]

[1] 秦王：名政，即后来的秦始皇。安陵君：魏国封之于安陵，即鄢陵，在今河南漯河。 [2] 易：交换。 [3] 许：同意。 [4] 先王：魏王。"先王"底本原作"先生"，今据鲍彪本改。 [5] 说：同"悦"，高兴。 [6] 唐且(jū)：又作"唐雎"，魏国策士。 [7] 灭韩亡魏：秦灭韩在公元前230年，亡魏在公元前225年。 [8] 长者：德高望重的人。 [9] 错意：介意，上心，放在心上。"错"同"措"，置。 [10] 广：扩地。 [11] 逆：违背，不顺从。 [12] 轻：轻看，轻视。 [13] 若是：如此。 [14] 先王：底本原作"先生"，今据鲍彪本改。 [15] 直：只。

"天子之怒，伏尸百万"；"若士必怒，伏尸二人"，然百万似不抵二人。

秦王怫然怒[1]，谓唐且曰："公亦尝闻天子之怒乎？"唐且对曰："臣未尝闻也。"秦王曰："天子之怒，伏尸百万，流血千里。"唐且曰："大王尝闻布衣之怒乎？"秦王曰："布衣之怒，亦免冠徒跣[2]，以头抢地尔[3]。"唐且曰："此庸夫之怒也[4]，非士之怒也。夫专诸之刺王僚也[5]，彗星袭月[6]；聂政之刺韩傀也[7]，白虹贯日[8]；要离之刺庆忌也[9]，仓鹰击于殿上[10]。此三子者，皆布衣之士也，怀怒未发，休祲降于天[11]，与臣而将四矣。若士必怒，伏尸二人[12]，流血五步，天下缟素[13]，今日是也。"挺剑而起。

秦王色挠[14]，长跪而谢之曰[15]："先生坐，何至于此，寡人谕矣[16]。夫韩、魏灭亡，而安陵以五十里之地存者，徒以有先生也[17]。"

狭路相逢勇者胜。

[注释]

[1] 怫（fú）然：生气的样子。 [2] 免冠：脱下冠。徒跣（xiǎn）：光着脚。徒，空。跣，赤脚。 [3] 抢（qiāng）：撞，碰触。尔：而已。 [4] 庸夫：庸人，一般人。 [5] 专诸之刺王僚：春秋末期吴国公子光派专诸藏匕首于鱼腹刺死了吴王僚。公子光即位，即吴王阖闾。王僚，吴王僚。 [6] 袭：击。 [7] 聂政之刺韩傀（guī）：战国时齐国勇士聂政刺杀韩国之相韩傀。 [8] 贯：穿。 [9] 要离之刺庆忌：吴王阖闾派遣勇士要离刺杀了吴王僚之子庆忌。 [10] 仓鹰：即"苍鹰"。击：扑击。 [11] 休祲（jìn）降于天：征兆降自于天。休祲指吉兆和凶兆，此处偏指祲，义为不祥的云气。 [12] 二人：谓秦王与唐且。 [13] 缟素：穿白色孝服。谓天下将为秦王服丧。 [14] 色挠（náo）：面露胆怯之色。 [15] 谢：谢罪，告罪。 [16] 谕：晓得，明白。 [17] 徒：只。以：因。

[点评]

唐且在《战国策》中出现了好几次，从时期上看可能不是同一人，但更可能是借用其名、虚拟其辞，所以不重史实之真伪、错出，其人出现之时代先后亦不必尽合。或者可以把唐且看作是一个代表策士的符号。本章中唐且之事也为虚拟，试想按照秦的法律，岂能容许唐且带剑上廷见王；没有剑，恐怕现实中的唐且仅能逞口舌之快了。不过通过本章所述，可以使人感受到从一介布衣爆发出的敢于一死拼之的大无畏精神，确实撼天动地，令君主胆颤不已。

韩

魏之围邯郸

魏之围邯郸也，申不害始合于韩王[1]，然未知王之所欲也，恐言而未必中于王也[2]。王问申子曰[3]："吾谁与而可[4]？"对曰："此安危之要[5]，国家之大事也。臣请深惟而苦思之[6]。"乃微谓赵卓、韩晁曰[7]："子皆国之辩士也[8]，夫为人臣者，言可必用，尽忠而已矣[9]。"二人各进议于王以事[10]。申子微视王之所说以言于王[11]，王大说之。

[注释]

[1]申不害：郑国人，为战国中期法家人物，曾任韩昭侯之相。可参《史记·老子韩非列传》。始：开始。合：交往，接触。韩王：名武，即韩昭侯，又称韩昭釐侯，公元前362年—前333年在位。 [2]中（zhòng）于王：合于王意。中，合。 [3]申子：申不害。 [4]吾谁与而可：我和谁同盟才好？鲍彪注："与魏耶？赵耶？"与，同盟。 [5]要：关键。 [6]惟：思，想。 [7]微：暗地里。赵卓、韩晁：韩国之臣。 [8]辩士：能言

善辩之士。　[9] 言可必用，尽忠而已矣：谓向君主进言何必管他可用不可用，只要尽忠就行了。"可必"即"何必"。"可"即"何"。　[10] 二人各进议于王以事：即"二人各以事进议于王"。进议，献言献策。　[11] 微：暗地里。视：观察，看。说：同"悦"。

[点评]

对君主察言观色，投其所好，几乎是大部分游士的敲门技巧。要想得到君主的任用，尤其是刚开始求职时，首先要让君主喜欢你，才会有进一步的机会，以致最终能让君主实施自己的主张，这可算是一种策略，但如果将此作为最终的目的，那就是孟子所鄙视的"妾妇之道"了，真正的士人当以此为耻。

五国约而攻秦

> 五国攻秦，犹不能伤秦，可见合纵之不易。

五国约而攻秦[1]，楚王为从长[2]，不能伤秦，兵罢而留于成皋[3]。魏顺谓市丘君曰[4]："五国罢[5]，必攻市丘，以偿兵费[6]。君资臣[7]，臣请为君止天下之攻市丘[8]。"市丘君曰："善。"因遣之。

[注释]

[1] 五国：韩、赵、魏、燕、齐。　[2] 楚王：楚怀王。从长：合纵联盟的盟主。　[3] 罢：停止。成皋：在今河南荥阳。　[4] 魏

顺：人名，一说为孔子后代子顺，即曾为魏相的子慎。市丘君：韩之封君。市丘约在今河南荥阳东北。 [5]罢：罢兵，谓停止攻秦。 [6]偿：补偿。 [7]资：助。 [8]止：阻止。

魏顺南见楚王曰："王约五国而西伐秦，不能伤秦，天下且以是轻王而重秦，故王胡不卜交乎[1]？"楚王曰："奈何？"魏顺曰："天下罢，必攻市丘，以偿兵费。王令之勿攻市丘。五国重王[2]，且听王之言而不攻市丘；不重王，且反王之言而攻市丘。然则王之轻重必明矣。"故楚王卜交而市丘存。

此亦借势。

[注释]
[1]卜交：测一下诸侯是否轻楚王而重秦。卜，测知。交，关系。 [2]重：重视，看重。

[点评]
按本章所记结果，则五国听楚王之言而未攻市丘，是五国仍重视楚国。但在楚王的领导下，六国攻秦而不能伤秦，也可见合纵联盟之松散。从策谋的角度看，五国此时还重视楚王，魏顺应该是有所预料而且比较清楚的，所以才敢出此策，当然游说楚王之时，则不能让楚王知道这一点，反而要让楚王对此充满疑惑才行，而松散的合纵联盟、五国各自打算的现状，就正好被魏顺借

势作为游说背景,并顺利达到自己的目的。

或谓公仲曰听者听国

或谓公仲曰[1]:"听者听国[2],非必听贵也[3]。故先王听谚言于市[4],愿公之听臣言也。公求中立于秦[5],而弗能得也[6],善公孙郝以难甘茂[7],劝齐兵以劝止魏[8],楚、赵皆公之雠也[9]。臣恐国之以此为患也[10],愿公之复求中立于秦也。"

多听群众意见,了解民间心声,统治才有坚实基础。

[注释]
[1]或:有人。公仲:人名,韩国之相。 [2]听者:听取意见的。听国:听于国人。国,国人,城中民众。 [3]贵:贵族。"贵"底本原误作"实",今据金正炜《战国策补释》改。 [4]谚言:谚语,俗语。市:市场。 [5]求中立于秦:向秦国请求让韩国在与齐、魏的关系上保持中立。 [6]弗能得:谓秦不许韩中立。 [7]善:友好对待。公孙郝:又作"公孙赫",秦人。难:作对,仇视。甘茂:秦臣,曾在秦惠王时为副将,秦武王时为左丞相。公孙郝善齐,而甘茂善魏。 [8]劝齐兵以劝止魏:帮助齐国军队,而制止魏国。劝,助。一说"劝止"当作"止",制止。 [9]楚、赵皆公之雠也:楚、赵与齐为仇,故亦为公仲之仇。 [10]以此:因此。

公仲曰："奈何？"对曰："秦王以公孙郝为党于公而弗之听[1]，甘茂不善于公而弗为公言，公何不因行愿以与秦王语[2]？行愿之为秦王臣也公[3]，臣请为公谓秦王曰[4]：'齐、魏合与离[5]，于秦孰利[6]？齐、魏别与合[7]，于秦孰强？'秦王必曰：'齐、魏离，则秦重；合，则秦轻。齐、魏别，则秦强；合，则秦弱。'臣即曰：'今王听公孙郝，以韩、秦之兵应齐而攻魏[8]，魏不敢战，归地而合于齐[9]，是秦轻也，臣以公孙郝为不忠。今王听甘茂，以韩、秦之兵据魏而攻齐[10]，齐不敢战，不求割地而合于魏[11]，是秦轻也，臣以甘茂为不忠。故王不如令韩中立以攻齐[12]，王言救魏以劲之[13]。齐、魏不能相听[14]，久离兵史[15]。王欲[16]，则信公孙郝于齐[17]，为韩取南阳[18]，易谷川以归[19]，此惠王之愿也[20]。王欲，则信甘茂于魏，以韩、秦之兵据魏以郄齐[21]，此武王之愿也[22]。臣以为，令韩以中立以攻齐[23]，最秦之大急也[24]。公孙郝党于齐而不肯言[25]，甘茂薄而不敢谒也[26]，此二人，王之大患也[27]。愿王之熟计之也[28]。'"

此一段游说秦王的内容，全为预设的拟辞。

[注释]

[1]弗之听：不会听从公孙郝。 [2]因：借助。行愿：人名，秦国之臣。秦王：秦昭王。语：言说。 [3]公：公正，无私。 [4]臣请：臣请行愿。 [5]合：联合。离：分离。 [6]于秦孰利：对于秦来说哪个更好？ [7]别：分开。 [8]应：响应。 [9]归地而合于齐：魏献地给齐而与齐联合。"归"即"馈"，送，献。 [10]据：依靠。 [11]不求割地：黄丕烈《战国策札记》谓"言齐不求魏割地也。蒙上句为文。"鲍彪本"不"作"亦"，文义更顺。 [12]以攻齐：以魏攻齐。 [13]王言救魏以劲之：大王发言表态说要救援魏国，来为魏攻齐加劲。劲，加强，加劲。 [14]不能相听：互不听从。谓各不相让。 [15]离：同"罹"，遭受。兵史：即"兵事"，战争。"史"即"事"。 [16]王欲：大王如果想要。 [17]信：用。 [18]为韩取南阳：为韩取得魏国的南阳。南阳，此时为魏地，在今河南修武。 [19]易谷川：换取韩的谷川之地。其地在今河南西北部。 [20]惠王：秦惠王。 [21]郄（què）：同"卻"，即"却"，退却，击退。 [22]武王：秦武王。 [23]以攻齐：以魏攻齐。"攻"底本原作"劲"，据鲍彪本改。 [24]最秦之大急也：最是秦国的紧急之务。 [25]党于齐：结党于齐。不肯言：不肯言说中立。 [26]薄：亲附（魏国）。不敢谒：不敢谒请中立。 [27]王之大患：谓二人均为私而不为君，故为大患。 [28]熟：仔细，周密。

[点评]

战国时产生了这么多的游说之士，很重要的一个原因是当时有最合适的土壤。当时诸侯割据，七国争雄，一团混战，春秋时期还时不时有霸主出现，维持一下国际秩序，但到了战国，谁也不服谁，谁也不信任谁，彼此倾轧，可以说既没有永远的敌人，也没有永远的朋友，国际形势风云变化，诸侯国之间亦敌亦友，像韩国这样，想作一个中立国就很难了。中立，其实不是简单的谁也不帮，谁也不得罪，相反要处理更多国家之间更复杂的关系。当然，也正是这种多边关系的复杂，策士才有了用武之地。

齐明谓公叔

齐明谓公叔曰[1]："齐逐几瑟[2]，楚善之[3]。今楚欲善齐甚[4]，公何不令齐王谓楚王[5]：'王为我逐几瑟以穷之[6]。'楚听，是齐、楚合而几瑟走也[7]；楚王不听，是有阴于韩也[8]。"

[注释]

[1]齐明：策谋之士。又见《东周策》《楚策》《齐策》《赵策》中。可能为齐国人。公叔：韩国之相，又称韩公叔。 [2]几瑟：韩襄王太子，与公叔不和，后支持公叔的齐军入韩，他逃离韩国。 [3]楚善之：楚国善待几瑟。 [4]今楚欲善齐甚：现在楚国非常想和齐国搞好关系。 [5]齐王：齐闵王。楚王：楚怀王。 [6]穷：困。 [7]走：逃。 [8]有阴于韩：谓背着公叔暗地里与韩有来往。

[点评]

韩国之相公叔与王族几瑟之间的内斗，同时也牵涉齐、楚等大国，权衡私人之间、国与国之间的利害关系，并合理利用，借此以打击政敌，并试探他国的敌友状态，齐明的策谋，可谓一箭双雕了。

公叔将杀几瑟

公叔将杀几瑟也。谓公叔曰[1]："太子之重公也，畏几瑟也[2]。今几瑟死，太子无患[3]，必轻公。韩大夫见王老[4]，冀太子之用事也[5]，固欲事之[6]。太子外无几瑟之患，而内收诸大夫以自辅也[7]，公必轻矣。不如无杀几瑟，以恐太子[8]，太子必终身重公矣。"

[注释]

[1]谓公叔曰：有人对公叔说。 [2]"太子之重公也"二句：太子之所以看重您，是因为他害怕几瑟。太子，韩国公子咎，几瑟是他获取君位的竞争对手。 [3]患：担忧。 [4]王：韩王。 [5]冀：希望。用事：执政。 [6]事之：事奉太子。 [7]收：收用。自辅：辅助自己。 [8]以恐太子：来使太子害怕。

[点评]

　　本章讲了一个大问题,那就是既得利益的在位者,为了巩固自己的私利和权力,有时会保留甚至专门制造所谓的敌对势力,借此以突出、彰显自己的重要性和不可或缺。给公叔献上如此策略的人,其实已经看到了公叔权力的不可持续,公叔已经需要借助敌对势力来稳固自己的地位了。如果公叔真的自信,韩国的太子、大夫也都支持公叔,又何需如此!

韩傀相韩

　　韩傀相韩[1],严遂重于君[2],二人相害也[3]。严遂政议直指[4],举韩傀之过[5],韩傀以之叱之于朝[6],严遂拔剑趋之[7],以救解[8]。于是严遂惧诛[9],亡去[10],游[11],求人可以报韩傀者[12]。

严遂为人率直但莽撞。

[注释]

　　[1]韩傀(guī):在《史记·刺客列传》中又作"侠累",为韩烈侯之相。　[2]严遂:韩烈侯之臣,字仲子,又名严翁仲。重:受重视。君:韩烈侯,名取,为韩景侯之子,公元前399年—前387年在位。　[3]害:伤害。　[4]政议直指:正面批评,直接指责。"政"同"正",正面,当面。议,批评。指,指责。　[5]举:揭发,检举。过:过错。　[6]以之:因之,因此。叱:叱骂。　[7]趋:趋近,趋向。之:韩傀。　[8]以救解:因为有人

相救才得以解脱。解，解脱，脱险。　[9]诛：惩治，诛罚。　[10]亡去：逃离韩国。　[11]游：游荡各处。　[12]报韩傀：向韩傀报仇。

至齐，齐人或言："轵深井里聂政[1]，勇敢士也，避仇隐于屠者之间[2]。"严遂阴交于聂政[3]，以意厚之[4]。聂政问曰："子欲安用我乎[5]？"严遂曰："吾得为役之日浅[6]，事今薄[7]，奚敢有请[8]？"于是严遂乃具酒[9]，觞聂政母前[10]，仲子奉黄金百镒[11]，前为聂政母寿[12]。聂政惊，愈怪其厚[13]，固谢严仲子[14]，仲子固进[15]，而聂政谢曰[16]："臣有老母，家贫，客游以为狗屠[17]，可旦夕得甘脆以养亲[18]。亲供养备[19]，义不敢当仲子之赐[20]。"严仲子辟人[21]，因为聂政语曰[22]："臣有仇，而行游诸侯众矣[23]。然至齐，闻足下义甚高[24]。故直进百金者[25]，特以为夫人麤粝之费[26]，以交足下之驩[27]，岂敢以有求邪？"聂政曰："臣所以降志辱身居市井者[28]，徒幸而养老母[29]。老母在，政身未敢以许人也[30]。"严仲子固让[31]，聂政竟不肯受[32]。然仲子卒备宾主之礼而去[33]。

聂政虽为屠狗之人，但深明事理。

[**注释**]

[1] 轵（zhǐ）：地名，在今河南济源轵城镇。深井：轵中里名。聂政：为韩国轵人，因避仇而至齐国为屠夫。 [2] 屠者：屠夫，屠宰牲畜的人。 [3] 阴交：暗中结交。 [4] 以意厚之：用深情厚意待他。 [5] 安：怎样，如何。 [6] 为役之日浅：谓交往时间短。为役，效力。此谦词。浅，短。 [7] 事今薄：我现在的事小。 [8] 奚：何。请：求。 [9] 具酒：备酒。 [10] 觞（shāng）：敬酒。 [11] 仲子：严遂，字仲子。奉：奉上，献上。镒（yì）：重量单位，二十四两为一镒。一说二十两为一镒。 [12] 前为聂政母寿：上前为聂政母亲献礼祝福。 [13] 怪：惊异。厚：重视，看重。 [14] 固：坚决。谢：推辞。 [15] 进：进献。 [16] 谢：辞谢，推辞。 [17] 客游：离家在外漂游寄居。狗屠：杀狗的屠夫。 [18] 甘：甘美的食物。脆：可口松脆的食物。 [19] 备：齐备，充足。 [20] 义不敢当：按理不能承当。 [21] 辟人：避开他人。"辟"同"避"。 [22] 为：与。 [23] 行游诸侯众矣：行走游历的诸侯国很多。 [24] 义甚高：义气声望很高。 [25] 直：特。 [26] 夫人：聂政之母。《史记·刺客列传》作"大人"，亦指聂政之母。麤（cū）粝（lì）之费：粗粮糙米的费用。麤，同"粗"。粝，糙米。 [27] 交：结交。驩（huān）：通"欢"，欢心。 [28] 市井：市场。 [29] 徒：只，仅。幸：希望。 [30] 身：自身。全句谓不敢以身死许人。《礼记·曲礼上》："父母存，不许友以死。" [31] 固让：坚持送礼。 [32] 竟：终。 [33] 卒：最终。备：全备，完成。去：离开。

久之，聂政母死，既葬，除服[1]，聂政曰："嗟乎！政乃市井之人，鼓刀以屠[2]，而严仲子乃诸侯之卿相也，不远千里，枉车骑而交臣[3]，臣之所以待之至浅鲜矣，未有大功可以称者[4]，而严仲子举百金为亲寿，我虽不受，然是深知政也[5]。夫贤者以感忿睚眦之意[6]，而亲信穷僻之人[7]，而政独安可嘿然而止乎[8]？且前日要政[9]，政徒以老母[10]。老母今以天年终[11]，政将为知己者用[12]。"

[注释]

[1]除服：守孝期满脱去丧服。除，脱除。服，丧服。 [2]鼓刀：动刀，持刀。 [3]枉：屈。此用作谦词，谓委屈对方。交：结交。 [4]"臣之所以待之至浅鲜矣"二句：我用来对待他的，非常微薄；也没有什么大功配得上他这样厚待我。至，极。鲜，少。称，相称，配得上。 [5]是：此，这。知：懂得，赏识。 [6]贤者：此谓严遂。以：因为。感忿：愤慨。睚（yá）眦（zì）：小的怨恨。 [7]穷僻之人：穷困僻远之人，此谓聂政。 [8]安可：何可，怎可。嘿（mò）然：即"默然"，沉默。止：休止。 [9]要：邀约。 [10]政徒以老母：我只因老母在世而没答应。徒，只。以，因。 [11]以天年终：谓自然老死。天年，人的自然年寿。终，人死。 [12]用：役使，使唤。

遂西至濮阳见严仲子[1]，曰："前所以不许仲子者，徒以亲在。今亲不幸[2]，仲子所欲报仇者为谁？"严仲子具告曰[3]："臣之仇，韩相傀。

傀又韩君之季父也[4]，宗族盛[5]，兵卫设[6]，臣使人刺之，终莫能就[7]。今足下幸而不弃，请益具车骑壮士[8]，以为羽翼[9]。"政曰："韩与卫，中间不远[10]，今杀人之相，相又国君之亲，此其势不可以多人。多人不能无生得失[11]，生得失则语泄[12]，语泄则韩举国而与仲子为雠也，岂不殆哉[13]！"遂谢车骑人徒[14]，辞[15]，独行仗剑至韩[16]。

"独行仗剑"一语，尽显侠士之勇。

[注释]

[1]濮阳：卫国都城，在今河南濮阳。 [2]不幸：谓去世。 [3]具：全部。 [4]韩君：韩国国君。季父：叔父。 [5]盛：多。 [6]设：布设周全。 [7]就：成。 [8]具：备齐。 [9]羽翼：佐助，帮手。 [10]中间（jiàn）不远：二国之中相间不远。间，间隔。 [11]生得失：发生差错。《史记索隐》本作"生得"，谓被生擒，今《史记·刺客列传》作"生得失"，王念孙《读书杂志》认为"失"字乃后人所加。 [12]泄：泄漏，泄密。 [13]殆：危。 [14]谢：推辞，谢绝。人徒：即上文"壮士"。 [15]辞：辞别，告辞。 [16]仗：持。

韩适有东孟之会[1]，韩王及相皆在焉[2]，持兵戟而卫者甚众[3]。聂政直入，上阶刺韩傀，韩傀走而抱烈侯[4]，聂政刺之，兼中烈侯[5]，左右

> "皮面抉眼",
> 真乃烈士!

大乱。聂政大呼,所杀者数十人。因自皮面抉眼[6],自屠出肠[7],遂以死。韩取聂政尸暴于市[8],县购之千金[9]。久之,莫知谁子[10]。

[注释]

[1]适:恰巧。东孟:可能即酸枣,在今河南延津县西南。 [2]韩王:韩烈侯。相:韩国之相韩傀。 [3]卫:保卫,护卫。众:多。 [4]走:逃跑。烈侯:底本原文作"哀侯",据鲍彪本改。刺哀侯者乃韩严,后来刺烈侯者为严遂,此二事,《战国策》此章误合为一事。 [5]中:刺中。 [6]自:自己。皮面:划破脸皮。"皮面"在《春秋后语》中作"破面"。抉眼:挖出眼珠。 [7]屠:割裂,剖开。 [8]暴(pù):暴露示众。底本原无"暴"字,今据鲍彪本补。 [9]县:即"悬",悬赏。购:求。谓求其姓名人氏。 [10]莫知谁子:没人知道是谁家之子。

政姊闻之[1],曰:"弟至贤。不可爱妾之躯[2],灭吾弟之名。非弟意也[3]。"乃之韩[4],视之曰:"勇哉!气矜之隆[5]。是其轶贲、育而高成荆矣[6]。今死而无名,父母既殁矣[7],兄弟无有,此为我故也[8]。夫爱身不扬弟之名,吾不忍也。"乃抱尸而哭之曰:"此吾弟轵深井里聂政也。"亦自杀于尸下。

> "自杀于尸下",
> 真乃烈女!

晋、楚、齐、卫闻之曰:"非独政之能[9],

乃其姊者，亦列女也[10]。"聂政之所以名施于后世者[11]，其姊不避菹醢之诛以扬其名也[12]。

[注释]
[1] 政姊：聂政之姐。 [2] 爱：吝惜，舍不得。躯：身。 [3] 非弟意也：谓爱己之身，立己之名，其弟绝无此想法，故政姊赴死为弟立名。 [4] 之：往，至。 [5] 气矜：气势。隆：盛，高。 [6] 轶（yì）：超越。贲（bēn）、育：孟贲、夏育，二人皆古之勇士。高：高过。成荆：古之勇士。 [7] 殁（mò）：去世。 [8] 此为我故也：这是为了不连累我。 [9] 非独：不仅。能：能干。 [10] 列女：即"烈女"，重义轻生的女子。 [11] 施（yì）：延及。 [12] 不避：谓不惧。菹（zū）醢（hǎi）：把人剁成肉酱的酷刑。

[点评]
本章讲述刺客聂政的故事，记叙生动，情节完整，人物形象鲜明，可视作聂政之传，又可参《史记·刺客列传》。严遂与韩国之相韩傀当庭冲突，立即拔剑相向，可见也是激烈之人。他后来找到聂政，想来二人也当脾性相合，所谓物以类聚，人以群分。聂政蛰伏，送母亲天年之终，可谓孝矣；拒绝车骑壮士相助，可谓智矣；独行仗剑而往，可谓勇矣；受人信用，完成所托之事，可谓忠矣；自毁其容，不连累其姊，可谓仁矣。可能有人会疑问：聂政所报，为严遂与韩傀之间的睚眦私仇，非为国、为公、为民，当得上有智有勇的烈士之名吗？士为知己者死，能够真正纯粹做到这一点也就足够了。历

史上一些假借为国、为民之名而驱人去死的人，还不如严遂真诚。

秦大国

秦，大国也。韩，小国也。韩甚疏秦[1]，然而见亲秦[2]。计之[3]，非金无以也[4]。故卖美人[5]，美人之贾贵[6]，诸侯不能买，故秦买之三千金。韩因以其金事秦，秦反得其金与韩之美人，韩之美人因言于秦曰："韩甚疏秦。"从是观之[7]，韩亡美人与金[8]，其疏秦乃始益明[9]。故客有说韩者曰："不如止淫用[10]，以是为金以事秦[11]，是金必行，而韩之疏秦不明。美人，知内行者也[12]，故善为计者，不见内行[13]。"

人财两空。

[注释]

[1]疏：疏远。 [2]见：即"现"，表现出。亲秦：亲近秦国。 [3]计之：为此计之。计，考虑，谋划。 [4]非金无以也：不献金给秦，就没有其他办法可用了。 [5]美人：韩王的姬妾。 [6]贾：同"价"，价格。 [7]从：由。是：此。 [8]亡：失去。 [9]乃：却。始：开始。益：更加，愈。明：明显。 [10]止：停止。淫用：过分的费用。淫，过分，过度。用，财用花费。 [11]以是为金以事秦：用这些节省下来的财用作为献秦之

金去事奉秦国。　[12]知内行（xíng）者也：是知道内里隐秘事情的人。内行，内里隐秘所行之事，内情。　[13]见：同"现"，现出，露出。

[点评]

本章应该也是虚拟之辞，所献之策，劝君主"止淫用"，即停止那些过分不当的花费，以此作为小国韩国向大国秦国的献金，来达到韩国表面上亲附秦国的效果。看来对君主来说，"止淫用"比"卖美人"还难，哪怕在国家危难、资用贫乏之时，统治者仍要过着奢侈过度的生活。

张丑之合齐楚讲于魏

张丑之合齐、楚讲于魏也[1]，谓韩公仲曰[2]："今公疾攻魏之运[3]，魏急，则必以地和于齐、楚[4]，故公不如勿攻也。魏缓则必战[5]。战胜[6]，攻运而取之易矣[7]。战不胜，则魏且内之[8]。"公仲曰："诺。"

张丑因谓齐、楚曰："韩已与魏矣[9]。以为不然[10]，则盖观公仲之攻也[11]。"公仲不攻[12]。齐、楚恐[13]，因讲于魏[14]，而不告韩[15]。

张丑将公仲玩弄于股掌之上。

[注释]

[1]张丑：策谋之士。合：联合。讲：媾和，讲和。 [2]公仲：韩国之相。 [3]疾：迅猛。运：即"郓"，鲍彪本作"郓"，在今山东郓城。 [4]和：求和。 [5]魏缓则必战：魏国有所缓，则不以地和于齐、楚，必与齐、楚作战。 [6]战胜：魏国战胜。 [7]攻运而取之易矣：韩攻取运很容易。因为魏已与齐、楚作战，兵力疲惫。 [8]内：即"纳"，指向韩献上运以求和。 [9]与：同盟，联合。 [10]以为不然：若认为不是这样。 [11]盍：同"盍"，何不。 [12]不攻：不攻魏。 [13]恐：恐韩、魏联合。 [14]讲：讲和。 [15]告：告诉，通知。

[点评]

张丑的计谋之所以能够施行有效，也是因为他利用了当时各国之间复杂而彼此猜忌的关系，在这种关系之下，各国之间有些话不能明说，有些事不能明做，这便给策谋之士提供了活动的空间，利用信息不对称，在一时之间使计谋得逞。韩国公仲后来即使知道被骗，但在齐、楚已与魏联合的情况下，又能怎样呢？

段干越人谓新城君

段干越人谓新城君曰[1]："王良之弟子驾[2]，云取千里马[3]。遇造父之弟子[4]，造父之弟子曰：'马不千里[5]。'王良弟子曰：'马，千里之马也；服[6]，千里之服也。而不能取千里，何也？'曰：'子缦牵长[7]。'故缦牵于事万分之一也[8]，而难千里之行[9]。今臣虽不肖[10]，于秦亦万分之一也[11]，而相国见臣不释塞者[12]，是缦牵长也[13]。"

缦牵长，被牵制。

[注释]

[1]段干越人：人名，魏人。段干，复姓。新城君：人名，此时任韩国之相。　[2]王良：为春秋末年赵国大夫赵简子的车夫，是驾驭车马的能手。驾：驾驶马车。　[3]云取千里马：说驱赶的是千里马。云，说，谓。"取"同"趣"，驱赶。　[4]造父：相传为周穆王的车夫，也是驾驭车马的高手。　[5]马不千里：这马跑不了千里。一说"马"当作"驾"，"驾不千里"谓行驶不了千里。　[6]服：车用之器服。　[7]缦（mò）牵：驾马的缰绳。缦，绳索。　[8]缦牵于事万分之一也：马缰绳在车马装备中只占万分之一的价值。　[9]而难千里之行：却会因长度不合适而妨碍千里之行。难，使其困难，妨碍。　[10]不肖：不才，不贤。　[11]于秦亦万分之一也：对秦的影响虽不重要但也不可或缺。　[12]相国见臣不释塞：相国见我，但却不弃置那些屏障我的人。释，放下，丢弃。塞，屏障。"不释塞"不易理解，或又可解为：不打开关塞派遣我到秦国去。　[13]缦牵长：缦牵长，则成妨碍，不能使千里之马行千里。

[点评]

有最好的驾驭者，有千里之马，有能行千里之车具，但如果缰绳长短有问题，仍不能行千里。本章之旨，已有些"水桶理论"的意味了：一个木桶能装多少水，取决于它最短的那一块木板，正如马缰绳，它牵制全局。在一个系统中，一些不那么有价值的部分有时会起到关键作用。所以好的系统，每一个部分都要照顾到，不能随便忽略。有的士人没有太大价值，可是在关键时刻仍可能起作用。

燕

人有恶苏秦于燕王者

人有恶苏秦于燕王者[1]，曰："武安君[2]，天下不信人也[3]。王以万乘下之[4]，尊之于廷[5]，示天下与小人群也[6]。"

武安君从齐来，而燕王不馆也[7]。谓燕王曰："臣东周之鄙人也[8]，见足下身无咫尺之功[9]，而足下迎臣于郊，显臣于廷。今臣为足下使[10]，利得十城，功存危燕[11]，足下不听臣者[12]，人必有言臣不信，伤臣于王者[13]。臣之不信，是足下之福也。使臣信如尾生[14]，廉如伯夷[15]，孝如曾参[16]，三者，天下之高行[17]，而以事足下，可乎[18]？"燕王曰："可。"曰："有此，臣亦不事足下矣。"

[注释]

[1] 恶（wù）：毁谤，中伤。燕王：过去以为是燕易王，燕文

公之子，公元前332年—前321年在位。以史实考之，苏秦所说燕王，当为燕易王之孙燕昭王。　[2]武安君：苏秦。　[3]不信人：不可信赖之人。　[4]万乘：万乘大国之主。下之：谓燕王卑身而尊苏秦。　[5]廷：朝廷。　[6]示天下与小人群也：向天下显示燕王与小人为伍。群，群处。　[7]不馆：不到馆舍慰问。或"馆"当同《史记·苏秦列传》作"官"，不官谓不任用。　[8]鄙人：鄙陋之人。　[9]见：谒见。足下：对对方的尊称。咫（zhǐ）尺：微小。周制八寸为咫，十寸为尺。　[10]使：出使。此谓出使齐国。　[11]功存危燕：有功于保存危难之燕。　[12]听：接受。　[13]伤：中伤。　[14]尾生：鲁人，即尾生高，又作微生高，以守信闻名。《庄子·盗跖》记载他与女子约会桥下，女子不来，河中涨水，他守约不走，最后抱桥柱而死。　[15]伯夷：孤竹国国君之子，他与其弟叔齐让国不受，二人逃走，后饿死于首阳山。　[16]曾参：鲁人，字子舆，孔子的学生，以孝闻名。　[17]高行：高尚的操行。　[18]可乎：底本原作"不可乎"，今据鲍彪本删"不"字。帛书《战国纵横家书》中相关内容作"足乎"。

苏秦曰："且夫孝如曾参，义不离亲一夕宿于外[1]，足下安得使之之齐？廉如伯夷，不取素飡[2]，污武王之义而不臣焉[3]，辞孤竹之君[4]，饿而死于首阳之山[5]。廉如此者，何肯步行数千里，而事弱燕之危主乎？信如尾生，期而不来[6]，抱梁柱而死[7]。信至如此，何肯杨燕、秦之威于齐而取大功乎哉[8]？且夫信行者[9]，所以自为也[10],非所以为人也[11]。皆自覆之术[12],非进取之道也。且夫三王代兴[13],五霸迭盛[14],皆不自覆也。君以自覆为可乎[15]?则齐不益于营丘[16],足下不踰楚境[17],不窥于边城之外。且臣有老母于周[18],离老母而事足下,去自覆之术,而谋进取之道,臣之趣固不与足下合者[19]。足下皆自覆之君也[20];仆者进取之臣也,所谓以忠信得罪于君者也[21]。"

[注释]

[1] 义不离亲一夕宿于外:按理讲不能离开父母到外面去住哪怕一个晚上。 [2] 素飡(cān):指不劳而食,白吃。"飡"即"餐"。 [3] 污武王之义而不臣:认为周武王不义故不愿为周之臣民。 [4] 辞:辞别。 [5] 首阳之山:首阳山在今山西永济县南。 [6] 期而不来:约好见面但对方不来。期,约。 [7] 梁:桥。 [8] 杨:通"扬",显扬。 [9] 信行:守信的行为。 [10] 所以自为也:是用来为了自己。 [11] 非所以为人也:不是用来为了别人。 [12] 皆自覆之术:这都是自我掩护保守之道。覆,掩护,保守。术,道。 [13] 代:交替。 [14] 迭:轮流。 [15] 君:金正炜《战国策补释》认为当作"若",二字因形似而误。 [16] 益:增。营丘:在今山东临淄。 [17] 踰:过。 [18] 于周:在东周之地。苏秦为东周洛阳人。 [19] 趣:趋向,志向。合:相合,相同。 [20] 皆:王念孙《读书杂志》认为当作"者",此"足下者"与下"仆者"相对。 [21] 以:因为。按:此段内容,又

参见帛书《战国纵横家书》第五章"苏秦谓燕王章",文辞仅略有不同。

燕王曰:"夫忠信又何罪之有也[1]?"

对曰:"足下不知也。臣邻家有远为吏者,其妻私人[2]。其夫且归,其私之者忧之。其妻曰:'公勿忧也,吾已为药酒以待之矣[3]。'后二日,夫至。妻使妾奉卮酒进之[4]。妾知其药酒也,进之则杀主父[5],言之则逐主母[6],乃阳僵弃酒[7]。主父大怒而笞之[8]。故妾一僵而弃酒,上以活主父[9],下以存主母也[10]。忠至如此然不免于笞,此以忠信得罪者也。臣之事,适不幸而有类妾之弃酒也[11]。且臣之事足下,亢义益国[12],今乃得罪,臣恐天下后事足下者,莫敢自必也[13]。且臣之说齐,曾不欺之也[14]。使之说齐者莫如臣之言也[15],虽尧、舜之智[16],不敢取也[17]。"

其妾假装倒地弃酒一事,亦见《列女传》,可见此事流传之广。

[注释]

[1]夫忠信又何罪之有也:人行忠信,又有什么罪呢? [2]私人:私通他人。 [3]药酒:下有毒药的酒。 [4]卮(zhī):盛酒器皿。 [5]主父:奴婢对男主人的称呼。进:献上。 [6]言之:言其为毒酒。逐主母:主父逐走主母。主母,奴婢对女主人的称

呼。　[7]阳：通"佯"，假装。僵：倒地。　[8]笞（chī）：用竹条或荆条抽打。　[9]活：救活。　[10]存：留下。　[11]适：恰好。类：似。　[12]亢义益国：谓高王之义，利王之国。亢，高。益，利。　[13]自必：自我坚信，自以为必然。　[14]曾不欺之也：怎不会欺骗他呢。曾，何，怎。　[15]使之说齐者莫如臣之言也：假使游说齐国的其他人，不如我那样游说成功。使之，假使，假若。　[16]虽尧、舜之智：即便他们有尧、舜那样的智慧。　[17]不敢取也：谓无足取也。敢，能。

[点评]

　　本章借苏秦之口，表达了战国纵横家对"信"的一些看法。苏秦认为离开相关背景及其目的去空谈抽象的"信"，可能就会陷入僵化的境地，自我作茧。在国之大事上，若为小信所缚，有时就难于成就大事。苏秦公开承认自己去游说齐国，就是通过欺骗齐国才为燕国获得了利益，若以信、廉、孝固步自封，则是"自覆之术"，而对于纵横家来说，要"谋进取之道"，有时就不能为道德所束缚。这些不一定真是苏秦所言所为，但也反映了战国时代的纵横家不惮于公开宣言行使诈伪欺骗手段的一般情况，也难怪后世学者对这类人多有批评。

苏代为燕说齐

　　苏代为燕说齐[1]，未见齐王[2]，先说淳于髡曰[3]："人有卖骏马者，比三旦立市[4]，人莫之知[5]。往见伯乐曰[6]：'臣有骏马，欲卖之，比三旦立于市，人莫与言[7]，愿子还而视之[8]，去而顾之[9]，臣请献一朝之贾[10]。'伯乐乃还而视之，去而顾之，一旦而马价十倍[11]。今臣欲以骏马见于王[12]，莫为臣先后者[13]，足下有意为臣伯乐乎[14]？臣请献白璧一双，黄金千镒[15]，以为马食[16]。"淳于髡曰："谨闻命矣。"入言之王而见之[17]，齐王大说苏子[18]。

骏马销售，
专家站台。
马价十倍，
顾客争来。

[注释]

[1]苏代：苏秦之弟，亦纵横游说之士。　[2]齐王：齐宣王，齐威王之子，公元前319年—前301年在位。　[3]淳（chún）于髡（kūn）：复姓淳于，名髡，齐国之臣，曾仕于齐威王、齐宣王。　[4]比三旦立市：接连三天早上都站在市场里等人来买马。比，连，接连。旦，早晨。市，市场。　[5]人莫之知：没有人能识别他卖的是骏马。　[6]伯乐：善于相马的专家。　[7]与言：同我询价。　[8]还：绕。　[9]去而顾之：离去之时再回头看看马。去，离开。顾，回头看，回顾。　[10]一朝之贾：一个早上卖出马的价钱。"贾"同"价"，价钱。鲍彪本"贾"作"费"。　[11]一旦：一个早晨。　[12]骏马：喻贤才，谓苏代自己。　[13]莫为臣先后者：缺少为我前后引导的人。先后，前后引导。　[14]为：作，充当。　[15]镒（yì）：重量单位，二十四两为一镒。一说二十两为一镒。　[16]以为马食：作为您喂马的草料之费。此委婉谦词。　[17]见之：将苏代引见给齐王。　[18]说：即"悦"，喜欢，高兴。

[点评]

即便是真的千里马,但因为普通人并不具备鉴别的能力,所以在市场上仍有可能无人问津。所以好的东西,也需要作广告。而在产品的推介中,权威、专家的暗示和引导所起的作用尤其大,对于缺乏相关专业知识的普通买家来说,就极易形成最简单的路径信赖。所以,现代社会的商品广告中,就经常会出现各种权威、专家。本章之中,好在骏马是真的骏马,苏代也真的是策谋高人,伯乐也是真的伯乐;如果马是冒充的骏马,专家也是假专家,这样普通人就被坑了。

赵且伐燕

赵且伐燕,苏代为燕谓惠王曰[1]:"今者臣来,过易水[2],蚌方出曝[3],而鹬啄其肉[4],蚌合而拑其喙[5]。鹬曰:'今日不雨[6],明日不雨,即有死蚌。'蚌亦谓鹬曰:'今日不出,明日不出,即有死鹬。'两者不肯相舍[7],渔者得而并禽之[8]。今赵且伐燕,燕、赵久相支[9],以弊大众[10],臣恐强秦之为渔父也。故愿王之熟计之也。"惠王曰:"善。"乃止[11]。

鹬蚌相争,渔者得利。

[注释]

[1]惠王:赵惠文王,名何,赵武灵王之子,公元前298年—前266年在位。 [2]易水:河流名,在今河北易县南。 [3]蚌(bàng):生活在水中的有两扇贝壳的软体动物。方:正。出:从水中出来。曝(pù):张开贝壳露晒。 [4]鹬(yù):一种有细长嘴喙的水鸟。 [5]拑:夹。喙(huì):鸟兽的嘴。 [6]雨:下雨。金正炜《战国策补释》疑"雨"当为"甬",同"涌",出。不出,谓喙被夹而不出,与下句"今日不出,明日不出"之"不出"同。 [7]舍:舍弃,放弃。 [8]渔者:打渔的人,渔父。并:一起。禽:即"擒"。 [9]相支:相持不下。支,持。 [10]弊:疲。大众:大家,众人。 [11]止:停止攻燕。

[点评]

本章讲了一个小故事,便将一个大道理说得十分透彻。共同面对外部更强大的敌人时,相拼的双方如果放弃对抗便能免于灾难,亦即各退一步、保全其身才是明智的做法,因为相拼如果只是为了利益,不是为了毁灭自己,那么便不值得为此丧命。鹬蚌相争,可能是意气相争,也可能是愚昧所致,所以最终不仅自己没有所获,还同归于尽而使他人获利。有时只有懂得妥协,才能双赢。

张丑为质于燕

张丑为质于燕[1],燕王欲杀之,走且出境[2],境吏得丑[3]。丑曰:"燕王所为将杀我者,人有言我有宝珠也，王欲得之。今我已亡之矣[4]，而燕王不我信[5]。今子且致我[6]，我且言子之夺我珠而吞之，燕王必当杀子，刳子腹及子之肠矣[7]。夫欲得之君[8]，不可说以利[9]。吾要且死，子肠亦且寸绝[10]。"境吏恐而赦之。

[注释]

[1]张丑：齐国之臣。 [2]走：逃走。且：将。 [3]得：抓获，获得。 [4]亡之：丢失了宝珠。 [5]不我信：不信我。 [6]致我：把我送交给燕王。致，送交。 [7]刳（kū）：剖开。 [8]欲得之君：贪欲必得之君。 [9]不可说以利：因为贪利而不会听你解释。 [10]绝：断。

[点评]

燕王欲杀张丑，然而张丑却反借势于燕王，使自己免于被杀。本章应当也是拟托之辞，但拟设精巧而合情合理，读后令人赞叹。《韩非子·说林上》也编入了这个故事，不过人物、国家都已更换，主人公由"张丑"变成了"子胥"，由此可见其经典。

宋 卫

齐攻宋宋使臧子索救于荆

齐攻宋，宋使臧子索救于荆[1]。荆王大说[2]，许救甚劝[3]。臧子忧而反[4]，其御曰[5]："索救而得，有忧色何也？"臧子曰："宋小而齐大。夫救于小宋而恶于大齐[6]，此王之所忧也[7]；而荆王说甚，必以坚我[8]。我坚而齐弊[9]，荆之利也。"臧子乃归[10]。齐王果攻，拔宋五城，而荆王不至。

[注释]

[1]臧子：宋国之臣。索：求。荆：楚。　[2]说：即"悦"，高兴。　[3]许救甚劝：许诺救援宋国很积极。劝，努力。　[4]反：同"返"，返回。　[5]御：侍从。　[6]恶：交恶，得罪。　[7]此王之所忧也：这本应是楚王所担忧的。王念孙《读书杂志》谓"王"当作"人"，《战国策》"人"字或作"丆"而讹作"王"，可资参考。　[8]"而荆王说甚"二句：但楚王却很高兴，许诺救援来坚定我们与齐作战的决心。　[9]弊：疲。　[10]归：回到宋国。

[点评]

宋处于大国之间,作为一个小国,其地缘决定了它要在大国夹缝中讨生存,最后不是被一个大国吞并,便是被几个大国瓜分。所以任何策谋只能救它一时,终究还是免不了灭亡。齐攻宋,臧子求救于楚,楚虽然表面积极许诺,但实际上是要让宋和齐拼,耗费齐国国力,自己坐收渔人之利,臧子已看出楚国的诡计,但对于这种情形,他也无能为力。

宋康王之时有雀生鹯

宋康王之时[1],有雀生鹯于城之陬[2]。使史占之[3],曰:"小而生巨[4],必霸天下。"康王大喜。于是灭滕伐薛[5],取淮北之地[6],乃愈自信,欲霸之亟成[7],故射天笞地[8],斩社稷而焚灭之[9],曰:"威服天下鬼神[10]。"骂国老谏者[11],为无颜之冠以示勇[12]。剖伛之背[13],锲朝涉之胫[14],而国人大骇[15]。齐闻而伐之,民散,城不守。王乃逃倪侯之馆[16],遂得而死[17]。见祥而不为[18],祥反为祸。

天欲其亡,先令其狂。

昏愚残暴,自取灭亡。

[注释]

[1] 宋康王：宋辟公之子，公元前328年即位，公元前318年自立为王，即宋王偃，公元前286年被齐、魏、楚灭，其地被三国瓜分。　[2] 鹯（zhān）：底本原作"鷐"，今据姚宏校改，字又作"鸇（zhān）"，一种猛禽。陬（zōu）：角落。　[3] 史：占卜之官。占：占卜。　[4] 小而生巨：小鸟生出大鸟。巨，大。　[5] 滕：姬姓小国，在今山东滕县。伐薛：此谓伐齐之薛地。薛本小国，在今山东滕县南，其国早灭，其地并于齐。　[6] 取淮北之地：攻取了楚国北部的淮北地区。　[7] 亟（jí）：赶快。成：达成，完成。　[8] 射天：据《史记·宋微子世家》，谓以皮囊盛血，悬挂而射之，名曰射天。笞地：笞击土地之神。　[9] 社稷：谓土神、谷神的牌位。社，土神。稷，谷神。　[10] 天下：一说承上文当作"天地"，《新书》《新序》引此即作"天地"。　[11] 国老：年资较老已退职的卿大夫。"谏者"底本原作"谏曰"，鲍彪本改作"谏臣"，此据王念孙《读书杂志》改。　[12] 无颜之冠：鲍彪注："冠不覆额。"谓其冠不遮蔽前额，对头部不作保护。　[13] 剖伛（yǔ）之背：剖开伛偻之人的背。伛，驼背的人。　[14] 锲（qiè）朝涉之胫：截断早晨过河人的小腿。胫，小腿。朝涉之人，其胫耐寒，故截断其胫视其骨髓。　[15] 骇：震动，骚乱。　[16] 倪侯：人名，可能为宋康王之臣。馆：馆舍。　[17] 遂得而死：最终被捕获杀死。得，捕获。　[18] 祥：祥瑞，吉兆。不为：不做好事。《新书》《新序》作"不为可"，王念孙谓脱"可"字。

[点评]

本章内容，又可参《新书·春秋》《新序·杂事》。宋康王也曾显赫一时，灭滕国，攻打齐国，占领楚地，似乎就要实现霸天下的预言和梦想，于是盲目自信，急欲称霸，忘乎所以，将天地鬼神也踩在脚下，肆意残害人民。怎奈大国一出兵，便击碎了宋康王的强国梦，最终导致身死国灭，此前的祥瑞与预言，不仅没有帮到他，反而成为覆亡的导火索。正所谓欲使之灭亡，必先使之疯狂。

智伯欲伐卫

智伯欲伐卫[1]，遗卫君野马四[2]，百璧一[3]。卫君大悦，群臣皆贺，南文子有忧色[4]。卫君曰："大国大欢[5]，而子有忧色何？"文子曰："无功之赏，无力之礼[6]，不可不察也。野马四，百璧一，此小国之礼也[7]，而大国致之[8]，君其图之[9]。"卫君以其言告边境[10]。

智伯果起兵而袭卫[11]，至境而反[12]，曰："卫有贤人，先知吾谋也。"

愚者乐之，智者忧之。

[注释]

[1]智伯：名瑶，又称智氏，因封邑于智，故以邑为氏，为晋国执政六卿中势力最强者。 [2]遗（wèi）：赠送。卫君：卫出公，名辄，公元前492—前481、前476年—前470年在位。野马：北方的良马。 [3]百璧：底本原文作"百白璧"，今据鲍彪本删"白"字，金正炜《战国策补释》谓此"百璧"与下文"百璧"，

均即"白璧",白、百同音通用。　[4]南文子:卫国之臣。　[5]大国:一本作"一国",谓全国,举国。大:遍。　[6]力:劳。　[7]此小国之礼也:这是小国给大国的献礼。　[8]致:送。　[9]君其图之:君王还是考虑一下吧。其,表希望语气。图,考虑。　[10]告边境:谓使边境备战。　[11]袭卫:谓欲趁卫国接受礼物放松警惕时偷袭卫国。袭,偷袭。　[12]至境而反:到了边境发现卫国已有准备只好还军。"反"即"返",还。

[点评]

　　智者不会被眼前的利益所蒙蔽,能透过表象洞察本质。当强者向你示好的时候,一定要有所警惕,因为天上不会掉馅饼,战国之间基本也没有无缘无故的爱。

卫人迎新妇

　　卫人迎新妇[1],妇上车,问:"骖马[2],谁马也?"御曰[3]:"借之。"新妇谓仆曰[4]:"拊骖[5],无笞服[6]。"车至门,扶[7],教送母[8]:"灭灶[9],将失火[10]。"入室见臼[11],曰:"徙之牖下[12],妨往来者[13]。"主人笑之。此三言者,皆要言也[14],然而不免为笑者[15],蚤晚之时失也[16]。

[**注释**]

[1]迎：迎娶。新妇：新娘。 [2]骖（cān）马：驾车时位于两边的马。 [3]御：驾车的人。 [4]仆：亦指驾车的人。 [5]拊（fǔ）：拍，轻击。骖：骖马。 [6]笞：鞭打。服：服马，驾车时位于中间的马。 [7]扶：被人扶下。谓被送母扶下车之时。 [8]教：教导，告诫。送母：送新妇的老妇人。 [9]灭灶：谓回家后灭掉灶内之火。 [10]将失火：防止失火。 [11]臼（jiù）：舂米之器。 [12]徙：搬走。牖（yǒu）：窗户。 [13]妨：妨碍。 [14]要言：至关重要的话。 [15]为：被。 [16]蚤晚之时失也：在说话早晚的时机上没有把握好。"蚤"同"早"。

[**点评**]

本章要旨：再重要的话，也要挑合适的时机说才行。否则，就会像卫人新妇一样，被人所笑。把握好时机的早晚，这也是纵横家特别重视的，有时往往成为游说成败的关键。即便在政治上也是如此，高诱说："忠臣可以言而不言，失忠；未可以言而言，危身。"所以在任何时候，一个人都要把握好说话的时机。

中 山

司马憙三相中山

司马憙三相中山[1],阴简难之[2]。

田简谓司马憙曰[3]:"赵使者来属耳[4],独不可语阴简之美乎[5]?赵必请之[6],君与之[7],即公无内难矣。君弗与赵,公因劝君立之以为正妻。阴简之德公[8],无所穷矣。"果令赵请。君弗与,司马憙曰:"君弗与赵,赵王必大怒;大怒则君必危矣。然则立以为妻,固无请人之妻不得而怨人者也。"

田简自谓[9]:取使[10],可以为司马憙,可以为阴简,可以令赵勿请也。

权臣,内宫,外交,短短一章,内涵丰富。

[注释]

[1]司马憙(xǐ):中山国之相。 [2]阴简:中山君之美人。难:忌恨,仇视。 [3]田简:中山国之臣。 [4]属(zhǔ)耳:打听,打探。属,触,附。据《韩非子·内储说》司马憙与赵国相善,会将中山的情况透露给赵国。 [5]独:岂,何。 [6]请之:

索求美人阴简。 [7]君：中山国君。 [8]德：感恩。 [9]自谓：自称。 [10]取使：行此之事。取，行用。"使"同"事"。

[点评]

看起来中山君也是爱美人甚于爱国，不过本章也是比较明显的虚拟之策，第一段交代背景，第二段描述策谋之辞，第三段总结该策谋可以达到的几种效果。

主父欲伐中山

鲍彪评论说："夫贤者在位，将使耕者愈力，战士愈奋，而谁敢惰懦？且不贤而耕且战，民之分也，何敢与贤者并。民惟不务名耳，岂有务名而不趋于善者乎？"

主父欲伐中山[1]，使李疵观之[2]。李疵曰："可伐也。君弗攻，恐后天下[3]。"主父曰："何以[4]？"对曰："中山之君，所倾盖与车而朝穷闾隘巷之士者七十家[5]。"主父曰："是贤君也，安可伐？"李疵曰："不然。举士[6]，则民务名不存本[7]；朝贤，则耕者惰而战士懦[8]。若此不亡者，未之有也。"

[注释]

[1]主父：赵武灵王。 [2]李疵：赵国之臣。观：察看，观察。 [3]后：落后。 [4]何以：什么原因？ [5]倾盖与车：斜停车马，车盖倚靠，这是乘车者与人恳谈的状态。车有盖，车斜停则盖亦不正。此谓君主亲自乘车去与士人恳谈。朝：拜

见。　[6]举士：举用士人。举，举用，任用。　[7]务：致力。名：名声。本：谓耕、战。　[8]惰：懈惰。懦：不勇敢。

[点评]

《韩非子·外储说左上》载有更详细的相关内容，可以参考。本章所论，与其他章中经常提倡的重士、尊贤大异其趣，完全体现的是商鞅等法家的思想。法家眼中的名士、贤人，只会以虚名和巧言迷惑人，完全不切合法家所提倡的耕、战的实际需求，是空谈误国的人。《战国策》中的善于言说的纵横家、仗剑而行的刺客侠士、依附贵族私门的游士门客，被法家韩非看作是整个社会的蠹虫，全都是法家要严厉打击的对象。法家的这种看法，有他自己的理论背景，不一定就是医治社会的一剂良药，不过也提供了有益的反思。战国时法家、纵横家等诸子百家，从不同角度向我们展示了他们的理论与实践，或许正如《汉书·艺文志》所谓"各引一端，崇其所善，以此驰说，取合诸侯。其言虽殊，辟犹水火，相灭亦相生也"，观诸家之言，若能"舍短取长，则可以通万方之略矣"。本书也就在此章作结。

主要参考文献

《战国策研究》 郑良树著 台湾学生书局1975年版
《战国策》［汉］刘向集录 上海古籍出版社1985年第2版
《战国策新校注》 缪文远著 巴蜀书社1987年版
《战国策校注系年》 郭人民著 中州古籍出版社1988年版
《战国策注释》 何建章注释 中华书局1990年版
《战国策笺注》 张清常、王延栋著 南开大学出版社1993年版
《战国策校释二种》［清］王念孙、金正炜著 赵丕杰、赵立生点校 首都师范大学出版社1994年版
《战国策研究》 何晋著 北京大学出版社2001年版
《战国策研究》 熊宪光著 重庆出版社2004年版
《战国策笺证》 范祥雍笺证 上海古籍出版社2006年版
《战国策集注汇考》（增补本） 诸祖耿编撰 凤凰出版社2008年版

《说文解字注》［清］段玉裁注　上海古籍出版社 1988 年第 2 版

《札迻》［清］孙诒让著　梁运华点校　中华书局 1989 年版

《春秋后语辑考》　王恒杰辑　齐鲁书社 1993 年版

《长沙马王堆汉墓帛书集成》（三）　裘锡圭主编　中华书局 2014 年版

《经义述闻》［清］王引之撰　虞思征、马涛、徐炜君校点　上海古籍出版社 2016 年版

《中华传统文化百部经典》已出版图书

书　名	解读人	出版时间
周易	余敦康	2017年9月
尚书	钱宗武	2017年9月
诗经（节选）	李　山	2017年9月
论语	钱　逊	2017年9月
孟子	梁　涛	2017年9月
老子	王中江	2017年9月
庄子	陈鼓应	2017年9月
管子（节选）	孙中原	2017年9月
孙子兵法	黄朴民	2017年9月
史记（节选）	张大可	2017年9月
传习录	吴　震	2018年11月
墨子（节选）	姜宝昌	2018年12月
韩非子（节选）	张　觉	2018年12月
左传（节选）	郭　丹	2018年12月
吕氏春秋（节选）	张双棣	2018年12月
荀子（节选）	廖名春	2019年6月
楚辞	赵逵夫	2019年6月
论衡（节选）	邵毅平	2019年6月
史通（节选）	王嘉川	2019年6月
贞观政要	谢保成	2019年6月
战国策（节选）	何　晋	2019年12月
黄帝内经（节选）	柳长华	2019年12月
春秋繁露（节选）	周桂钿	2019年12月
九章算术	郭书春	2019年12月
齐民要术（节选）	惠富平	2019年12月
杜甫集（节选）	张忠纲	2019年12月
韩愈集（节选）	孙昌武	2019年12月
王安石集（节选）	刘成国	2019年12月
西厢记	张燕瑾	2019年12月

书 名	解读人	出版时间
聊斋志异（节选）	马瑞芳	2019 年 12 月
礼记（节选）	郭齐勇	2020 年 12 月
国语（节选）	沈长云	2020 年 12 月
抱朴子（节选）	张松辉	2020 年 12 月
陶渊明集	袁行霈	2020 年 12 月
坛经	洪修平	2020 年 12 月
李白集（节选）	郁贤皓	2020 年 12 月
柳宗元集（节选）	尹占华	2020 年 12 月
辛弃疾集（节选）	王兆鹏	2020 年 12 月
本草纲目（节选）	张瑞贤	2020 年 12 月
曲律	叶长海	2020 年 12 月
孝经	汪受宽	2021 年 6 月
淮南子（节选）	陈　静	2021 年 6 月
太平经（节选）	罗　炽	2021 年 6 月
曹操集	刘运好	2021 年 6 月
世说新语（节选）	王能宪	2021 年 6 月
欧阳修集（节选）	洪本健	2021 年 6 月
梦溪笔谈（节选）	张富祥	2021 年 6 月
牡丹亭	周育德	2021 年 6 月
日知录（节选）	黄　珅	2021 年 6 月
儒林外史（节选）	李汉秋	2021 年 6 月
商君书	蒋重跃	2022 年 6 月
新书	方向东	2022 年 6 月
伤寒论	刘力红	2022 年 6 月
水经注（节选）	李晓杰	2022 年 6 月
王维集（节选）	陈铁民	2022 年 6 月
元好问集（节选）	狄宝心	2022 年 6 月
赵氏孤儿	董上德	2022 年 6 月
王祯农书（节选）	孙显斌	2022 年 6 月
三国演义（节选）	关四平	2022 年 6 月
文史通义（节选）	陈其泰	2022 年 6 月

书　　名	解读人	出版时间
汉书（节选）	许殿才	2022年12月
周易略例	王锦民	2022年12月
后汉书（节选）	王承略	2022年12月
通典（节选）	杜文玉	2022年12月
资治通鉴（节选）	张国刚	2022年12月
张载集（节选）	林乐昌	2022年12月
苏轼集（节选）	周裕锴	2022年12月
陆游集（节选）	欧明俊	2022年12月
徐霞客游记（节选）	赵伯陶	2022年12月
桃花扇	谢雍君	2022年12月
法言	韩敬、梁涛	2023年12月
颜氏家训	杨世文	2023年12月
大唐西域记（节选）	王邦维	2023年12月
法书要录（节选） 历代名画记	祝　帅	2023年12月
耶律楚材集（节选）	刘　晓	2023年12月
水浒传（节选）	黄　霖	2023年12月
西游记（节选）	刘勇强	2023年12月
乐律全书（节选）	李　玫	2023年12月
读通鉴论（节选）	向燕南	2023年12月
孟子字义疏证	徐道彬	2023年12月
嵇康集	崔富章	2024年12月
白居易集（节选）	陈才智	2024年12月
李清照集（节选）	诸葛忆兵	2024年12月
近思录	查洪德	2024年12月
林则徐集	杨国桢	2024年12月